d

Martin Suter
Benjamin von Stuckrad-Barre

Alle sind so ernst geworden

Diogenes

Die Mehrzahl der hier versammelten Gespräche
erschienen exklusiv als Podcast auf martin-suter.com
und wurden für dieses Buch von den Autoren überarbeitet
Transkription: Stefanie Saier
Covermotiv: Foto von Maurice Haas
Copyright: Maurice Haas / © Diogenes Verlag

Inhalt

Badehosen

STUCKRAD-BARRE: Folgende Situation: Es ist August, Hochsommer an der Ostsee, und ich weiß, dass dieser Martin Suter im selben Hotel zu Gast ist. Dieser Martin Suter nervt mich ein bisschen, weil er wahnsinnig viele Bücher verkauft und das alles Bücher sind, die ich nicht verkaufe. Obendrein sind sie auch noch gut. Unverschämtheit! Und plötzlich steht er neben mir und sagt, er wolle sich einmal vorstellen – und ist ganz bezaubernd. Wir kommen rasch ins Gespräch, beide mit leichtem Kennenlernhandicap, weil wir nämlich beide nur Badehosen anhaben, was seltsam ist beim Einander-Kennenlernen. Das nahm mich aber sofort, neben vielem anderen, für dich ein, dass du nicht nur der bist, der diese fabelhaften Bücher schreibt, die sich auch noch so irre gut verkaufen, und Nähe also so oder so gewinnbringend sein könnte – aber Spaß beiseite, wie es im Radio oft heißt, wenn es zuvor überhaupt nicht lustig war. Es war einfach sehr unerwartet und wirklich schön, dass du dich mir so höflich vorstelltest, und das in orangener Badehose. Seitdem mag ich dich auf eine solche Art gern, das glaubst du gar nicht. Wie aber kam es nun bitte zu dieser Badehose? Wenn man dich sonst so anschaut und Fotos von dir kennt, würde man erst mal nicht vermuten, dass du eine signalfarbene Badehose trägst. Überhaupt besitzt!

SUTER: War die signalfarben?

STUCKRAD-BARRE: O ja! Weithin sichtbar, neonorange. So was kann doch gar nicht von dir selbst gekauft worden sein. Die muss deine Frau gekauft haben.

SUTER: Nein, nein, nein. Nein, das würde sie nie tun.

STUCKRAD-BARRE: Nein?

SUTER: Ich glaube, diese Badehose habe ich in Biarritz gekauft. Und zwar, weil wir uns in Biarritz mit Freunden trafen, und ich hatte vergessen, Badehosen einzupacken. Und ich wollte natürlich …

STUCKRAD-BARRE: Schwarz.

SUTER: … sowohl ins Meer wie auch …

STUCKRAD-BARRE: Die Würde wahren. Schwierig.

SUTER: … in den Pool. Und dort in dem Hotel gab es einen kleinen Laden mit Badehosen.

STUCKRAD-BARRE: Das sind ja immer die unverschämtesten Läden, die in den Hotels. Da steht dann drauf: *Bulgari* oder so ein Unfug, und plötzlich wird es unübersichtlich teuer.

SUTER: Und diese Badehose … Es gab schon auch andere.

STUCKRAD-BARRE: Als Werbespruch wäre das wiederum herrlich: Man sähe dich in dieser orangenen Badehose – und darunter der Slogan »Es gab schon auch andere«.

SUTER: Nur, bei Badehosen geht es ja nicht nur um die Farbe. Bei der Badehose geht es ja auch um den Sitz.

STUCKRAD-BARRE: O ja. Bei allem eigentlich.

SUTER: Bei allem, ja. Das heißt, die schwarzen oder auch die marineblauen oder so …

STUCKRAD-BARRE: Zweireiher.

SUTER: … die ein bisschen besser zu dem Eindruck, den du von mir haben willst, passen würden …

STUCKRAD-BARRE: Das ist schön gesagt. Da kann ich jetzt bis übermorgen drüber nachdenken: zu dem Eindruck, den ich gerne haben will. Das ist sehr, sehr gut formuliert. Genau so war es nämlich.

SUTER: … die waren entweder viel zu groß oder, was noch blöder ist bei Badehosen, zu eng. Und wenn man diese Waschbrettillusion einigermaßen aufrechterhalten will, darf es nicht einschneiden, oder? Sonst lappt das so.

STUCKRAD-BARRE: Sonst liegen die Beweise zu deutlich vor.

SUTER: Genau. Die hängen dann über dem Gummizug der Badehose. Deswegen habe ich mich entscheiden müssen zwischen der Farbe und dem Sitz. Und da habe ich mich für den Sitz entschieden.

STUCKRAD-BARRE: Aber der Eindruck, den ich von dir haben wollte … Ich hänge noch dieser Formulierung nach. Beim zweiten Nachdenken will ich genau diesen Orangene-Badehose-Eindruck von dir haben, weil der so schön gegen den anderen arbeitet, gegen das andere Bild, das Klischee: Martin Suter, der soignierte Schweizer, ehemalige Werber, Weltbestseller, lebt in Dings und Bums – diese Stereotypen, die dann alle losprasseln. Und natürlich auch alle stimmen, das kommt ja noch hinzu. Da passt dann auch, dass du eine Menge Haargel verwendest. Ein nun doch außerliterarisches Kriterium, das aber in Porträts über dich – und sogar Buchbesprechungen – regelmäßig zur Anwendung kommt. Speziell in so Zeit-

schriften, Zeitungen, Medien, die ein doch tiefgründige-
res Selbstbild haben, gerade dort ist, wenn es um dich
geht, auffallend ausgiebig die Rede von Äußerlichkeiten,
immerzu. Ich finde das sehr oberflächlich – dass die dich
oberflächlich finden.

SUTER: Ja, das ist wahr, es wundert mich auch immer mehr.
Je älter ich werde, desto seltsamer ist es, dass man über
die Kleidung schreibt bei mir. Ich habe zwar mein ganzes
Leben lang, mit einer kürzeren Hippie-Unterbrechung
von ein paar Jahren vielleicht …

STUCKRAD-BARRE: Bitte was? Wann war die denn?

SUTER: Ende der sechziger Jahre war die erste, und dann so
Mitte der siebziger die zweite.

STUCKRAD-BARRE: Und abgesehen von diesen beiden Hip-
pie-Unterbrechungen hast du immer Anzüge getragen?

SUTER: Ja. Es gibt auch Kinderfotos von mir, Jugendfotos
mit Krawatte auf dem Fahrrad. Ich habe auch als kleiner
Junge Anzug getragen. Da kam eine Störschneiderin zu
uns. Die hat in einer Mansarde kleine Anzüglein genäht
für mich.

STUCKRAD-BARRE: Wirklich?

SUTER: Ja. Da gab es ein schönes Jackett und dann im gleichen Material für den Winter Knickerbockers.

STUCKRAD-BARRE: Wie hat sich das denn ausgewirkt auf
dein Image in der Schule?

SUTER: Da war ich erst sieben. In der Zeit war es gerade
so vorbei, dass man lange Hosen für Knaben als Beson-
derheit betrachtete. Ich habe auch Sommeranzüglein gehabt aus Baumwolle. Das sah aus wie ein himbeerfarbe-
ner Safarianzug mit kurzen Hosen. Die Eltern nannten

es das »Epeerigwändli«, Erdbeergewändchen. Und auch Tweed-Anzüglein hatte ich. Ich habe immer gerne Anzüge getragen. Aber es gibt auch die, die im Alter diese Lumber tragen.

STUCKRAD-BARRE: Die was?

SUTER: Das sind so beige Sportjacken.

STUCKRAD-BARRE: Aha. Oh. Modehospiz.

SUTER: Oder auch diese Schuhe mit Klettverschlüssen. Und dann gibt es die anderen Männer, wie mich, die denken: Es lenkt vielleicht ein bisschen von meinem Aussehen ab, wenn ich einen hübschen Anzug und eine schöne Krawatte trage.

STUCKRAD-BARRE: Genau, es ist eigentlich doch ein angenehmes Non-Statement. Der Anzug bedeutet: Ich bin so angezogen, dass wir nicht über Kleidung diskutieren müssen. Und dann wird genau das aber doch zu einem Statement erhoben. Ich habe zum Beispiel am Anfang meines Bücherveröffentlichens und Lesungenmachens und so immer Anzüge getragen, weil ich es so angenehm fand, dass dann alle Selbstgesprächsfragen diesbezüglich – was ziehe ich nur an und was könnte das bedeuten – beantwortet waren durch ebendiesen Anzug und ich mich auf andere Sachen konzentrieren konnte. Genau das aber wurde aufgefasst als Überheblichkeit und Oberflächlichkeit oder so was. Immer Anzug! Schnösel! Glaubt wohl, er wäre … und so weiter. Das hat mich dann immer eher amüsiert. Hm. Nein, Quatsch, Automatikkoketterie – es hat mich: verunsichert damals. Ich habe es schlicht nicht begriffen: Dass gerade solche Kritikeinrichtungen, die doch scheinbar – vorgeblich! – Texte verhandeln, dass gerade die also schafsblöd einen der Oberflächlichkeit zeihen – indem sie genau das tun: oberflächlich sein! Einem Anzug auf den Leim gehen. Eine Frisur rezensieren: dein legendäres Haargel, die Maßanzüge. Strafverschärfend darunterliegend sowieso immer: war teuer, und dann auch noch in Schweizer Franken!

SUTER: Meine Damen und Herren, übrigens, das sehen Sie nicht: Benjamin von Stuckrad-Barre sitzt hier in einem Anzug.

STUCKRAD-BARRE: Ja, natürlich. Und zwar, weil ich Martin Suter besuche.

SUTER: Aha.

STUCKRAD-BARRE: Na, das ist Anpassung an die Umgebung. Ich trage sonst immer weiße Jeans und in irgendeiner Form etwas Blau-Weiß-Gestreiftes als Oberteil. Aber da ich ja heute früh wusste, dass wir beide später hier zusammensitzen werden, fand ich es angenehmer, wenn das alles überhaupt gar kein Thema ist und wir beide im weitesten Sinne dunkle Anzüge tragen. Dass das für uns beide dann angenehmer ist, dachte ich. Und sang beim Gehen vor mich hin, damit ich weiß, dass ich noch bin.

SUTER: Das ist wahr, ja.

STUCKRAD-BARRE: Man ist nicht nackt – Thema erledigt. Angemessen gekleidet! Bei einer Begegnung durch Kleidung aufzufallen, verhindert geradezu, dass man auch noch gedanklich auffällig werden könnte.

SUTER: Was trugst du denn damals in Heiligendamm? Ich hatte eine Art …

STUCKRAD-BARRE: Du hattest eine orangene Badehose an, Martin.

SUTER: Und du hattest eine mit Palmen, oder?

STUCKRAD-BARRE: Richtig. Eine türkise Badehose mit Palmen und Flamingos. Jetzt ist es raus. Die meine Frau ausgesucht hatte, was ich immer schön finde bei solch schwierigen Sachen. Badehosen, meine Güte. Kann man eigentlich nur falsch machen. Also befragt man besser direkt die Zielgruppe. Und es fällt viel leichter, dann auch offensive Farb- und Musterentscheidungen zu vertreten, wie eben die pinken Flamingos auf türkisem Grund, wenn es von einer Frau ausgesucht wurde.

SUTER: Natürlich, natürlich.

STUCKRAD-BARRE: Es wäre doch sehr seltsam gewesen, wenn ich jetzt hier in einem Anzug mit pinken Flamingos bei dir erschienen wäre. Das wäre etwas mühsam, finde ich.

SUTER: Ja, aber auch das wird überschätzt. Dass ich immer einen Anzug trage, heißt ja nicht, dass ich etwas gegen Leute habe, die keinen Anzug tragen. Also so tolerant bin ich, dass man anziehen kann, was man will.

STUCKRAD-BARRE: Ich fühle mich in deiner Gegenwart wohler in einem Anzug. Selbst wenn du gerade vom Golfplatz kommst – noch so eine Äußerlichkeitsschablone, die natürlich vollkommen zutrifft. Und der Anzug des Golfplatzes ist natürlich gerade: kein Anzug. Chino-Hose, Strickjacke. Aber tatsächlich, ich empfinde es zumindest so, dass all das in der Berichterstattung über dich, in Rezensionen deiner Bücher, in Porträts und so immer eine große Rolle spielt. Ich glaube, gerade, dass es dir so schön egal ist, ereifert diese Leute. Die Kleidungsfrage ist für dich schlichtweg beantwortet – es ist ein Anzug. Fertig. Und es ist tagsüber vielleicht eine Strickjacke zur Anzughose, die wird dann gen Abend getauscht gegen das Jackett. Und es ist ein weißes Hemd. Und es ist eine Krawatte. Thema erledigt. Aber nur für dich, offenbar. Denn diese Schaufensterpuppenparameter tauchen immer wieder auf. Sie vereinfachen die Dinge. Als Höhepunkt der Originalität wird dann empfunden, dich zu fragen, ob du auch Jeans besitzt oder eine Jogginghose. Da wird dann routiniert Karl Lagerfeld zitiert, Kontrolle über sein Leben verloren und so weiter, und man schläft sanft ein.

SUTER: Ja, ja.

STUCKRAD-BARRE: Kannst du das vielleicht ein für alle Mal beantworten: Finden sich im Kleiderschrank von Martin Suter Jeans?

SUTER: Nein, das habe ich schon oft beantwortet.

STUCKRAD-BARRE: Ich weiß. Ich will es aber jetzt und für immer klären und diese Frage somit auch für künftige Befragungen untersagen: Du besitzt also keinerlei Jeans?

SUTER: Ich besitze keine Jeans, aus verschiedenen Gründen. Erstens habe ich das Jeansalter überschritten.

STUCKRAD-BARRE: Aha! Wann?

SUTER: Ich finde, wenn man nicht Cowboy ist von Beruf, dann sollte man so ab fünfzig nicht mehr unbedingt in Jeans herumgehen.

STUCKRAD-BARRE: Die meisten Cowboys sind ja über fünfzig, auch in der Altersteilzeit schon. Es gibt ja wenige Cowboys unter fünfzig.

SUTER: Ja. Aber man kann zum Beispiel auch ein alternder Cowboy sein.

STUCKRAD-BARRE: Wenn man das Leben als Marlboro-Werbespot würdig zu Ende führen will, dann geht das. Ist aber natürlich sowieso eine Contradictio in adiecto. Was jetzt als Formulierungsbeiläufigkeit doch ein gekonnt drapiertes Einstecktuch war, oder nicht?

SUTER: Ja, ich staune. Es ist aber schon auch ein etwas zu signalfarbenes Einstecktüchlein, mein Lieber. Es ist fast schon eine Badehose, nicht wahr? Aber zurück zu den Jeans.

STUCKRAD-BARRE: Oh, das wäre ein guter Werbeslogan für unser Buch: Aber zurück zu den Jeans!

SUTER: Dem Jeansalter also bin ich entwachsen, und der andere Grund ist: Jeans, klassische Jeans, 501 oder Lee, die haben alle zu kleine Taschen. Und ich habe immer so allerlei bei mir.

STUCKRAD-BARRE: Ach! Du hast deine Brille und so was dabei, in der Hosentasche?

SUTER: Ich habe eine Brille dabei, einen Schlüsselbund, ein Portemonnaie für Münzen.

STUCKRAD-BARRE: Münzen? Du hast Münzen? Enttäuschend.

SUTER: Und ich habe auch ein Taschenmesser dabei.

STUCKRAD-BARRE: Und das Aufgezählte also passt nicht alles in eine Jeans?

SUTER: Nein, das passt da nicht rein.

STUCKRAD-BARRE: Wie wäre es mit einem Jeansanzug? Auch nicht, nehme ich an. Erst recht nicht!

SUTER: Das ist mir dann ein bisschen zu horstbuchholzig. Oder?

STUCKRAD-BARRE: Mit dieser Referenz kann nun kaum

mehr jemand was anfangen, also ist sie perfekt. Rätsel
sein! Ja, ein Jeansanzug – besser lässt es sich nicht sagen –
wäre ein bisschen zu horstbuchholzig. Absolut. Und
zwar der heutige Horst Buchholz. Six feet under. Also
gut, dennoch aber sagen wir: Signalfarbene Badehose,
wenn der Sitz stimmt, warum nicht?

SUTER: Genau. Und man ist ja sowieso meistens sehr schön
verborgen in den Strandkörben.

STUCKRAD-BARRE: Das stimmt. Auf dem werblichen AU-
TORENFOTO, das man in Heiligendamm in einer Falt-
broschüre sieht, wenn Martin Suter wieder einmal liest,
bloß um drei Nächte nicht bezahlen zu müssen, was ja
eine ehrenvolle Begründung ist, auf diesem Foto trägst
du dann allerdings einen Anzug. Und es ist Champagner
arrangiert auf diesem kleinen Klappbrettchen an der
Seite: Das ist das offizielle Strandkorbfoto von dir. Da
hast du mitnichten eine Badehose an. Und schon gar
keine orangefarbene.

SUTER: Nein, da habe ich einen Anzug an und Krawatte.
Natürlich.

STUCKRAD-BARRE: Angenehmerweise. Alles andere hätte
mich auch stark irritiert, auf ungute Weise.

SUTER: Ich lasse mich natürlich nie fotografieren in …

STUCKRAD-BARRE: In einem Schwächemoment.

SUTER: … in der leuchtfarbenen Badehose.

STUCKRAD-BARRE: Vielleicht ein Fehler, wenn wir so darüber sprechen.

SUTER: Also, früher habe ich mich schon auch mal leicht
bekleidet fotografieren lassen, aber da war ich dreißig,
vierzig Jahre jünger. Kürzlich bin ich wieder auf so ein

Foto gestoßen, und das konnte sich sehen lassen, mein Lieber.

STUCKRAD-BARRE: Da bin ich mir sicher. Schade, dass ich das verpasst habe.

SUTER: Ich zeige es dir dann.

STUCKRAD-BARRE: Bei welcher Gelegenheit bot sich dir die Möglichkeit oder Notwendigkeit, eine halbnackte Fotografie erstellen zu lassen?

SUTER: Am Strand, auch am Strand.

STUCKRAD-BARRE: Von wem für was? Private Zwecke?

SUTER: Meine Frau hat mich fotografiert.

STUCKRAD-BARRE: Das zählt als privat. Normalerweise trennt man ja zwischen Ehe und Privatleben. Aber hier zählt das als privat.

SUTER: Ja. Und wahrscheinlich hat sie es präventiv als Erinnerung fotografiert, dass sie es dann mal in zwanzig Jahren anschauen kann.

STUCKRAD-BARRE: Schau nur, wie schön wir waren, wie glücklich, wie zugewandt – und was nun aus uns geworden ist! Atomarer Erstschlag in einem Gespräch.

SUTER: Oder dass sie es vielleicht braucht, um sich ab und zu wieder zu erklären: Warum bin ich mit dem zusammen? Das könnte auch sein.

STUCKRAD-BARRE: Also Bademoden gegen das Vergessen.

SUTER: Genau. Es gibt eine zweite Regel, wie ich mich nicht mehr fotografieren lasse, das ist …

STUCKRAD-BARRE: Mit der Hand am Kinn?

SUTER: … in der Sonne.

STUCKRAD-BARRE: Ja? Ist Sonnenlicht nicht besonders schmeichelhaft?

SUTER: Nein. Man sieht jede Pore und jede Runzel. Und natürlich hast du recht: Die Schriftstellerposition mit der Hand im Gesicht oder so aufgestützt …

STUCKRAD-BARRE: Furchtbar!

SUTER: … furchtbar! Und meine Frau sagte, noch ein zusätzliches Argument dagegen ist: Die Farbe der Hand und die Farbe des Gesichts, die stimmen nie überein.

STUCKRAD-BARRE: Aha.

SUTER: Da hat sie auch recht.

STUCKRAD-BARRE: Blau und orange.

SUTER: Und was ich auch nicht mehr mache, ist bei Fernsehaufnahmen den sogenannten Gang.

STUCKRAD-BARRE: Ja, der Gang!

SUTER: Den kennst du auch. O ja, der Gang.

STUCKRAD-BARRE: Das wird hinterher als Schnittbild benutzt. Man hat so ein bisschen melancholisch auf und ab zu latschen, FLANIEREN ist das Ziel, aber man sieht eigentlich immer aus, als ob man gerade aufs Klo müsste.

SUTER: Oder man läuft im Passgang oder irgendwas.

STUCKRAD-BARRE: Der Gang ist herrlich. Treppe rauf, Treppe runter. Verschwinden ist auch toll.

SUTER: Wenn in der Tagesschau ein Bericht kommt oder sonst ein Bericht, dann …

STUCKRAD-BARRE: In der Tagesschau ein Bericht über dich?

SUTER: Ja, manchmal.

STUCKRAD-BARRE: Wirklich?

SUTER: Ja, ja.

STUCKRAD-BARRE: Das ist aber toll. Wobei man einschränkend sagen muss: in der Schweizer Tagesschau, oder?

SUTER: In der Tagesschau der Schweiz. Und die machen am Schluss der Sendung immer noch so was Unseriöses, nämlich etwas Kulturelles.

STUCKRAD-BARRE: Aber das bringt ja immens viel, oder?

SUTER: Ich weiß nicht, ob es genau gemessen wird, aber der Verlag ist schon …

STUCKRAD-BARRE: Aufgeregt.

SUTER: … nie dagegen, wenn die sagen: »Wir bringen dann was in der Tagesschau.« Aber es kann natürlich auch blöd ausgehen – wenn man in Österreich bei *Zeit im Bild* vorkommt und das ein verächtlicher Verriss ist. Dann denkt man, ja, man hätte es vielleicht doch lieber abgesagt.

STUCKRAD-BARRE: Hätte man doch auf diesen Gang besser verzichtet! Wobei, wenn es direkt davor um eine brennende Krisenregion ging, hat es schon auch einen Grad der Komik: der Gang! Kultur als Wetter eigentlich.

SUTER: Ja, genau.

STUCKRAD-BARRE: Wenn du jetzt nur noch in orangener Badehose auftreten würdest, glaube ich, eins, zwei, drei – und die Tagesschau wäre da. Sofort.

SUTER: Hm ja.

STUCKRAD-BARRE: Breaking News Aufregung, Ticker, Hubschrauber. Nein?

SUTER: Ich bin nicht ganz sicher.

STUCKRAD-BARRE: Nein, jetzt, wo ich es gerade gesagt habe, bin ich auch nicht mehr so sicher. Bleib lieber beim Anzug.

SUTER: Ich bleibe beim Anzug, ja.

STUCKRAD-BARRE: Okay.

SUTER: Auch dann sieht er noch doof genug aus, der Gang,

oder? Da kommt irgendein Bericht im Fernsehen, der fängt damit an, dass jemand vorbeigeht, dann weißt du: Aha, da kommt gleich ein Interview mit dem oder mit der. Und prompt: Schnitt.

STUCKRAD-BARRE: Zeigt sich nachdenklich! Verletzlich! Suchend!

SUTER: Ja. Aber manchmal kann ich mich jetzt durchsetzen. In Berlin zum Beispiel, da sollte ich mal den Gang machen, ich glaube, im Park Hyatt war das, und danach wollten sie mich in der Bar interviewen. Da habe ich gesagt, filmt doch anstatt des Ganges einfach, wie ich an der Bar sitze vor einem Drink. Damit können sie ja auch ein Schnittbild machen, und sie können auch diesen Lieblingssatz sagen: Der hier, den interviewen wir dann gleich.

STUCKRAD-BARRE: Und er ist komplett blau, bleiben Sie dran.

SUTER: Ja.

STUCKRAD-BARRE: Würde ich mir auch direkt angucken wollen.

SUTER: Genau.

STUCKRAD-BARRE: Das ist sein fünfter Drink. Den sechsten bis achten nimmt er gleich im Interview.

SUTER: Ja.

STUCKRAD-BARRE: Also Prost!

SUTER: Zum Wohl, ja! Auf die …

STUCKRAD-BARRE: Auf den Gang.

SUTER: … leuchtfarbene Badehose.

STUCKRAD-BARRE: Aber niemals beides gleichzeitig.

Glitzer

STUCKRAD-BARRE: Martin, ich habe bei dir zu Hause entdeckt: unerwartete Mengen an Glitzergläsern. Glitzergläserröhrchen. Glitzer! Gläser! Röhrchen! In der Küche lagen nicht wenige reagenzgläschenförmige Behältnisse, voll mit – man kann es nicht anders sagen – Glitzer. Also goldener, purpurner Glitzer, wie ihn sehr junge Mädchen als Schminke vielleicht verwenden oder im Barbie-Haushalt oder so. Ich weiß gar nicht, wofür man sonst noch Glitzer braucht. Jedenfalls muss ich sagen, deine Bücher kennend und sehr mögend, da kam der Glitzer jetzt überraschend.

SUTER: Gut, ich persönlich brauche Glitzer praktisch nie. Aber unsere Tochter Ana, die übermorgen dreizehn wird, die ist natürlich in dieser schwierigen pubertären Phase. Und du weißt ja, wie das ist, da dreht man manchmal praktisch durch. Über die Pubertät hat mir mal jemand gesagt: »Ja, das musst du wissen, das ist eine Geisteskrankheit, die Pubertät.«

STUCKRAD-BARRE: Wirklich?

SUTER: Ja. Damit musst du einfach rechnen, dass du da nichts dagegen machen kannst. Dann habe ich aber gelesen von einer Psychologin, einer amerikanischen Psychologin, die hat eine andere Psychologin getroffen in Texas, und die hatte ein Einmachglas mit Wasser drin und Glitzer. Die hat gesagt, wenn ihre pubertären Patientinnen und Patienten in diesem Zustand sind, wo sie halb durchdrehen, dann nimmt sie dieses Glas und schüttelt es. Wie diese Gläser, in denen es schneit. Und dann wirbeln diese farbigen Glitzer-Stückchen durcheinander, und sie sagt: »Schau, so sieht es im Moment in deinem Kopf aus. Und jetzt musst du einfach das anschauen und warten, bis sich das wieder gesetzt hat. Dann ist es wieder ruhig.« Und mit dieser Methode, hat sie gesagt, hätte sie alle diese Krisen ihrer Patienten gemeistert.

STUCKRAD-BARRE: Das ermöglicht ihnen also, den Vorgang zu erkennen und zu begreifen?

SUTER: Genau.

STUCKRAD-BARRE: Also eine Distanz zu sich selbst einnehmen: Ah, das ist gerade nicht für immer, sondern das ist eine vorübergehende Kernschmelze meines Verstandes, aber das setzt sich dann auch irgendwann. Wie der Glitzer.

SUTER: Das ist in der Theorie so. Wir haben es dann mit Ana probiert, und da war eigentlich das Basteln, auch das Einkaufen dieses Glitzers ein Projekt, du kannst ja nicht einfach jeden Glitzer nehmen.

STUCKRAD-BARRE: Natürlich nicht, um Himmels willen! Das muss schon sitzen. Das muss Spezialglitzer sein. Aus einer Manufaktur, seit Jahrhunderten in Familienbesitz. Glitzer und Söhne. Für deine Tochter!

SUTER: Der erste Glitzer, den ich irgendwo gekauft habe, der schwamm einfach obenauf. Da konntest du schütteln, wie du wolltest, das schwamm obenauf. Und dann habe

ich in Zürich ein Bastelgeschäft gefunden in einer Quer-
straße, falls du auch mal Glitzer brauchst, einer Quer-
straße zwischen Rennweg und Bahnhofstraße. Da gibt's
ein Bastelgeschäft, und dort …

STUCKRAD-BARRE: Solche Geschäfte sind immer in Quer-
straßen.

SUTER: Ja, natürlich.

STUCKRAD-BARRE: Der Satz dazu ist dann: »Anders können die sich gar nicht halten – wundert mich sowieso,
dass die durchhalten, die haben es wahnsinnig schwer
durch den Online-Handel.«

SUTER: Eben. Sie können das auch nicht zahlen, die Bahnhofstraße. Stell dir vor, zwischen all diesen Juwelieren
und Zara, da kannst du nicht einen Glitzerladen führen.

STUCKRAD-BARRE: Die ja auch Glitzerläden sind, genau
betrachtet.

SUTER: In nämlichem Querstraßenglitzerfachgeschäft jedenfalls habe ich dann den richtigen Glitzer gekauft. Da
gibt es auch kleine herzförmige. Wenn du dich mal richtig
mit dem Glitzermarkt befasst, dann wirst du sehen, wie
reich da das Angebot ist.

STUCKRAD-BARRE: Also das heißt ja, andersherum gesagt,
ihr habt den richtigen Glitzer nicht gefunden.

SUTER: Erst nicht, aber dann schon, und damit haben wir
es auch probiert. Aber beim ersten Mal, als Ana dann so
eine Situation hatte, hat sie gesagt: »Hau mir ab mit diesem doofen Glitzerzeug!«

STUCKRAD-BARRE: »Eine Situation hatte« ist sehr amerika-
nisch ausgedrückt.

SUTER: Ja.

STUCKRAD-BARRE: We have a situation here. Auf in den Situation Room!

SUTER: Ja. We have a situation. Also es hat, ehrlich gesagt, nicht funktioniert.

STUCKRAD-BARRE: Klar. Man kann auch einen Psychotherapeuten genau dann, wenn man ihn akut braucht, eben nicht auswählen. Es wird dann irgendeiner. In der Krise casten – geht nicht, weil ja eben Krise ist. Wer noch Therapeuten casten kann, braucht aktuell gar keinen. Da reicht es, sich zu besaufen. Man muss ihn ja in der Nichtkrise gecastet haben, um dann darauf zugreifen zu können. Aber man hat natürlich dann keine Lust auf die Ebnung abstrakt erscheinender Vorkehrungen. Und IN der Krise: ist Krise. Und Pubertät ist Krise in Permanenz. Des sogenannten Umfelds natürlich auch. Ziel, Sinn und Wesen der Pubertät ist ja die Entzweiung mit den Eltern, Bruch, Auflehnung, Ablehnung, Sabotage, Widerstand. Die vernunftbegabte Kooperation ist auszuschließen! Stattdessen werden Augen gerollt, Türen geknallt, Verallgemeinerungen gekräht und so weiter. Gut gefallen in einem Film würde mir ein solchermaßen agitiert ausrufendes Mädchen: »Ich will doch jetzt gerade nicht mit Glitzer meine Kernschmelze illustrieren, verdammte Scheiße! Sie IST ja gerade, sie findet ja gerade statt! Ich bin doch gerade verrückt! Ich kann doch jetzt nicht neben mich treten, bewusst, und mir meine Verrücktheit anschauen, modellhaft, um sie zu begreifen und überwinden zu können!«

SUTER: Ich muss zugeben, es hat eindeutig nicht funktioniert. »Hau ab!« und so, hat sie gesagt.

STUCKRAD-BARRE: Aber fandest du im Laden denn Gehör mit deiner Beobachtung, dass mancher Glitzer schwimmt und verklumpt und mancher sich setzt? Ist das ein in Glitzerfachkreisen bekanntes Problem?

SUTER: Also das war dort unter Fachleuten überhaupt keine Frage. Selbstverständlich. »Was? Sie wollen einen schüttelfesten Glitzer haben? Dann müssen Sie hier schauen, die von hier bis hier kommen in Frage. Die dort – bloß nicht! Die lösen sich auf. Jene dort schwimmen obenauf. Diese verklumpen.« Nein, nein, also rohstoffmäßig bin ich glitzertechnisch völlig ausgerüstet.

STUCKRAD-BARRE: Und nach dieser ersten herben Niederlage IM FELD, wenn wir so sagen wollen, hast du die Sachen trotzdem mit einem gewissen Trotz noch aufbewahrt? Oder ist es eine Invektive gegen mich, und ICH muss jetzt begreifen, dass meine Pubertät noch immer andauert? Das weiß ich sowieso schon, Martin. Aber ich stelle mich wenigstens neben das Glasgefäß und gucke mir deine Vorführung an. Mit Freude! Ich kann, aus Deutlichkeitsgründen, natürlich dabei auch permanent aufs Handy schauen statt auf den Glasbehälter und dazu abwesend Zustimmungsgeräusche summen, um meine scheinbare Anwesenheit vorzutäuschen.

SUTER: Das steht noch da, weil es ein Tipp von den Glitzerspezialistinnen dort zwischen Rennweg und Bahnhofstraße war, die haben gesagt: »Aber Sie müssen destilliertes Wasser nehmen.«

STUCKRAD-BARRE: Ah!

SUTER: »Sonst wird das gelb und fault und so. Es muss hygienisch einwandfrei gearbeitet werden.« Und jetzt steht, seit du zuletzt bei uns zu Besuch warst, das ist ein paar Monate her, immer noch dieses Glas dort, und immer noch hofft das Glas, dass es einmal richtig zu seinem Zweck benützt wird.

STUCKRAD-BARRE: Eigentlich traurig.

SUTER: Ja, wie alles, das nicht gebraucht wird. Das siehst du ja auch hier. Hier, dieser Fauteuil: Nie sitzt jemand in diesem Fauteuil. Oder niemand, den ich kenne. Und wenn ich mich mal hier hinsetze, dann fühle ich mich irgendwie verloren.

STUCKRAD-BARRE: Man weiß dann nicht, wie es weitergeht.

SUTER: Ja. Ja, ja.

STUCKRAD-BARRE: Man sitzt dann da so. Ja. Fauteuil ist für mich jetzt eines dieser Wörter, bei denen ich nicht genau weiß, mit wie vielen Ls und EUs und so oder OIs.

SUTER: Die französischen Kinder haben noch das Privileg, solche Wörter zu lernen, die man ganz anders schreibt, als man sie ausspricht. Auch englische Kinder. Nur die deutschen und Schweizer Kinder und Österreicher, die müssen jetzt praktisch phonetisch schreiben.

STUCKRAD-BARRE: Nur nicht Fonduetram.

SUTER: Nein, dürfen sie nicht. Aber stell dir vor, die Kinder würden statt Bordeaux »Bordo« schreiben. Das wäre doch eine Beleidigung. Wir können doch B-O-R-D-E-A-U-X schreiben und Bordo sagen. Wir sind doch nicht so blöd. Da wäre ich gerne mal eine Fliege an der Wand gewesen in diesen Sitzungen. Da haben die sicher zwei Monate über Gämse gestritten, ob man das mit A-Umlaut oder mit E schreiben soll.

STUCKRAD-BARRE: Ja. Ja.

SUTER: Oder platzieren. Stell dir vor.

STUCKRAD-BARRE: Platzieren, ja. Furchtbar.

SUTER: Platzieren. Dieses elegante Plazieren hat jetzt mit Platzen, geplatzt was zu tun.

STUCKRAD-BARRE: Wie machst du es in deinen Büchern? Ich mache es bei mir so, ich entscheide da zwischen neuer und eigentlicher Rechtschreibung so, wie es mir passt. Also platzieren würde ich niemals durchgehen lassen bei mir.

SUTER: Natürlich nicht. Niemand Zurechnungsfähiges täte das.

STUCKRAD-BARRE: Ich finde es sowieso ein etwas blödes Wort. Ich wüsste gar nicht, wann ich es mal verwende. Aber wenn, doch bitte mit C.

SUTER: Ja, in der Küche gibt's ja das Mise en place, die Vorbereitung. Stell dir vor, man würde Mis en Platz schreiben. Das wäre irgendwie furchtbar.

STUCKRAD-BARRE: Wie kommt es vom Diogenes Verlag zurück zu dir? Nach neuester Rechtschreibung?

SUTER: Nein, Diogenes hat sich von Anfang an für die gemäßigte neue Rechtschreibung entschieden. Und da gibt es ein paar scharfe S, aber Gämse … Also ich vermeide einfach platzieren. Diogenes würde es, glaube ich, nach wie vor nur mit Z schreiben.

STUCKRAD-BARRE: Nicht mit C?

SUTER: Nein, nein, mit einem Z. Und die Gemse ist jetzt eine Tierart, die in meiner Literatur ausgestorben ist. Leider kommt die nicht mehr vor. Der Gemsbart auch nicht, natürlich.

STUCKRAD-BARRE: Ist das nicht der Gamsbart? Ist es da nicht Singular?

SUTER: Der Gamsbart? Aber die Gemse ist ja auch Singular. Siehst du, jetzt sind wir praktisch schon im PEN-Club, thematisch.

STUCKRAD-BARRE: Ja. Ich glaube nicht, dass es so konkret ist im PEN-Club.

SUTER: Meinst du nicht?

STUCKRAD-BARRE: Nein. »Mehr so gesellschaftlich.« Würde ich sagen. Nein: RAUNEN würde ich das. Die ganz großen Felder bewirtschaften. Von Oslo aus Amerika zu Ende denken. Was heißt eigentlich PEN noch mal? Habe ich vergessen.

SUTER: Feder.

STUCKRAD-BARRE: Ja, ja, aber ist es nicht auch irgendeine Abkürzung?

SUTER: Ich weiß es nicht. Das wäre vielleicht mal ein Thema: Was heißt eigentlich PEN-Club?

STUCKRAD-BARRE: Ja. Und warum wundern wir uns, dass wir nicht drin sind, wenn wir noch nicht mal das wissen?

SUTER: Stimmt. Wie so oft ist es auch eine verdiente Niederlage, nicht aufgeboten zu werden im PEN-Club.

STUCKRAD-BARRE: Es gilt ja auch diese leider arg strapazierte Groucho-Marx-Regel, dass man nicht Mitglied des Clubs sein will, der einen aufnimmt.

SUTER: Gut, das ist wahr. Und wo sind dann die Sitzungen? Wahrscheinlich ist es schwierig für Schweizer PEN-Club-Mitglieder, die müssen dann immer nach Berlin.

STUCKRAD-BARRE: Nein, ich glaube nicht Berlin.

SUTER: Nicht? Ist das mehr so …

STUCKRAD-BARRE: Das ist international.

SUTER: ... Krefeld?

STUCKRAD-BARRE: Nein! Der PEN-Club? In Argentinien oder so treffen die sich. Aber geistig ist es natürlich: Krefeld.

SUTER: Du meinst, es gibt nur einen internationalen PEN-Club? Gibt es den nicht ländermäßig?

STUCKRAD-BARRE: Ortsvereine.

SUTER: Ich glaube, es gibt Ortsvereine.

STUCKRAD-BARRE: Wir könnten das natürlich bei Max Frisch überprüfen. Ganz bestimmt hat der den PEN-Club mal geleitet oder so. Ihm ins Stammbuch geschrieben, permanent. Widerspruch. Debatten. Pfeife rauchend miteinander brechen und so weiter.

SUTER: Das ist gut möglich. Da kenne ich seine Biographie zu wenig.

STUCKRAD-BARRE: Ich kenne sie eigentlich ganz gut, aber ich glaube auch, dass die Aktivitäten im PEN-Club genau der Teil an Max Frisch sind, den ich unausstehlich finde. Also wie diese ja doch sehr didaktischen Theaterstücke und Aufsätze, *Aus dem Brotsack, Schweiz ohne Armee*. Das ist ja dann doch etwas unpoetisch.

SUTER: Ja, ja.

STUCKRAD-BARRE: Wohingegen seine Romane sehr gut haltbar sind, finde ich.

SUTER: Ja, finde ich auch. Finde ich auch.

STUCKRAD-BARRE: Welches ist dein Lieblingsbuch von Max Frisch?

SUTER: Manchmal *Montauk*, manchmal – wie bei allen – *Stiller*.

STUCKRAD-BARRE: Bei mir ist es wohl *Montauk,* aber danach folgt *Gantenbein.*

SUTER: Ah ja.

STUCKRAD-BARRE: Ich finde *Stiller* viel zu viel auf Schullektüre hin geschrieben, zu einfach irgendwie. *Gantenbein* ist ein sehr schönes Buch, das habe ich erst spät begriffen. Nun gut – Glitzer immer zu Hause haben, speziell, wenn der PEN-Club anruft?

SUTER: Ja. Unbedingt.

STUCKRAD-BARRE: Du, da bin ich ganz bei dir, du.

SUTER: Da gehe ich d'accord.

STUCKRAD-BARRE: Totale Schnittmenge.

SUTER: Am Ende des Tages – ja.

STUCKRAD-BARRE: Gut auch: »Der Ball liegt jetzt im Feld des PEN-Clubs.«

SUTER: Und ich finde, da liegt er gut.

Äähm

STUCKRAD-BARRE: Äähm, so. Guter Start, nicht? Es ist schrecklich – ich sage viel zu oft »äähm«, ist mir aufgefallen.

SUTER: Ich, äähm, glaube, äähm, ich sage noch öfter »äähm« als du.

STUCKRAD-BARRE: Was passiert denn im Äähm eigentlich? Also … Das »Also« übrigens ist ja auch bloß ein schlecht verkleidetes Äähm. Also: äähmm. Atmet da der Text, oder schwankt da der Sinn? Wozu »äähm«? Man sucht?

SUTER: Man überlegt. Und mein Verdacht ist: Man will diese Denkpause verstopfen, damit niemand reinspringt.

STUCKRAD-BARRE: Es ist das Libretto für: atmen, atmen, atmen. Äähm. Und jetzt habe ich vergessen, was ich sagen wollte.

SUTER: Siehst du, jetzt kann ich dir mit leichter Hand das Wort abnehmen – und es nie mehr hergeben. Hättest du mal besser »äähm« gesagt!

STUCKRAD-BARRE: Äähm ist auch eine Schlagfertigkeit, die sich selber nur behauptet. Man stimmt schon mal so ein Präsprachgeräusch an, obschon der Gedanke noch gar nicht formuliert ist, ja noch nicht mal gedacht. Es ist das Verfertigen des Gedankens beim Lallen. Silbengekotze. Es ist furchtbar.

SUTER: Genau, es ist eine Ablenkung oder ein Ausdribbeln des Gegenübers, das ja auch was sagen möchte.

STUCKRAD-BARRE: Zumindest aber was anderes hören will als »äähm«.

SUTER: Der würde gerne die Lücke zwischen zwei Gedanken füllen mit seinem eigenen, äähm, Gedanken. Ein Äähm vermittelt doch den Eindruck, der Äähm-Sagende spräche bereits. Oder immer noch – ist drauf und dran, den Satz zu vollenden. Und man ist dann so höflich, da nicht reinzuspringen. Das sind die lustigsten Dialoge, die ich kenne: Zwei reden miteinander, und keiner hört dem anderen zu, wartet nur auf die Gelegenheit, selbst wieder etwas sagen zu können. Und während er dann endlich selbst etwas sagen darf, wartet der andere, statt zuzuhören, nur auf die Gelegenheit, selbst wieder etwas sagen zu dürfen.

STUCKRAD-BARRE: Gestern Abend haben wir mit einem lieben Freund von uns beiden zu Abend gegessen. Und wir sind diesem Freund unter anderem deshalb so zugetan, weil er eigentlich pausenlos redet. Er redet die ganze Zeit, und zwar von nichts als von sich selbst, von wem auch sonst. Und da gab es gar keine Äähms, keine Lücke.

SUTER: Wenig explizite Äähms, das schon, aber da waren natürlich schon jede Menge Lücken. Nur bemerkte man diese halt nicht so schnell. Und beim Denken und Verhindern, dass jemand einen nicht ausreden lässt, betreiben die Schweizer das vielleicht noch viel konsequenter, dieses Äähmsagen. Mir selbst muss ich obendrein noch ein weiteres Ratlosigkeitssymptom attestieren: die Wiederholung. Das, das, das, das Wiederholen. Und wiederholen. Auch damit lassen sich Pausen gut füllen, lässt sich Gesprächsraum prima zurückerobern.

STUCKRAD-BARRE: Wiederholungen gebiert ja das Äähm auch permanent, wie in einem Zombiefilm. Schlägst du einem Äähm ein Ä ab, wachsen ihm gleich drei neue. Das, äähm, Wieder... äähm ...holen. Äähm und Äh sind übrigens noch mal gesondert zu betrachten: Einem Äähm folgt schneller was Sprachverwandtes als einem Äh. Eingeleitet oft noch von einer speziellen Äähm-Variation: »Ich sag mal so.« Das ist wie eine Untertitelung für Hörgeschädigte. »Ich will mal so sagen ...«

SUTER: Im Schweizerdeutschen gebraucht man das »Oder?« sehr oft.

STUCKRAD-BARRE: Auch als Vergewisserung, ob noch alle leben am Tisch.

SUTER: Ja, oder?

STUCKRAD-BARRE: Dieses permanente »Oder?« am Satzende bringt auch das Schweizer Wesen eigentlich ganz gut auf einen Punkt – weil sich der Sprechende samt seiner gerade getroffenen Aussage damit gleich wieder etwas verkleinert. Eine angenehme Haltung.

SUTER: Er stellt sie damit auch gleich schon in Frage.

STUCKRAD-BARRE: Eine natürlich rhetorische Frage, aber sie ist wenigstens mal da. Bedeutet: Kannst du noch folgen? Willst du noch folgen? Siehst du das vielleicht ganz anders? Ein verkürztes »Und bei dir so?«.

SUTER: Oder habe ich einfach überhaupt nicht recht?

STUCKRAD-BARRE: Und eben auch: Gib mir doch bitte recht. Es klingt darin ja auch ein Wunsch an. Es ist eine Selbstvergewisserung.

SUTER: Man kann sich das Äähm natürlich auch schönreden: »Ja, wir überlegen halt, was wir sagen, bevor wir nur so daherreden.« Wir fürchten einfach eure Schlagfertigkeit.

STUCKRAD-BARRE: Obwohl Schlagfertigkeit das Gegenteil ist von Nachdenken? Moment, es geht um die Deutschen, es muss also anders heißen: Gerade weil Schlagfertigkeit das Gegenteil von Denken ist, fürchtet ihr sie. Und zwar völlig zu Recht. Schon erscheint das Wort Schlagfertigkeit in einem ganz anderen Licht: nämlich in gar keinem Licht. Duster ist es nunmehr, furchteinflößend.

SUTER: Äähm.

STUCKRAD-BARRE: Schlimmer noch als Äähm – wirklich ein ganz langgezogenes Ääääääh. Das Äähm endet ja doch, anders als das tastende Äääää, recht bestimmt. Das das Äähm beendende »m«, das signalisiert: so, fertig geäääääht. Jetzt kommt was. Und dann ist die Frage: Sollte man dann nicht besser die Klappe halten?

SUTER: Wenn man nichts zu sagen hat?

STUCKRAD-BARRE: Andererseits – vielleicht entwickelt sich ja trotzdem was, gerade aus dem Nichts heraus. Zumal beim Äähmen mit Freunden. Man sollte eigentlich aufs Geratewohl doch immer weiterrhabarbern. Oder?

SUTER: Ja, und dann passiert es einem natürlich schon, dass man plötzlich um drei erwacht und denkt: Moment, habe ich das wirklich gesagt, diesen Satz?

STUCKRAD-BARRE: Gut, aber das hätte den Vorteil, dass du vor drei wenigstens im Bett warst.

SUTER: Ja, gut. Wenn es dir um fünf auffällt …

STUCKRAD-BARRE: Und du noch nicht geschlafen hast, dann prost Mahlzeit.

SUTER: … ja, genau, dann weißt du auch genau, dass du …

STUCKRAD-BARRE: Wie der morgige Tag wird. Das wird ein Äähm sondergleichen. Gestern Abend also, da bin ich vor dir gegangen, und schon lange bevor ich ging, war ich mir selbst viel zu äähm geworden, viel zu äh. Es kam nichts mehr von mir, was von Belang war oder auch nur für mich selbst unterhaltsam. Da bin ich dann lieber bald gegangen. Ihr aber seid noch geblieben. Stieg der Äähm-Pegel noch – oder kam, durch mein Gehen, plötzlich so eine Klarheit zurück?

SUTER: Das Ähm verschwand.

STUCKRAD-BARRE: Es ging mit mir? War wirklich ich das Äähm des Abends?

SUTER: Das Äähm ging, als ein Paar kam, ein sehr spektakuläres Paar: Er war ein mehr so rundlicher …

STUCKRAD-BARRE: Gemütlicher Typ?

SUTER: Gemütlicher Typ. Und sie war ein …

STUCKRAD-BARRE: Schnatterwesen?

SUTER: Ach, ein wunderbar aufgetakeltes …

STUCKRAD-BARRE: Missverständnis?

SUTER: Sie war eine Art Feenwesen, unwahrscheinlich schön, auf eine Art unwahr wirkend. Sie wirkte gescheit, schlagfertig, verführerisch.

STUCKRAD-BARRE: Und er das alles nicht?

SUTER: Und er das alles nicht. Wir vermuteten, dass sie kein Ehepaar waren. Sie saßen zwei Tische weiter, aber die sehr unterhaltsamen Vermutungen unseres Freundes zu diesem Paar kann ich hier nicht wiederholen, weil das vielleicht eine Verleumdungsklage zur Folge hätte, eine Persönlichkeitsverletzungsklage oder sonst irgend so eine unangenehme Klage.

STUCKRAD-BARRE: Aber wir nennen ja keine Namen.

SUTER: Wir könnten auch keine Namen nennen, weil wir sie ja gar nicht kennen.

STUCKRAD-BARRE: Also kannst du doch die Mutmaßungen darlegen.

SUTER: Die Hauptmutmaßung war, dass sie sich vielleicht über eine Agentur kennengelernt haben.

STUCKRAD-BARRE: Sehr vornehm ausgedrückt. Also dass vielleicht er das Abendessen bezahlen musste? To say the least.

SUTER: Nicht nur das Abendessen.

STUCKRAD-BARRE: Auch das Frühstück, okay.

SUTER: Ja. Das war jetzt zum Beispiel schlagfertig, siehst du?

STUCKRAD-BARRE: Ach so, ja. Wenn das schon reicht.

SUTER: Tschägg, wie das kam! Peng! Deswegen verschwanden die Äähms und Ähs zugunsten von: Aaaah! Ooooh! Oh, là, là!

STUCKRAD-BARRE: Sehr viele Vokale plötzlich, aha, verstehe. »Aha« ist auch so schlimm. Wenn all diese Unbeholfenheitsfüllsel rausgekürzt würden aus dem Sprechen, wäre wahrscheinlich nur noch ein Drittel übrig.

SUTER: Das könnte sehr gut sein.

STUCKRAD-BARRE: Ist das Äähm denn die Gelenkflüssigkeit des Denkens oder ist es die Simulation von Denken?

SUTER: Es ist, glaube ich, die Simulation.

STUCKRAD-BARRE: Wie beim Computer manchmal, wenn

er abstürzt und sich nur noch dieser Satı-Ball wie irr
dreht und da »Processing« zwar steht, aber gar nichts
mehr processed wird mit Ausnahme dieses Satı-Ball-
Drehens und nur noch ein Ausweg bleibt: »Sofort beenden«. Das habe ich ja mit dem gestrigen Abend gemacht,
da bin ich auf »Sofort beenden« gegangen.

SUTER: Hast damit aber auch riskiert, dass die Daten ver-
lorengingen, oder?

STUCKRAD-BARRE: Wäre mir ganz lieb, es ist leider alles
noch da, quälend detailliert, vor allem mein eigenes Kom-
munikationsversagen. Da stand eigentlich stundenlang
schon in roten Klammern »Reagiert nicht« auf meiner
Stirn. Das war ich, gestern Abend: in Klammern »Reagiert nicht«. Autorecovery: heute Morgen dann.

SUTER: Mir ist gar nicht aufgefallen, dass du viele Äähms
hattest.

STUCKRAD-BARRE: Die waren mehr nach innen gerichtet.
Es kam einfach gar nichts mehr von mir.

SUTER: Das Äähm, wenn es noch den Weg nach außen
schafft, ist aber doch nicht dieser Strandball, glaube ich.
Oder, wie du sagst, dieser Satı-Ball. Es ist wirklich ein
reines Ablenkungsmanöver.

STUCKRAD-BARRE: Aber es hilft einem selbst zumindest.

SUTER: Ja, ja, und es verstopft die Gesprächspausen.

STUCKRAD-BARRE: Es ist so ein bisschen … Weißt du, beim
Skisprung: Der, der oben auf der Sprungschanze sitzt
und sich gerade die Brille noch mal zurechtruckelt und
die Skibindung noch mal überprüft vor dem Absprung,
ob alles sitzt und so, das ist das Äähm. Angst, Ratlosig-
keit, Sammlung, Vertuschung auch. Wenn der Sprung

dann das Reden ist, so ist das Äähm dieses das Sprechen
vorbereitende Herumruckeln am Gedachten, der Wort-
TÜV. Man vergewissert sich vom ordnungsgemäßen Zustand der Ziehungsgeräte, wie wir bei Lotto Rheinland-
Pfalz sagen.

SUTER: Man konzentriert sich – zwischen »Ä« und »m« –
auf das, was man gleich sagen will.

STUCKRAD-BARRE: Bestenfalls.

SUTER: Man kann nicht gleichzeitig etwas Gescheites sagen
und sich überlegen, was man sagen will. Deswegen dieses
unbewusst einem entfliehende Geräusch, das den Denk-
vorgang camoufliert.

STUCKRAD-BARRE: Abbildet.

SUTER: Vor Störungen schützt. Es ist wie ein Paravent, ein
stimmlicher. Eine solche Gesprächspause, wie sie jetzt
gerade zu entstehen droht …

STUCKRAD-BARRE: Muss man aushalten? Ich finde: nicht.
Ich bin ja immerzu allein, und das sehr gern, aber wenn
ich dann gezielt Freund Mitmensch begegne, empfinde
ich Stille sehr schnell als beklemmend. Das ist doch
grauenhaft zumeist, wenn man beisammen ist und nicht
spricht. Das ist für mich die Definition von Einsamkeit
überhaupt! Und dieses Schwachsinnsratgeberdekret
»Man muss auch zusammen schweigen können« halte ich
auch für einen Beruhigungsmythos. Vielleicht sollte man
doch lieber allein schweigen. Nichts fühlt sich einsamer
an als Stille zu zweit. Dann besser allein sein. Alles zuzu-
schnattern aber, das ist natürlich auch schlimm, fällt mir
gerade auf, während ich genau das tue.

SUTER: Und dazwischen gibt's gar nicht viel, oder?

STUCKRAD-BARRE: Die Ehe noch, aber sonst – nicht viel, nein.

SUTER: Wollen wir mal versuchen, ob wir eine Minute schweigen können, wie lange das …?

STUCKRAD-BARRE: Wie lange die Minute dann dauert?

SUTER: Wie lange einem das vorkommt.

STUCKRAD-BARRE: Sehr gern.

(Schweigen)

STUCKRAD-BARRE: So, stopp. Wie viel haben wir?

SUTER: 15 Sekunden.

STUCKRAD-BARRE: 15 Sekunden nur? Ich habe jetzt überhaupt nicht daran gedacht, das einzuhalten oder sonst was, ich war schon überfordert davon, wie die Stille klingt und dass, wie eigentlich immer, wohl ich es sein werde, der dieses Spiel verliert, weil ich sofort an den Tod denken muss – und dass ich gerade auf gar keinen Fall nachdenke. Ich habe nur noch drüber nachgedacht, wann hört das endlich auf, aber mich nicht auch nur eine dieser 15 Sekunden diesem tollen Gedanken nähern können, wie lange einem – gemeinsam schweigend – eine Minute vorkommt, ein Gedanke, der ja schon mindestens eine Minute wert wäre. Abstrakter Unfug, ADHS Olympiade. Und dich aber habe ich mit meinem technischen K. O. wahrscheinlich knapp davon abgehalten, die vierte binomische Formel zu erfinden, hm?

SUTER: Fast, fast. Ich habe gedacht, das ist ja unglaublich, wir sind noch nicht mal auf zehn Sekunden, und schon ist es unangenehm. Das war auch für mich erlösend, dass du so früh aufgegeben hast, danke. Schau mal, die Minute ist noch immer nicht um.

STUCKRAD-BARRE: Eine Nahtoderfahrung.

SUTER: Die Minute wäre erst um gewesen in zehn Sekunden, neun …

STUCKRAD-BARRE: Drei, zwei, eins – endlich, vorbei. Puh. Ganz schön lang, eine Minute, wenn man nichts sagt. 15 Sekunden habe ich es ausgehalten? Also Faktor 4.

SUTER: Können lang werden, 15 Sekunden.

STUCKRAD-BARRE: Die 15 Sekunden, da wir nichts voneinander wussten. Immerhin haben wir wenig Äähm gesagt in der Zeit. Nichts. Stille. Beängstigend.

SUTER: Vielleicht hörte man uns atmen.

STUCKRAD-BARRE: Besonders eklige Form der Stille. Eine sich noch betonende Stille.

SUTER: Ein bisschen unangenehm, durchaus, aber Atmen muss toleriert werden, denke ich. Andererseits, eine Minute nicht atmen – das ginge schon auch.

STUCKRAD-BARRE: Speziell dann, wenn die Minute nur 15 Sekunden währt. Aber es wäre auch ein bisschen unnötig, jetzt zu ersticken.

SUTER: Das nicht gleich. Aber nach der Minute dann dieses theatralische Luftholen – auch ein bisschen lächerlich.

STUCKRAD-BARRE: Dieses Geräusch vor dem Einatmen, dieses Luftholen des Luftholens, dieses widerwärtige Schnalzgeschmatze. Als erstes Wort nach diesen sauerstoffbezogenen Präliminarien kommt dann häufig ein völlig sinnloses, zumeist gar kontrafaktisches: »Gut!« Oder: »Okay!«

SUTER: In der Schweiz sagen sie …

STUCKRAD-BARRE: »Óké?«

SUTER: Nein, »Okayyyy?«

STUCKRAD-BARRE: O nein, nicht »Okayyyy?«, die Schweizer, sagt der Deutsche und weiß es wie immer sehr genau und jedenfalls besser: Die Schweizer sagen óké.

SUTER: Nein, nein. »Okayyyy?«, sagen wir. Das Okayyyy? ist ein neues Okay, das habe ich erst nach meiner Rückkehr in die Schweiz erfahren vor ein paar Jahren. In meiner Abwesenheit gab es da größere Bedeutungs- und Gebrauchsverschiebungen auf dem Okay-Sektor.

STUCKRAD-BARRE: Óké heißt eigentlich: Na gut, wenn du meinst.

SUTER: Ja, óké, gut.

STUCKRAD-BARRE: Und okayyyy? heißt: Du spinnst.

SUTER: Aha. Das ist auch eine Art Äähm, dieses Aha. Vordergründig bedeutet man dem anderen zwar: Ich verstehe. Man sagt damit aber vielmehr: Das verstehe ich nicht.

STUCKRAD-BARRE: Aha. Ha, es stimmt! Du hast recht! Mein Aha gerade war ein nur notdürftig getarntes Hääääääää?. Und nun muss ich hier ein ganz großes Äh einfügen – weil ich gerade überhaupt nicht mehr weiß, was ich sagen soll. Ich verstehe nicht mal mehr, was ich selber sage.

SUTER: Und damit, meine Damen und Herren, haben wir, äähm, das Thema Äähm abgeschlossen.

STUCKRAD-BARRE: Erschöpft mehr als erschöpfend. Aus Äähm wurde Äääääääh – aber beherzt wollen wir schließen: Äähm.

SUTER: Vielleicht noch etwas präziser?

STUCKRAD-BARRE: Na gut – ähmmm.

SUTER: Das war jetzt ein bisschen sehr brutal, oder?

STUCKRAD-BARRE: Das ganze Gespräch war brutal, also passt das doch ganz gut.

SUTER: Ist der Rest Schweigen?

STUCKRAD-BARRE: Ääh – ja. Ähm – nein. Halte ich nicht aus. Ich gehe.

SUTER: Ja, äähm, gut.

Hochzeiten

SUTER: Das Zimmer, das wir hier haben, ist ja ein Aussichtszimmer für Hochzeiten.

STUCKRAD-BARRE: Es ist nicht irgendein Zimmer, genau. Es ist in dem »Burg« genannten Gebäude des schönen Hotels in Heiligendamm, das sich selbst in gespreizter 20Uhr15-Sprache so betitelt: »Grand Hotel«! Und sogar: »Die weiße Stadt am Meer«. Also wirklich – die weiße Stadt am Meer.

SUTER: Das könnte auch ein Lied von Nana Mouskouri sein.

STUCKRAD-BARRE: Ja. (singt) Weiße Stadt am Meer... Entschuldige bitte. Aber es ist, dem Namenstamtam zum Trotze, natürlich doch sehr schön hier. Trügerisch schön ist es! Und deshalb finden hier viele Hochzeiten statt. Also sehr heidnische Hochzeiten finden hier statt: fast schon Verheiratungen. Wir waren gemeinsam schon Zeuge zweier Hochzeiten hier. Also, man kann eigentlich kaum hier sein und keine Hochzeit mitkriegen.

SUTER: Nein, das kann man nicht.

STUCKRAD-BARRE: Oder man kommt kurz nach einer Hochzeit. Wenn man dann barfuß über die Wiese geht, hat man plötzlich so kleine Rosenblätter am Fuß. Und dann weiß man, da haben schon wieder irgendwelche in zweiter Ehe glückliche Kinder Blumen streuen müssen. Oder weinende Väter im Dreiteiler sich besaufen müssen vor lauter Glücksmandat. Wir haben hier mal gemeinsam ein richtiges Hochlicht dieses Genres erlebt, das war im Jahr 2018: die Verehelichung eines Charakterdarstellers. Eines Mimen …

SUTER: Den ich nicht kannte.

STUCKRAD-BARRE: Nein. Deine Tochter konnte aber weiterhelfen. Es ist ein Mime aus der Dramaserie *Gute Zeiten, schlechte Zeiten.* Ob er dort noch spielt …

SUTER: Die Serie gibt's noch?

STUCKRAD-BARRE: Soweit ich weiß. Aber ich habe das jetzt auch nicht überprüft, wie wir am Theater sagen. Diese Hochzeit jedenfalls war ein großes Bohei, eigentlich so, als würde man Instagram mittels eines 3-D-Druckers in die Wirklichkeit konvertieren. Am Morgen schon wurde uns, den übrigen Hotelgästen, mitgeteilt: Heute darf man überhaupt keine Fotos machen. Nirgends.

SUTER: War es nicht sogar schon am Vorabend? Wurde es nicht gar schriftlich …

STUCKRAD-BARRE: Ich glaube, für das ganze Jahr 2018 wurde es untersagt, Fotos zu machen. Ja, schriftlich wurde man darauf hingewiesen, dass das Fotografieren am Tage dieser Eheschließung geländeweit untersagt ist, weil nämlich die Rechte, Fotos zu machen, komplett veräußert worden waren an die *Bunte.*

SUTER: Genau, das war der Grund. Und du weißt ja, wie das ist bei unsereinem: Wenn einem was verboten wird …

STUCKRAD-BARRE: Dann wird's interessant.

SUTER: ... dann wird's interessant, ja.

STUCKRAD-BARRE: Und du hast eben immer genau dieses Zimmer mit allerbester Aussicht auf diese Weichblendenmassaker, ein Stockwerk über der Feierlichkeitswiese. Du kannst von hier über die Hochzeitsgäste hinweggucken, über die Hochzeitswiese bis zum Meer.

SUTER: Und auch direkt auf sie hinunter natürlich.

STUCKRAD-BARRE: O ja. Und wie ging dieses Brimborium nun vonstatten? War es eine Messe? War Religion Teil des Showprogramms? Wie genau war das?

SUTER: Na, eigentlich wie immer. Es gibt die wahrscheinlich etwas teureren Versionen und die etwas günstigeren. Ich glaube, das war eine der teureren. Da gab es eine ganze Wand aus Rosenblättern. Und vor dieser Wand konnten sich die Gäste fotografieren lassen. Da stand aber nicht irgendwie auf der Wand ...

STUCKRAD-BARRE: *Bunte?*

SUTER: ... *Bunte* oder so, sondern das waren wirklich reine Rosenblätter, das war völlig unkommerziell. Es gibt auch einen transportablen Rohr-Pavillon, der verschieden üppig dekoriert werden kann. Und unter diesem Pavillon ist dann die – ich glaube, immer gleiche – Zivilbeamtin oder Pfarrerin. Und das Brautpaar und die Trauzeugen sitzen auch dort.

STUCKRAD-BARRE: Das ist dieses Metallgestell, das im Moment ein bisschen an den Rand geschoben dasteht, ja?

SUTER: Ja. Direkt neben dem Fußballtor, das für andere Anlässe organisiert wurde.

STUCKRAD-BARRE: Man kann es ruhig sagen – für meinen

Sohn und mich, ja. Was ins Bild zu setzen wir dem Feuilleton der NZZ angeboten hatten, aber ohne Erfolg.

SUTER: Unbegreiflich. Na ja, und dann sind links und rechts so Polstersessel für die Gäste. Und auf der Terrasse wird dann etwas serviert.

STUCKRAD-BARRE: Wenn man mit einem solchen Brimborium heiratet, was sagt da deine Lebenserfahrung oder Menschenkenntnis: Sind nicht dies zumeist doch sehr brüchige Arrangements? Also ich würde als Erfahrung und These vertreten wollen: Je mehr Brimborium um diesen Anlass gemacht wird, desto weniger haltbar ist das Ganze.

SUTER: Also ich habe zweimal mit einigem Brimborium geheiratet. Das erste Mal ging logischerweise in die Brüche, sonst hätte es ja kein zweites gegeben. Und das zweite Mal war auf Ibiza, auch mit viel Aufwand, aber am Strand und so. Und das hält jetzt doch seit 45 Jahren. Also es gibt, glaube ich, keine Regeln. Jedenfalls stehe ich hier immer auf dem Balkon und drücke die Daumen, dass das auch hält. Und manchmal …

STUCKRAD-BARRE: Manchmal drückst du auch auf den Kameraauslöser.

SUTER: Ja, natürlich, wenn es verboten ist, dann sowieso. Wenn jemand gesagt hätte: »Sie haben doch gehört, dass man nicht fotografieren darf«, dann hätte ich runtergerufen: »Ich arbeite für die *Gala*.« Aber leider hat sich niemand daran gestört, dass ich mitfotografiert habe. Ich habe das Material auch nie verwertet. Dabei habe ich den Beweis dafür gehabt, dass das Brautkleid nicht perfekt saß. Die Stylistin des Brautkleides musste immer neben der Braut hergehen und ihr mit allen Händen, die sie zur Verfügung hatte, das Kleid festhalten, damit es nicht runterrutschte und mehr vom Dekolleté zeigte, als stylingmäßig geplant war.

STUCKRAD-BARRE: War es etwas zu weit, das Kleid?

SUTER: Es hat irgendwie nicht richtig gut gesessen. Und in der *Bunte* stand dann unter den Fotos: »Das perfekt sitzende Brautkleid«. Da habe ich gedacht, da weiß ich jetzt etwas, was die Mehrheit der Leserschaft der *Bunten* nicht weiß. Aber ich war anständig genug, es nicht zu veröffentlichen. Und es tut mir leid, dass ich es jetzt hier erwähne, aber man kann es ja auch abstreiten. Ich werde den Bildbeleg jedenfalls nicht verwenden gegen das Styling.

STUCKRAD-BARRE: Ja, schade. Denn dieser Bildbeleg zeigt ja eindeutig, das Kleid rutschte und wurde flugs provisorisch fixiert.

SUTER: Ich hatte es gar nicht gemerkt. Es war meine Tochter, die das Auge hatte dafür und die sagte: »Papa, schau, das Kleid rutscht runter.«

STUCKRAD-BARRE: Aber das ist doch eigentlich an diesem Getöse und dieser ganzen Romantik-Simulationsverrenkung der erste wahre Moment gewesen. Also vor einer Rosenwand stehen und sich so Tränen in die Augen reindrücken, damit sie gleich wieder rauskommen, das ist ja nicht wahr, das ist ja eine Aufführung von Second-Hand-Gefühlen.

SUTER: Ja, das ist eben *Gute Zeiten, schlechte Zeiten.*

STUCKRAD-BARRE: Genau, das ist so konfektioniert: Und gleich kommt Werbung. Genauer: Das alles IST Werbung, von der Form her, bildsprachlich und auch geistig. Caffélattefilter auf die Welt, Marzipanschmiermusik drunter, Gesten und Text aus der Dose. Und sobald es da – du hast das Wort eben gemessen ironisch ausgesprochen – eine »Stylistin« gibt, ist es ja automatisch so: Der schöne Moment ist, wenn die Fassade in sich zusammensackt.

SUTER: Ja, schon vorher, weil man ja feierlich auf diese Terrasse tritt, alles ist schön, das Wetter macht mit. Und dann kommt eine Mikrophondurchsage, eine Frauenstimme sagt: »Liebe Gäste, ich bin die Wedding Consultant, und bitte befolgen Sie meine Anweisungen, damit alles schön harmonisch abläuft.«

STUCKRAD-BARRE: »Im unwahrscheinlichen Falle eines Druckabfalls kommen aus Martin Suters Zimmer Sauerstoffmasken geflogen.«

SUTER: Genau. Und der neue Hochzeitstrend geht ja weg von den Ballons hin zur Drohne.

STUCKRAD-BARRE: Ja?

SUTER: Ja. Also die Drohne schwebte dann immer so ein bisschen über unserem Balkon.

STUCKRAD-BARRE: Da denkt man zunächst mal, es ist eine aufdringliche Hornisse, oder? Und dann denkt man: Moment, die ist aber SEHR groß!

SUTER: Die ist sehr groß. Ich habe es selber nicht beobachtet, aber meine Frau und meine Tochter. Die Drohne wird so eingesetzt, dass der fernsteuernde Fotograf die Luftansicht der Hochzeitsgesellschaft auf seinem Bildschirm hat und dort eine Schablone für ein Herz drauflegt. Und jetzt kann er die Gesellschaft dirigieren und sagen: »Die Dame im blauen Kleid bitte dorthin, und der

Herr … nein, ein bisschen mehr nach rechts.« Der kann also die Hochzeitsgesellschaft in Herzform arrangieren. Das dauert eine Weile. Und dann gibt es dieses unvergessliche Hochzeitsbild von oben, die Hochzeitsgesellschaft, herzförmig.

STUCKRAD-BARRE: Auch so eine Phrase, die sich selbst widerlegt: Wenn es ein unvergessliches Bild wäre, dann müsste es das ja gar nicht geben. Es sind doch zutiefst austauschbare Szenen, die genau deshalb so manisch und fast schon aus dem Weltall begutachtet und dokumentiert werden.

SUTER: Ja, aber die haben gar keine andere Möglichkeit, denn man kann das ja nicht ohne Drohne von oben anschauen.

STUCKRAD-BARRE: Nun gut, aber was würde schlimmstenfalls passieren, wenn man das nicht könnte? Dann hätte man kein herzförmiges Bild seiner Gäste. O weh!

SUTER: Tja.

STUCKRAD-BARRE: Doch wenn man es hat, was ist damit gewonnen? Es ist doch wahnsinnig deprimierend, in so einem Klischee drinzustecken. Also mich würde das enorm runterziehen, meine Freunde in Herzform zu sehen.

SUTER: Wir sehen von hier aus auch das Türmchen, das Brautgemach.

STUCKRAD-BARRE: Die Hochzeitssuite, ja. Die ist in so einer Art Gartenhaus, das auf das Gebäude draufgesetzt ist.

SUTER: Wenn ich am Morgen früh die Hochzeitssuite auf dem Dach sehe, denke ich oft: Vielleicht geht es denen

jetzt gar nicht so gut, wie es am Morgen nach der Hoch-
zeitsnacht gehen müsste. Es hat etwas Deprimierendes.
Sehr oft kommt dazu, dass, wenn das Wetter mitspielt ...

STUCKRAD-BARRE: ... schon das ist ja Grußkartendrama-
tik. Das ist der erste Satz auch hinterher im Dankesschrei-
ben mit dem Herzfoto: »Das Wetter hat mitgespielt.«
Oder, noch besser: »Auch der Wettergott hat mitgespielt.«

SUTER: Ja, und am nächsten Morgen regnet es meistens.

STUCKRAD-BARRE: Spätestens. Zu recht. Es hat mitgespielt
oder auch einen sogenannten Strich durch die Rechnung
gemacht, das Wetter. Alles Tun und Planen und Testen
zuvor hat ja nichts anderes zum Ziel als einen möglichst
umfassenden Ausschluss des Zufalls. Das Wetter als einzig verbliebene Weltrealität. »Alles hat gestimmt«, heißt
es dann immer, wenn wirklich gar nichts mehr gestimmt
hat und alles künstlich war. Das ist *Gute Zeiten, schlechte
Zeiten* ganz zu Ende gedacht.

SUTER: Ich bin eben eigentlich dafür, dass man beschönigt.

STUCKRAD-BARRE: Ach so? Da bin ich natürlich auch
gleich dabei!

SUTER: Weil es ja ein wichtiger Tag ist. Deswegen sollte
man eigentlich, wie gesagt, die Daumen drücken und toi,
toi, toi wünschen. Ich habe jetzt hier in den letzten Jahren
viele Hochzeiten gesehen, und ich bin überzeugt, diese
Ehen halten noch immer.

STUCKRAD-BARRE: Aber als Schriftsteller hast du ja her-
auszufinden und zu erzählen, wo der Fehler liegt, was
nicht stimmt. Standest du mit dem Notizblock hinter der
Gardine?

SUTER: Nein, ich habe ganz selten einen Notizblock. Und wenn ich was auf einen Notizblock schreibe, dann weiß ich später nie, in welchen ich es geschrieben habe. Und wenn ich ihn finde, weiß ich nicht mehr, was genau ich damit gemeint habe.

STUCKRAD-BARRE: Ist es bei dir auch so, dass du deine Handschrift in Zeiten größter Ideenerregung hinterher nicht mehr lesen kannst?

SUTER: Ja, natürlich.

STUCKRAD-BARRE: Da habe ich große Entzifferungsprobleme der eigenen Notate, speziell dann, wenn mal versehentlich wirklich was los war.

SUTER: Ja. Aber eigentlich brauche ich eben gar keinen Notizblock. Ich habe nämlich wie so einen kleinen Mann auf der Schulter, der alles beobachtet, und ich muss gar nichts tun. Das kennst du sicher auch, die Distanz, die zeitliche und örtliche Distanz hilft unglaublich, das Wesentliche zu behalten und das Unwesentliche zu vergessen.

STUCKRAD-BARRE: Klar.

SUTER: Ich weiß nicht, warum ich zum Beispiel eine Kneipe beschreiben kann, die ich gar nie bewusst angeschaut habe. Da gibt es eben einen kleinen Mann auf der Schulter, der das für mich macht. Für dich auch?

STUCKRAD-BARRE: Ja. Vergiss die Details, erinnere dich ans Gefühl. Das ist ja oft so, auch wenn man etwas beschreibt, das man erst vor kurzem gesehen, erlebt, bezeugt hat: Da ist man noch nicht souverän gegenüber dem Material, man hat keine Autorität über die Details. Und dann wird es zu lang, unverbunden, man begreift gewissermaßen noch nicht seine Funktion. Man weiß, und zwar viel zu genau, was WAR – nicht aber, was es bedeutet. Und da ist der Faktor Zeit natürlich hilfreich. Es gilt ja sowieso immer diese wundervolle Woody-Allen-Sentenz: »Komödie ist gleich Tragödie plus Zeit.« Diese Regel gilt. Immer.

SUTER: Ja.

STUCKRAD-BARRE: Also den Witz erkennt man viel später erst, und eben noch nicht, wenn man noch mittendrin steckt.

SUTER: Eines meiner nie publizierten Bücher war deshalb misslungen, weil mir diese Distanz fehlte. Die Bilder waren nicht tief genug eingesunken. Die Beschreibungen waren oberflächlich und lasen sich wie ein Reiseprospekt über etwas, das ich nicht gut genug kannte. Die Live-Reportage ist ein ganz anderes Handwerk. »Meine Damen und Herren, wir befinden uns hier im Zimmer 4107, nicht in der weißen Stadt am Meer, sondern im Jetzt.«

STUCKRAD-BARRE: Der Wettergott spielt mit.

SUTER: »Hat mitgespielt. Wir haben einen ungehinderten Blick auf das Brautgemach. Und ganz verschupft steht der Hochzeitspavillon in einer Ecke, leicht angerostet und undekoriert.«

STUCKRAD-BARRE: »Wartet auf seinen Einsatz« darf dann nicht fehlen.

SUTER: Genau, ja.

STUCKRAD-BARRE: Aber dem Metallgestänge selbst ist es natürlich eigentlich ganz wursch. Sehr sympathisch.

SUTER: Ja. Mein Urgroßvater, der hatte eine Fabrik, in der er so Pavillons hergestellt hat.

STUCKRAD-BARRE: Ach ja?

SUTER: Suter-Strehler hieß die, und die hat zum Beispiel

den berüchtigten Platzspitz-Pavillon in Zürich gemacht. Deshalb erinnert mich der Brautpavillon immer auch ein bisschen an meinen Urgroßvater.

STUCKRAD-BARRE: Das ist doch ganz schön.

SUTER: Der war nicht mobil, der von meinem Urgroßvater, der war aus schwerem Eisen. Er hat auch Bahnhofdächer gebaut. Oder, was mir sehr gefallen hat, das gibt es leider nicht mehr, das waren Schaufenster, die gebogen waren, damit sie nicht spiegelten. Zum Beispiel für ein Teppichgeschäft beim Bellevue.

STUCKRAD-BARRE: Wenn wir uns noch einmal vergegenwärtigen, warum wir uns an diese Hochzeit, die vor einem Jahr hier stattfand, erinnern, so sind es nun mal die Fehler, die all das erinnerlich machen. Also zum einen das von dir durchbrochene *Bunte*-Monopol der Verbildlichung und das plötzlich rutschende, dann notfixierte Brautkleid. Durch solche Begebenheiten, durch Fehler, Missgeschicke und Pannen eignet sich so was doch erst eigentlich zur literarischen Beschreibung. Man findet doch erst Zugang zu Situationen, zu Menschen, zu Gedanken, zu Geschichten, wenn man einen Fehler entdeckt.

SUTER: Ja, ich weiß gar nicht, ob es der Zugang ist oder einfach die Erinnerung. Man kann sich besser erinnern, wenn es nicht geklappt hat. Ich habe da sicher ein Dutzend oder mehr Hochzeiten erlebt, und ich erinnere mich wirklich nur an diese im Detail. Ja, vielleicht noch an eine weitere, aber auch wegen eines Fehlers: Da gab's einen Platzregen. Schon deprimierend, wenn das Wetter nicht mitspielt.

STUCKRAD-BARRE: Natürlich! Aber eben für die Erinnerung ist es gut. Und für die Beschreibung jenseits des Dankesrundschreibens oder des *Bunte*-Kitsch-Maschinentextes. »Alles stimmte« – kann man wegschmeißen. Eine Hochzeit mit blauem Himmel und bunten Blumen und nicht schreienden Kindern, und die Großmutter ist sogar gekommen, das ist ja nichts. Das ist ja einfach gar nichts. Man braucht einen Fehler.

SUTER: Das würde schon helfen, ja. Das ist ja wie der Clown.

STUCKRAD-BARRE: Wie der Clown?

SUTER: Die Unvergesslichkeit des Clowns ist ja immer der Fehler, der ihm passiert.

STUCKRAD-BARRE: Da gibt es nun das Grundsatzproblem, dass ich Clowns so grässlich finde.

SUTER: Das ist aber kein Widerspruch, oder?

STUCKRAD-BARRE: Na ja. Wenn die Clowns aufs selbe aus sind wie ich, wird es natürlich mit dem Selbstbild schwierig. Also ich finde Clowns ganz grauenhaft, die machen mir schlechte Laune, machen mich traurig. Clowns? Nee.

SUTER: Das gehört ja dazu, dass sie dich traurig machen, oder?

STUCKRAD-BARRE: Furchtbar!

SUTER: The show must go on.

STUCKRAD-BARRE: Ja. Mit so einer Träne dann. Der hinter der Maske traurige Clown! Entsetzlich.

SUTER: Ja, mit einer Träne.

STUCKRAD-BARRE: Abscheulich, wirklich. Denn genau DAS ist ja die weitere Maske des Clowns: die des Hinter-der-Grinsemaske-Weinens.

SUTER: Wie hast du es mit Zauberern? Machen die dich auch traurig?

STUCKRAD-BARRE: Hm. Ein bisschen. Aber sie machen mich nicht aggressiv. Clowns machen mich beinahe aggressiv.

SUTER: Ich kann es nicht so verallgemeinern, da bin ich wie bei Hochzeiten tolerant.

STUCKRAD-BARRE: Ja, das hilft gewiss. Schaffe ich leider nicht. Ich muss allerdings sagen, das Aufkommen von Clowns in meinem Alltag ist doch als eher gering zu bezeichnen.

SUTER: Aha, gut, ja.

STUCKRAD-BARRE: Also, ich komme klar damit. So oft treffe ich Clowns eigentlich gar nicht.

SUTER: Du meidest sie wahrscheinlich.

STUCKRAD-BARRE: Ja, ja. Wahrscheinlich ist es das. Ich umfahre Clownknotenpunkte systematisch.

SUTER: Ich weiß schon, was du meinst. Der Vergleich ist gar nicht so weit hergeholt, Hochzeiten und Clowns. Gibt es auch Hochzeitsclowns?

STUCKRAD-BARRE: Bestimmt. Die haben eine Trompete dabei, und wenn sie reinpusten, kommt kein Ton raus, sondern Rosenblätter.

SUTER: Genau.

STUCKRAD-BARRE: Puh. Dann haben sie auch noch so große Schuhe. Das verstehe ich nicht, den großen Schuh. Wo ist da nur der Witz?

SUTER: Die laufen dann blöd, oder?

STUCKRAD-BARRE: Ja, klar, aber selbst bei diesem Best-Case-Szenario wäre meine Begeisterung noch mit herkömmlichen bildgebenden Verfahren messbar. Das würde nicht die Skala sprengen. Sie laufen dann eben blöd. Nun ja, schön.

SUTER: Man kann natürlich auch blöd laufen in normalen Schuhen.

STUCKRAD-BARRE: Ich muss allerdings sagen, wenn sie durch so eine Tür kommen und obendrauf steht ein Eimer, das finde ich lustig.

SUTER: Ja?

STUCKRAD-BARRE: Das erreicht mich voll.

SUTER: Mich auch.

STUCKRAD-BARRE: Bananenschale finde ich auch gut, merke ich gerade.

SUTER: Aber ist es nicht noch lustiger, wenn es nicht Clowns passiert? Also zum Beispiel der Bräutigam kommt durch die Tür …

STUCKRAD-BARRE: Dann gibt's kein Halten mehr. Das ist das Lustigste, was passieren kann.

SUTER: Ja. Oder der Brautvater.

STUCKRAD-BARRE: Ja, der Brautvater. Das ist immer so GESCHUNDENER MITTELSTAND, so Einzelhandelskapitäne, die stehen da und entlassen ihre Tochter in die Welt und sind stinksauer, müssen sie doch die ganze Scheiße bezahlen.

SUTER: Und das kostet ein Vermögen. Der Brautvater, der sitzt da und weiß schon: »Das hält nicht, wirst sehen«, sagt er zur Frau. »Das hält nicht. Aber kosten tut's.«

STUCKRAD-BARRE: »Ich mag ihn persönlich, aber ich war dagegen.«

SUTER: Ja, also eigentlich haben wir das jetzt …

STUCKRAD-BARRE: Halten wir fest: Martin Suter ist jederzeit buchbar als Hochzeitsfotograf.

SUTER: Ja. Und auch als Hochzeitsclown. Also ich kann
auch ganz doof laufen, sogar wenn ich versuche, schön zu
laufen. Ich gehöre inzwischen zu der Generation, die sich
noch so Mühe geben kann, schön zu laufen, es sieht immer ein bisschen doof aus. Vielleicht ist das ein schönes
Schlusswort.

STUCKRAD-BARRE: Ich glaube ja. Das Ja-Wort! Na also.
Jetzt hat dieses Kapitel doch endlich eine Telenovela-
Dramaturgie – es endet mit dem Ja-Wort! Siehst du, Martin, jetzt haben sie uns doch erwischt. Wir dachten uns
in sicherem Abstand, distanziert beobachtend, spöttelnd
uns erhebend darüber, aber am Ende sind auch wir nichts
als Insassen dieser Rosenblütenhölle. Wie in *American
Psycho:* No Exit.

SUTER: So, meinst du?

STUCKRAD-BARRE: Äh – nein.

SUTER: Also schließen wir mit dem Nein-Wort?

STUCKRAD-BARRE: Ja. Klares Ja.

LSD

SUTER: So, ja, jetzt die Sache mit dem LSD.

STUCKRAD-BARRE: Endlich die Drogen jetzt. Also, im Moment sind wir beide schockierend nüchtern. Das mag nun privatpersönlich bedauerlich sein, beruflich aber ist es nützlich – Trinken hilft allenfalls scheinbar beim Schreiben.

SUTER: Es hilft nicht auf die Länge.

STUCKRAD-BARRE: Genau. Kann man alles wegschmeißen zumeist, größtenteils. Doch obwohl ich das sehr genau weiß und bitter habe lernen müssen: Als romantischen Leser enttäuscht mich so was. Etwa, gottlob erst NACH Lektüre deines wunderbaren Buches *Die dunkle Seite des Mondes,* zu erfahren, dass du selbst noch nie LSD genommen hast.

SUTER: Ja, das ist eine … puh, eine Schwachstelle in meiner Biographie.

STUCKRAD-BARRE: Ein Widerspruch!

SUTER: Ein Widerspruch, ja.

STUCKRAD-BARRE: Ich habe beim Lesen nicht mal die Möglichkeit in Betracht gezogen, dass du selbst niemals LSD genommen haben könntest – sondern, o Wunder, dir das ausgedacht hast. Was für einen Schriftsteller natürlich erst mal gar nicht so schlecht ist.

SUTER: Ja, eigentlich gehört es ja ein bisschen zum Beruf des Schriftstellers.

STUCKRAD-BARRE: Ein ganz bisschen.

SUTER: Dass man sich Sachen ausdenkt. Aber ich habe auch recherchiert.

STUCKRAD-BARRE: Kannst du jetzt machen – frag mich einfach was! Denn ich habe auch recherchiert, aber, nun ja – bestimmt anders. Praxisorientierter. Und du, indem du mit deiner Frau gesprochen hast?

SUTER: Zum Beispiel habe ich mit meiner Frau gesprochen. Das ist ja jetzt schon eine Weile her, dieses Buch, jetzt dann bald zwanzig Jahre, aber schon damals gab es das Internet, und dort fand ich sogenannte Trip Reports: nach Stärkestufen sortiert, von 1 bis 8 oder so.

STUCKRAD-BARRE: Und für alles ab 9 kannst du ja nun jederzeit mich befragen.

SUTER: Ich selbst habe auch Trips gehabt, aber keine LSD-Trips. In Afrika gibt es sehr starkes Gras. Das Gras, das Fela Kuti NNG genannt hat, Natural Nigerian Grass, und immer legalisieren wollte, weil es ja dort auf dem Boden wächst. Und bei einem Interview mit Fela Kuti habe ich einen riesigen Joint bekommen aus diesem NNG, das er übrigens in verschiedensten Formen genossen hat, auch als Konfitüre. Er hatte so ein Töpfchen mit NNG-Konfitüre und hat ab und zu mit einem Espressolöffelchen ein bisschen davon genascht. Ich war einer von vielen Reportern dort in seinem Haus, es war sehr voll, er hatte ja auch so etwa 12 oder 14 Frauen, und wir haben, weil es so lange gedauert hat, bis er Zeit hatte für das Sammelinterview, alle auch diese Joints geraucht. Ich hatte gerade zwei, drei

Züge genommen, da kam er plötzlich, wir mussten uns im Halbkreis zu ihm setzen, und er gab sein monologisches Interview.

STUCKRAD-BARRE: Da nicke ich jetzt wissend, muss dennoch kurz fragen, wer war noch einmal Fela Kuti?

SUTER: Fela Kuti war ein ganz großer Rock-Pop-Musikstar, ein nigerianischer, eine Legende.

STUCKRAD-BARRE: Worin bestand die Legende?

SUTER: Also für mich bestand sie darin, dass er konsequent die Vielweiberei betrieb. Er hatte einen Club, ich glaube, der hieß Shrine, und etwa hundert Meter daneben hat er gewohnt. Jeden Abend ging er von seinem Haus zu diesem Shrine, und mit unglaublich vielen Bodyguards gingen auch wir alle durch diese Gasse von Tausenden von Leuten, die ihn alle wenigstens kurz mal sehen wollten. Die Privilegierten kamen dann auch ins Shrine hinein. Er spielte Saxophon und sang. Und ich muss sagen, mir dauerte das immer ein bisschen zu lang. Er hörte und hörte nicht auf. Ein Stück dauerte, meiner Erinnerung nach, zwei, drei Stunden oder so.

STUCKRAD-BARRE: Da hilft Kiffen. Oder: Das IST Kiffen. Hier kann man jetzt mal die aktuell vielleicht nervtötendste Formel gut anwenden: »Das macht ja auch was mit einem.«

SUTER: Ja, ihm kam es vielleicht ganz kurz vor und mir damals eben, obschon ich ja nun auch gekifft hatte, doch schon ein bisschen länger. Vielleicht auch länger, als es war, wer weiß. Jedenfalls lang, sehr, sehr, sehr lang. Und dann das nächste Stück, wieder stundenlang. Und als er mir schließlich das Interview gewährte, hat er zwar ge-

sprochen, ich aber habe kein einziges Wort verstanden.
Es war wie ein Tonband. Ehe du wieder nichtwissend
wissend nickst: Tonband, das waren so magnetische Bän-
der, auf denen man Töne speicherte, und die konnte man
auch rückwärtslaufen lassen.

STUCKRAD-BARRE: MP3 zum Anfassen, jaja.

SUTER: Genau, ja. Und damit aufgenommene Gespräche
klangen, wenn man sie rückwärts laufen ließ, so: Bibble-
wobbelbabbelbubibadibbel. Genau so hat sich das ange-
hört für mich, als er – wahrscheinlich schon vorwärts –
uns das Interview gab.

STUCKRAD-BARRE: Weil du so lange gewartet hattest und
inzwischen so dicht warst?

SUTER: Ich hatte nur zwei, drei Züge genommen von dem
Zeugs und trotzdem gar nichts mehr verstanden. Am
nächsten Tag habe ich dann aufgeschrieben, was ich mir
vorgestellt habe, was er gesagt haben könnte, und habe es
einem anderen Journalisten gezeigt. Und der hat gesagt:
»Ja, ja, genau das hat er gesagt.« Ich habe keine Ahnung,
wie es in meinen Kopf reingekommen ist. Aber vielleicht
hat er auch nichts verstanden und einfach gesagt: »Das ist
exakt das, was er gesagt hat.« Und vielleicht haben wir
beide einen Riesenquatsch geschrieben.

STUCKRAD-BARRE: Hast du denn überhaupt noch Fragen
stellen können in dem Zustand?

SUTER: Nein, ich konnte nicht mehr sprechen. Oder wenn
ich trotzdem gesprochen habe, das kann ja durchaus sein,
so hat es wahrscheinlich auch wie »Bibblewobbelbabbel-
bubibadibbel« geklungen. Am nächsten Tag habe ich im
Hotelzimmer, ich weiß auch nicht, welcher Teufel mich

da geritten hat, noch mal ein, zwei Züge von diesem Joint genommen und hatte dann das Gefühl, im Badezimmerspiegel ziehen alle Leute, die ich kenne, vorbei und sprechen und streiten mit mir. Das Seltsame war: Wenn ich gesprochen habe, haben die den Mund nicht bewegt und einfach zugehört, und wenn ich geschwiegen habe, haben die gesprochen und den Mund bewegt. Ein richtiger Dialog. Das war also ein Trip. Zwar nicht mit LSD, aber ein Trip, den ich verwendet habe in *Die dunkle Seite des Mondes*. Aber mein Urs Blank, der Held des Romans, der knallt die dann alle ab, diese Leute, mit denen er spricht.

STUCKRAD-BARRE: Hast du denn diese Drogen als bewusstseinserweiternd oder -verengend empfunden?

SUTER: Also diesen erweiternden Teil, den habe ich nicht erlebt.

STUCKRAD-BARRE: Na ja, diese Halluzinationen vor dem Spiegel, das zählt schon, finde ich.

SUTER: Jedenfalls hat es mir irgendwie nichts gebracht. Aber ich habe viele Leute gekannt, die LSD genommen haben, auch meine Frau, und die haben mir davon erzählt. Die haben auch von beglückenden Erlebnissen erzählt. Ein solches war dieser Trip für mich eigentlich nicht. Ich hatte hernach eher Respekt davor. Und ein paar Jahre nachdem das Buch dann erschienen war, bekam ich einen Brief, einen in einer schönen Altherrenhandschrift geschriebenen Brief, und der war von Dr. Albert Hofmann, dem Entdecker des LSD. Er habe das Buch gelesen, es habe ihm gut gefallen, und er sei beeindruckt von den Beschreibungen dieses Psilocybin-Trips. Psilocybin ist der Wirkstoff, der sehr ähnlich ist dem Wirkstoff in LSD,

den Albert Hofmann ja synthetisiert hat. Er war der
große LSD- und Psilocybin-Fachmann der Welt. Und
dass der dann mir gesagt hat, er möchte mich kennenlernen, weil die Beschreibungen so treffend seien, das hat
mich natürlich sehr gefreut. Meine Frau und ich haben
dann ihn und seine Frau besucht. Er hat in einem sehr
schönen Haus gewohnt, im Jura. Noch mit 65, als er in
Rente ging, war er optimistisch genug, sich ein Haus zu
bauen, hat das selber mit seiner Frau entworfen und gebaut, ganz abgelegen, in dem kleinen Ort Rittimatte. Es
war ein modernes, schönes Haus, man hatte einen Blick
auf den halben Jura. Bei unserem Besuch war er schon
fast hundert, seine Frau vielleicht zwei Jahre jünger.

STUCKRAD-BARRE: Was hat der gemacht in seiner Renten-
zeit, außer Suter-Bücher lesen?

SUTER: Ich denke mal, er wird auch andere Bücher gelesen
haben. Und er hat philosophiert, auch viele Vorträge gehalten. Er war sehr unglücklich über die Verteufelung des
LSD, er hatte sich viel davon versprochen, medizinisch.

STUCKRAD-BARRE: Wie ich! War denn Timothy Leary für
Hofmann der Böse?

SUTER: O ja. Leary hatte das ja als Hippiedroge gepusht.
Für Albert Hofmann war Timothy Leary der Haupt-
schuldige daran, dass LSD verboten wurde. Erst jetzt wird
LSD medizinisch wiederentdeckt. Es gibt viele Fachleute,
die sagen, es ist ein wunderbares Medikament. Darunter
hat der Hofmann schon gelitten, dass sein großes Le-
benswerk eine verbotene Droge geworden war. Er war
ein sehr eindrücklicher Mann für mich, auch – zu meiner Überraschung – ein sehr gläubiger Mann. Ein Natur-

wissenschaftler, sagte er, der nicht an die Transzendenz glaubt, der sei für ihn völlig unglaubwürdig.

STUCKRAD-BARRE: Hatte er etwas Schamanistisches?

SUTER: Ja, natürlich. Er hatte ja umfassende Erfahrungen gesammelt mit all diesen Produkten. Und er war eben, ja, in einem gewissen Sinne religiös. Seine Frau ist ein bisschen vor ihm gestorben, und er war überzeugt, dass er sie wiedersehen wird. Daran hat er wirklich geglaubt. Andere Naturwissenschaftler, denen ich davon erzählt habe, die waren ganz erstaunt, fast entrüstet: Ein Naturwissenschaftler könne doch nicht an Transzendenz glauben! Albert Hofmann aber war vom Gegenteil überzeugt. Er hat uns auch etwas Interessantes gesagt über die Evolution, also über die Schöpfung, wie er es nannte. Sein Haus lag ja mitten in der Natur, ein Wald gehörte dazu, und bei einem Spaziergang hat er uns eine Schlüsselblume gezeigt und gesagt, jetzt sollen wir uns mal das Straßburger Münster vorstellen, zerlegt in seine Bestandteile: also als einen riesigen Steinhaufen. Und jetzt, so Hofmann, sollen wir uns doch mal überlegen, ob ein Zufall dazu führen kann, dass dieser Steinhaufen ganz von selbst als Straßburger Münster erstehen würde. Und dann wieder dieses Schlüsselblümchen anschauen, das doch um ein Vielfaches komplexer sei als das Straßburger Münster – und das also solle durch Zufall entstanden sein? Dieses Schlüsselblümchen am Wegrand also und dieser Gedanke, das war für ihn der Beweis, dass es eine Schöpfung gibt, dass da ein höherer Plan dahintersteckt.

STUCKRAD-BARRE: Die beiden nun angesprochenen Substanzen, also LSD und Gras, sind ja Drogen der sechziger, siebziger Jahre. Wenn wir uns nun Martin Suter als jungen Werber denken, Anfang der Achtziger, zumal in Zürich – da ist ja eher das Kokain die diesem Soziotop und Jahrzehnt zugeschriebene Droge. Das hast du aber um dich herum schon mitbekommen?

SUTER: Ja, da gab es schon so Koks-Leute, klar. Das hat man immer gemerkt, wenn sie viel quatschten und nichts sagten, dann waren sie zuvor auf der Toilette gewesen, und das war eben eindeutig das Kokain, das da sprach. Mitbekommen also habe ich es schon, selbst konsumiert aber habe ich es nie. Ich habe auch dadurch, dass wir viele Jahre in Zentralamerika gelebt haben, gesehen, was Kokain für eine Katastrophe angerichtet hat in diesen Ländern. Dadurch habe ich es eigentlich nie als Gentleman-Delikt anschauen können.

STUCKRAD-BARRE: Beschreib das doch mal näher. Was hast du gesehen in Guatemala?

SUTER: Guatemala ist einfach wie Mexiko ein Kokain-Umschlagplatz, ein großer. Da gibt es die Drug Lords, und da gibt es grauenhafte Mord-und-Totschlag-Sachen. Es gibt ein tolles Buch, *The Power of the Dog* von Don Winslow. Da begreift man sehr gut diese ganzen Drogen-schattenseiten, den amerikanischen Drogenkrieg, diesen sinnlosen, diese Illegalisierung, die natürlich das Drogen-business erst richtig in Fahrt bringt. Wenn das legal wäre, wäre das, glaube ich, ein gelöstes Problem.

STUCKRAD-BARRE: Das hatte also nichts Freudvolles für dich, nichts Romantisches, gar nichts Anziehendes? Wenn ich mir das vorstelle, die achtziger Jahre, Werbe-branche, Zürich, dein Haargel allein schon, du ja optisch auf eine Art fast ein Falco-Halbbruder – nun, da denke ich, ja da hoffe ich beinahe, diese Epoche hätte sich ausschließlich auf der Toilette der Kronenhalle zugetragen. War gar nicht so? Du warst ja auch gar nicht in Zürich Werber, oder?

SUTER: Ich war eigentlich meistens in Basel.

STUCKRAD-BARRE: In Basel. Das nimmt natürlich schon mal ein bisschen die Spitzen. Basel hilft jetzt immens bei der Bekämpfung meiner Anziehpuppenvorstellung.

SUTER: Ich pendelte zwischen Zürich und Basel. Aber mich haben die Kokser immer gelangweilt, weil es so uninteressant war, was sie sagten, sie das aber nicht merkten. Deswegen habe ich immer schnell das Weite gesucht, wenn die so loslegten. Damals war Heroin auch ein großes Thema. Den Heroinsüchtigen versucht man ja immer zu helfen, bis man merkt, dass es da zumeist leider Gottes kaum etwas zu helfen gibt. Die sind so darauf angewiesen zu lügen, dass sie darin richtig gut werden, und man glaubt ihnen die absurdesten Geschichten, obwohl die eigentlich immer nur auf eines abzielen: dass du ihnen mit Geld aushilfst. Dasselbe mit schweren Alkoholikern: Ich hatte auch Kollegen, die Antabus nehmen mussten, das sind diese Tabletten, bei denen es dir speiübel wird, sobald du Alkohol trinkst.

STUCKRAD-BARRE: Es ist eine Bestrafungs- und Sicherheitsvergiftung, eine Wegfahrsperre eigentlich.

SUTER: Genau. Am Anfang habe ich gesagt: Okay, dann übernehme ich die Verantwortung, jeden Tag kommst du zu mir, und vor meinen Augen nimmst du das Antabus. Bald schon haben die natürlich irgendein Zückerchen gegessen und gar nicht Antabus. Und ich habe es nicht gemerkt. Ich musste immer wieder erfahren: Man wird sehr belogen als treuherziger Drogenhelfer. Das ist für beide Seiten sehr demütigend.

STUCKRAD-BARRE: Martin, entschuldige mich bitte kurz, ich muss mir mal rasch, wie man so sagt, die Hände waschen.

SUTER: Natürlich.

STUCKRAD-BARRE: Haben das die Kokser auch immer gesagt?

SUTER: Ich habe denen ja, wie gesagt, nicht zuhören können.

STUCKRAD-BARRE: Aber es stimmt wirklich!

SUTER: Dass du dir jetzt die Hände wäschst?

STUCKRAD-BARRE: Nein, das nun auch nicht.

SUTER: Ach so?

STUCKRAD-BARRE: Das ist die elegante Formulierung. Ich meine, findest du nicht auch, wenn jemand sagt: »Ich geh mal kurz Pipi machen«, dann war's das?

SUTER: Die Keramikausstellung betrachten.

STUCKRAD-BARRE: Mal eben für kleine Jungs.

SUTER: Königstiger.

STUCKRAD-BARRE: Jürgen würgen.

SUTER: Dahin, wohin der Kaiser zu Fuß geht.

STUCKRAD-BARRE: Das ist doch alles grauenhaft. Ich bleibe jetzt hier. Machen wir weiter!

Teufel, Gott, Madonna

STUCKRAD-BARRE: Das ist kein Zimmer, das du hier be-
wohnst – das ist eine Provokation. Sogar ich, auch wenn
das jetzt überraschend kommen mag, habe Gefühle, wie
man so schön sagt – und diese Gefühle sind aktuell in
keiner Weise edel. Ich komme just aus einer Art Dienst-
botenzimmer gekrochen, das mir im Vergleich zu deinen
Gemächern so niedrig erscheint wie die siebeneinhalbte
Etage in *Being John Malkovich*.

SUTER: Gut, in der Schweiz gibt es eine etwas derbe Re-
densart, die heißt: »Der Teufel scheißt immer auf den
gleichen Haufen.« Gibt's die bei euch auch?

STUCKRAD-BARRE: »Auf den größten« kenne ich.

SUTER: Der Gleiche wird automatisch der Größte.

STUCKRAD-BARRE: Ist es eine Weltanschauungsfrage, worin man jetzt den Teufel sieht oder erkennt?

SUTER: Ganz einfach: an der Größe des Haufens.

STUCKRAD-BARRE: Aber was ist sonst so die Aufgabe des
Teufels? Also Geld ist die Scheiße oder was?

SUTER: Der überschüttet einen einfach mit Upgrades.

STUCKRAD-BARRE: Aber die sind ja gut. Es müsste doch
böse sein, was vom Teufel kommt.

SUTER: Ja, aber der Teufel, der verführt einen ja mit herrlichen Geschenken. Nicht?

STUCKRAD-BARRE: Warum aber wird all dieses Wunderbare dann bezeichnet als Scheiße? Oder, genauer: der Vorgang der Zuwendung als Scheißen? An diesem Sprichwort stimmt ja gar nichts!

SUTER: Das ist vielleicht eine kleine Spitze gegen den Teufel. Man kann nicht sagen: »Der Teufel überschüttet immer den Gleichen mit Goldregen.« Das geht auch nicht.

STUCKRAD-BARRE: Es legitimiert den Teufel. Ich möchte nur wissen: Wo bitte schön ist der Nachteil verborgen, im Nebenzimmer etwa? Spricht doch alles FÜR den Teufel.

SUTER: Das Bild haut natürlich nicht hin. Es ist ja auch ein ganz einfaches Volksmundwort.

STUCKRAD-BARRE: Gibt's denn auch gehobene Redensarten aus dem Volksmund? Sind die nicht alle ein bisschen auf den Boden runtergeholt?

SUTER: Manchmal ist der Volksmund ja auch etwas eleganter. »Die Axt im Haus erspart den Zimmermann« ist zum Beispiel nicht so vulgär wie diese Redewendung mit dem Teufel.

STUCKRAD-BARRE: Ja, die Axt im gefrorenen Meer in uns drin. Im Kino geweint, nachmittags Schwimmunterricht. Oh, Weltkrieg. Also das Bild haut dann einfach gar nicht hin? Ich wollte es nur wissen.

SUTER: Es ist einfach so ein Volksmund-Dings.

STUCKRAD-BARRE: Lass es uns mal systematisch angehen.

SUTER: Okay.

STUCKRAD-BARRE: Wir interessieren uns beide für Wörter. Wir kennen auch den Unterschied zwischen Worten und Wörtern. Ja?

SUTER: Ja. War ja das Thema unserer Dissertationen.

STUCKRAD-BARRE: Willkommen im Proseminar. Wir besprechen heute die Redewendung: »Der Teufel scheißt
immer auf den größten Haufen.« Angetreten ist Martin
Suter, der das Thema losgetreten hat, ohne es zu wollen,
indem er ein riesiges Hotelzimmer bewohnt heute, das er
nicht … Ich glaube, du musst es nicht komplett bezahlen,
oder? Ein bisschen musst du bezahlen, aber so viel nur
wie andere vielleicht für ein normales Zimmer. Dies be-
gründete er mit besagter Volksmundweisheit. Und da bat
ich darum, das mal aufzublättern. Der Teufel. Es müsste doch ein faustischer Pakt sein, den man da eingeht.
Was jener Teufel aber feilbietet, eben die Scheiße, ist ja
doch recht eigentlich überhaupt gar nicht scheiße. Geld,
Gold – ist doch alles ganz angenehm eigentlich.

SUTER: Nein, nein, das alles ist nur vordergründig gut. Natürlich sind ja laut Volksmund die Armen stets die besseren Menschen als die Reichen.

STUCKRAD-BARRE: Also der Teufel investiert grundsätzlich in die, die sowieso immer mehr kriegen, mehr haben,
und das tut er in böser Absicht, um nämlich so die anderen, die materiell schlechter Gestellten, zu erniedrigen?

SUTER: Der Teufel ist der Inbegriff des Schlechten. Und
Ungerechtigkeit ist doch wohl eindeutig böse, ist schlecht,
ist, eben: des Teufels. Und was er geben kann, auch wenn
er es als Gold tarnt, kann folglich nur Scheiße sein. Das
ist meine Theorie.

STUCKRAD-BARRE: Also ist es im zweiten Wirkungsgrad
dann gut für die vielen, die nicht die als Gold camou-
flierte Scheiße bekommen haben, obwohl es weniger ge-

wesen wäre, und es ist für den einen, der so viel gekriegt hat, dann schlecht, weil eben das Gold sich bald schon als Scheiße entpuppen wird? Und dann sind wir also bei dieser traurigen Lüge: Pech gehabt ein bisschen, so finanziell und so, aber eindeutig moralisch bessergestellt?

SUTER: Ja, dort sind wir dann. Und wir wissen ja, was der, der am meisten Gaben vom Teufel bekommt, dafür getan hat: Er hat seine Seele dem Teufel verkauft. Und das weißt du ja, was das für Typen sind, die ihre Seelen verkaufen.

STUCKRAD-BARRE: Ja, zwei sitzen hier, nicht?

SUTER: Ja, ja.

STUCKRAD-BARRE: Also das ist unser Job.

SUTER: Ja, so hart es klingt.

STUCKRAD-BARRE: Hast du schon mal sozusagen Blutdiamantengeld bekommen für irgendwas? Also eine Arbeit geleistet, deren Honorierung deutlich auch Schmerzensgeld war?

SUTER: Hm. Nein. Also meiner Erinnerung nach nicht, nein. Oder ich habe es nie so ausgelegt oder mich nicht mit den Fachleuten darüber unterhalten, wie zum Beispiel dem Teufel.

STUCKRAD-BARRE: Also mir hat der Teufel schon heimtückisch ins Gesicht gelächelt, als ich mal – ganz am Anfang meiner Schreibtätigkeit, vor über zwanzig Jahren – von einer Fernsehmadame gebeten wurde, ihr so Textlein zu schreiben für die Moderation eines Stadtfests. Sie musste da Sänger und Bürgermeister und Gewinner irgendwelcher tieftraurigen Wettbewerbe ansagen, Interesse und Begeisterung irgendwie synthetisieren in einer deutschen

Kleinstadt – und ich sollte ihr eben diese Lügen vorher aufschreiben. Dafür bot sie mir mehr Geld, als ich hätte ablehnen können. Keine Aufwandsentschädigung war das, kein Honorar – das war Schmerzensgeld. Reparationszahlungen. Schweigegeld. Also: die Währung des Teufels. Und das war auch genau richtig so, weil das Schreiben so schmerzhaft war, da war kein Wort wahr, kein Satz gut, alles Quatsch und Phrase, Qualität hätte gestört, Gedanken wären dem Konzept zuwidergelaufen. Es war erst gut, im Sinne der Bestellung, als es so schrecklich war wie nur irgend möglich. Eine Auftragsarbeit, ein Auftragsmord, Opfer: die deutsche Sprache. Ich habe beim Schreiben an nichts gedacht, was natürlich eindeutig half – an nichts, außer eben diese verteufelten 2000 Mark. Die Seele vielleicht nicht verkauft, die hätte hoffentlich mehr eingebracht, aber vielleicht die Leber. Die brauchte ich hinterher eh nicht mehr. Die will auch heute keiner mehr haben. Also Martin sitzt dahinten, und innerlich jubelt er und erfreut sich am Werk des Teufels.

SUTER: Ja, der Teufel hat natürlich einen guten Geschmack.

STUCKRAD-BARRE: Also den Teufel, die Existenz des Teufels zu behaupten, heißt ja auch, Gott zu behaupten. Es muss ja den Gegenspieler auch geben, oder?

SUTER: Ja, klar. Oder meinst du, es gibt nur die eine Seite?

STUCKRAD-BARRE: Nein, also wenn es die eine gibt, muss es auch die andere geben. Also der Nordpol bedingt den Südpol, da wir ja wissen, dass die Erde eine Scheibe ist. Hast du irgendeine Art von Glauben? »Das kann doch noch nicht alles sein hier auf der Erde« ist so ein wahnsinnig langweiliger, indessen auch nicht schlechter Standpunkt. Aber ich gehe da lieber auf Nummer sicher und richte mein Leben nach der Annahme aus, dass das hier alles ist – und dass danach nichts mehr kommt.

SUTER: Ja, ja.

STUCKRAD-BARRE: Warst du mal in der Kirche im letzten Jahr?

SUTER: Nein.

STUCKRAD-BARRE: Irgendwann mal in deinem Leben?

SUTER: In der Kirche? Ja, klar. Als Kind sowieso. Ich habe nichts gegen die Kirche. Ich habe die immer beneidet, die Gläubigen. Das ist doch toll, wenn man so einfach, pflatsch!, an was glauben kann.

STUCKRAD-BARRE: Das ist ein vermeintlich eleganter Standpunkt, aber diese Wendung gehört natürlich zur Standardbewaffnung bei diesem Nullthema. Damit stilisiert man sich als der Gequälte, der mehr weiß und in Abgründe geschaut hat, die den anderen nicht zugänglich sind. Und ich glaube, dass du nicht im Ernst wirklich mal gehofft hast, glauben zu können.

SUTER: Oh, doch, doch.

STUCKRAD-BARRE: Nein.

SUTER: Doch. Habe ich.

STUCKRAD-BARRE: Bei was?

SUTER: Bei allem. Meine Großmutter war eine kindlich gläubige Frau.

STUCKRAD-BARRE: Das kann einen ja aber auch vom Glauben wegbringen, Hyperreligiosität des Elternhauses.

SUTER: Sie war überhaupt nicht hyperreligiös, sie war sehr pragmatisch. Sie hat auch ihre heiligen Kumpane gehabt, den heiligen Antonius zum Beispiel.

STUCKRAD-BARRE: Wie war der so drauf? Was war so sein Ding?

SUTER: Das war ihre Anlaufstelle, wenn sie was verloren hat.

STUCKRAD-BARRE: Dann war der schuld oder hat geholfen?

SUTER: Sie hat so Deals mit ihm gemacht, hat ihm eine Spende versprochen, fünf Franken, wenn sie die Brille wiederfindet oder so.

STUCKRAD-BARRE: Wusste sie die Kontonummer, oder wie hat sie die fünf Franken dann übermittelt?

SUTER: Das habe ich nie rausgefunden.

STUCKRAD-BARRE: Du hättest dich als Bote anbieten können. Und dann natürlich veruntreuen, die fünf Franken.

SUTER: Vielleicht hat sie in der Kirche am Sonntag den Zweifränkler kurz geküsst und gesagt: »Der ist für den heiligen Antonius«, bevor sie ihn in die Kollekte gegeben hat. Ich weiß es nicht.

STUCKRAD-BARRE: Küsst man die Gabe für die Kollekte, so wie sie bei der Olympiade in die Medaillen reinbeißen?

SUTER: Sie hat es ihm einfach versprochen. Ich habe allerdings auch erlebt, wie sie mal sagte: »Ach, nein, da liegt ja die Brille. Die hätte ich auch ohne den Antonius gefunden.« Und schon hat er nichts gekriegt.

STUCKRAD-BARRE: Wen gab es da noch in ihrer Mannschaft?

SUTER: Welche anderen Heiligen? Natürlich den lieben Gott. Aber die Deals, die sie mit dem gemacht hat, die hat sie mir nicht offenbart. Kurz bevor sie gestorben ist, sagte sie jedoch: »Ich steige jetzt in den Aufzug und fahre hinauf.«

STUCKRAD-BARRE: Ja, das ist dann hilfreich, diese Vorstellung, wahrscheinlich. Es sei denn, es ist ein Paternoster, und man darf ganz oben nicht aussteigen – und fährt, schwups!, auch gleich wieder runter. Hat sie sich an Gott eher gewandt, wenn was Tolles, Schönes passiert ist, um sich zu bedanken? Oder eher, wenn es gerade schlecht lief, wenn sie traurig war, als Hilfegesuch?

SUTER: Wohl eher, wenn sie Hilfe brauchte.

STUCKRAD-BARRE: War das in deinem Leben, wenn Schicksalsschläge kamen, in deiner Nähe einprasselten wie Bomben – ich frage noch mal: Gab es das in deinem Leben auch, dass du dich in Krisen, in kippligen, traurigen, entsetzlichen Situationen, an etwas gewandt hast, was du nicht kanntest?

SUTER: Wenn es mir ganz schlecht geht, wende ich mich an alles und jeden. Jedes Gänseblümchen kann mir da helfen.

STUCKRAD-BARRE: Ist das jetzt ironisch?

SUTER: Ein bisschen ironisch ist es schon, aber auch ein bisschen wahr.

STUCKRAD-BARRE: Du wirkst auf mich aber nicht wie jemand, der mit seinem eigenen Leid hausieren ginge.

SUTER: Nein, hausieren natürlich nicht.

STUCKRAD-BARRE: Aber die Gänseblümchen laberst du schon voll?

SUTER: Stell dir vor, es gäbe jemanden, der dir in solchen Situationen helfen könnte, das wäre natürlich super, oder? Auch wenn man nicht dran glaubt, den Versuch, es vielleicht doch ein bisschen zu tun, den, glaube ich, machen die meisten ab und zu. Du doch auch.

STUCKRAD-BARRE: Nein. Aber gar nicht so pathetisch, dass ich mich davon mit großer Geste abwenden oder DISTANZIEREN müsste. Das empfinde ich auch als sehr kindisch, diese Behauptung: »Nein, das nützt nichts, also mache ich es auch nicht.« Aber ich habe einfach von diesem ganzen Religionskram in meiner Kindheit eine Überdosis gehabt – wie Obelix, der ja als Kind in den Zaubertrank gefallen ist. Und wenn die Römer dann kommen, darf ja Obelix nie auch nur nippen an der Zaubertrankfeldflasche von Asterix. Und so ist das eben auch mit mir und Kirche, Glaube, Religion: Mein Vater war Pastor, und wir wohnten direkt neben der Kirche. Und diese Kirche und alles mit ihr Zusammenhängende bestimmte einfach komplett unseren Alltag. Die ganze Zeit kamen irgendwelche alten Leute vorbei und wollten sprechen, es standen permanent irgendwelche jammernden Christen bei uns im Treppenhaus. Und ich fand sowieso immer, der Katholizismus hat eindeutig die besseren Kostüme und Showeffekte, es ist ein bisschen lustiger da, glaube ich, lauter, weniger gramgebeugt. Die Evangelen, die sind immer so sinnlos zerquält. Griesgrämigkeit, Lustfeindlichkeit und Unfreundlichkeit werden da verwechselt mit Tiefgründigkeit.

SUTER: Ja, ja.

STUCKRAD-BARRE: Wie die in der SPD oder so. Also sehr freudlos alles.

SUTER: Habe ich auch immer gefunden, das mit den Reformierten, ja.

STUCKRAD-BARRE: Und mein Vater, den ich kurz zuvor noch im Unterhemd über den Flur hatte laufen sehen, stand dann da sonntagmorgens um zehn Uhr oben auf dieser Kanzel, und er trug diesen seltsamen schwarzen Talar. Ich aber sah gar nicht diesen Talar, ich sah einfach bloß: Papa, Unterhemd, irgendwas stimmt hier nicht. Warum spricht denn der plötzlich so seltsam? Ich verstehe es gar nicht. Performativer Widerspruch! Also, ich konnte speziell bei den Predigten meines Vaters nie länger als zwei Wörter zuhören. Das ging einfach nicht. Meinen Geschwistern gelang das auch nicht. Wir wissen bis heute nicht, was der da eigentlich gepredigt hat. Und das ist so eine Traumatisierung. Also wenn ich auch nur in die Nähe einer Kirche komme, ist das alles sofort wieder da, dieses Ernsthaftigkeitsdiktat, dieses Lachverbot, das Schämen und Trauern und Kopf-schief-Legen, der fürchterlich atonale Gemeindegesang, die Billigreime dieser Gesangbuchlitaneien, und ich werde sofort ganz unruhig und möchte weg.

SUTER: Aber bis dir das bewusst wurde, hast du doch vielleicht irgendwie versucht, auch zu glauben, oder nicht?

STUCKRAD-BARRE: Ja, als ganz kleiner Junge faltete ich durchaus abends im Bett die Hände und presste sie so zwischen meine angezogenen Knie und flüsterte dann so rührende Kindergebete: »Bitte mach, dass ich Fußballer werde« oder »Hilf mir, dass dieses Mädchen mich mag« oder so. Und als ganz, ganz kleines Kind habe ich mir Gott tatsächlich als Wolke vorgestellt. Eine Mischung aus Gespenst und Wolke, eine Wolke mit Gesicht. Und du? Hattest du so eine Kindervorstellung von Gott?

SUTER: Hm.

STUCKRAD-BARRE: Bist du gerade eingeschlafen? Du bist

ja völlig in dich zusammengesackt, während ich jetzt stundenlang ungefragt meine Kindheit vor dir ausgebreitet habe.

SUTER: Nein, ich überlege mir, ob ich eine Vorstellung hatte.

STUCKRAD-BARRE: Das ist lieb, dass du das sagst.

SUTER: Also ich bleibe bei dem, was ich vor deinem Pfarrhaussolo gesagt habe: Ich fände das schön, einfach ohne Zweifel glauben zu können. Ich reise ja wie du auch viel, an viele Orte, und das hat mich auch immer beeindruckt, so ganze Völker, für die ganz klar ist, dass es dieses Göttliche, diese höhere Macht gibt. Die Balinesen bringen zum Beispiel bei ihrer Arbeit im Garten und in der Küche immer mal wieder ein paar Opfergaben zum Hausaltar und zünden Räucherstäbchen an. Das ist einfach völlig selbstverständlich, da muss man auch gar nicht drüber reden oder nachdenken. Und dieses Zweifeln und Sich-Überlegen und so, das haben uns, glaube ich, die Protestanten eingetrichtert. Dieser Versuch, das intellektuell zu verstehen und zu begründen, der macht alles kaputt, oder?

STUCKRAD-BARRE: Ja, die im Letzten dann auch wissenschaftliche Herangehensweise, die Naturwissenschaften, das hilft beim Gottesbeweis ja nur bedingt. Aber auch Menschen, in deren Leben Kirche, Religiosität, diese Idee von einem Gott nicht existiert, die haben ja etwas anderes, was an die Stelle dessen tritt. Also ein Fußballverein, jetzt zum Beispiel Hertha BSC: Wenn etwa Jürgen Klinsmann da Trainer wird, dann wird er messiasartig erwartet und, überspitzt, er steht dann für etwas Übermenschliches, erfüllt eine Heilandsfunktion – wenn der jetzt kommt, wird alles, alles gut. Es geht dann nicht bloß um einen Fußballtrainer, sondern um etwas Größeres. Oder Madonna zum Beispiel! Die Musik der ja mit einigem Recht so geheißenen Madonna liebe ich seit meiner Kindheit sehr. Und im Rahmen dieser meiner Madonna-Liebe, da ist Madonna für mich auch was Höheres – ich pilgere regelrecht zu ihren Konzerten und werfe massenhaft Geld in all ihre Klingelbeutel, kaufe jedes Album, jedes T-Shirt, jedes Ticket. Ich besitze sogar eine Madonna-Tütensuppe! Und ihre Konzerte erlebe und begehe ich als Messen, ja. Genauso in der Philharmonie, wenn die Philharmoniker spielen und ich ihnen lausche, dann denke ich, das ist etwas Höheres. Also die Kunst kann etwas Höheres herstellen. Dass es so was gibt, erleichtert ja immens das Leben. Es ist sinnstiftend, es ist trostreich. Gott aber hat ja ein völlig zu Recht sehr ramponiertes Image. Wenn du die Werbeagentur von Gott wärst, wie würdest du für den werben?

SUTER: Viel katholischer.

STUCKRAD-BARRE: Wo würdest du werben? In Anzeigen, auf Litfaßsäulen, im Netz, mittels Sportflugzeug Spruchbändern?

SUTER: Klassisch wäre natürlich: literarisch mit einem Buch.

STUCKRAD-BARRE: Nein, Plakatwändeslogans jetzt, bitte. Gott braucht akut eine Imagekampagne. Ein Buch, das würde doch viel zu lang. Also wo würdest du werben? Im Fernsehen, Kino, Internet? Und vor allem: Was wäre der Leitsatz?

SUTER: Ach, ich glaube, der kann das selber.

STUCKRAD-BARRE: Offensichtlich nicht, nein. Kann er nicht. Kann er überhaupt nicht. Was müsste er denn sagen? »Hey, sorry, Leute!« – damit mal anfangen? So als Instagram-Story: »Hey ihrs, na, alles gut hier, und bei euch so, läuft? Erst mal danke fürs Feedback und sorry, dass ich so lang nichts von mir habe hören lassen, aber ich bin dran, echt, ich mache mir auch total den Kopf, aber, wow, ich meine, ist halt echt viel. Und ich bin auch nur kein Mensch.«

SUTER: Wie wäre denn »Just do it«? Wenn man sich an ihn wendet, weil man mit dem Leben gerade nicht so zurechtkommt, einem einfach alles zu viel ist – und darauf seine Antwort: »Just do it.« Oder: »Yes we can!«

STUCKRAD-BARRE: »Vorsprung durch Technik«? Nein, »Technik durch Vorsprung«? Nein.

SUTER: »Vorsprung statt Technik«.

Arbeit

STUCKRAD-BARRE: Wir haben unseren Familien eben gesagt: »Wir gehen jetzt arbeiten.« Das zeitigte eine Mischung aus Erleichterung und Mürrischsein.

SUTER: Und welches von beiden war gespielt, welches war echt?

STUCKRAD-BARRE: Dass wir arbeiten.

SUTER: Ja, gut, du weißt, für den Schweizer ist Reden auch Arbeit, weil er ja laufend übersetzen muss aus einem gutturalen Dialekt ins perfekte Hochdeutsch. Wir müssen immer nachdenken, was wir sagen. Das müsst ihr nicht. Ihr könnt einfach reden.

STUCKRAD-BARRE: Das täte aber vielen natürlich gut. Also mir auch, aber ich habe andererseits auch Freude, meinem eigenen Reden und Labern hinterherzulauschen und es wieder einzufangen und mich zu entschuldigen – bei den Wörtern selbst zunächst und dann bei dem, was sie angerichtet haben. Das tue ich eh dauernd und obendrein auch noch sehr gern – und Teil des Berufs ist es zudem. Wir arbeiten ja doch beide gern, oder?

SUTER: Ja. Stell dir vor, ich wäre ja schon längst im Ruhestand, wenn ich nicht Freude an meinem Beruf hätte. Dann hätte ich jetzt …

STUCKRAD-BARRE: Hobbys.

SUTER: Ja, genau.

STUCKRAD-BARRE: Stell dir das mal vor! Hobbys! Was könnte das denn sein?

SUTER: Ja, bei mir wäre es, glaube ich, Schreiben. Das könnte sein, oder?

STUCKRAD-BARRE: DAS HOBBY ZUM BERUF GEMACHT. In der Kunst wird es dann ganz furchtbar.

SUTER: Oder umgekehrt: Mit fünfundsechzig habe ich meinen Beruf zum Hobby gemacht.

STUCKRAD-BARRE: Hast du nicht. Du arbeitest ja wahnsinnig viel. Ich arbeite auch sehr gerne und fasse den Begriff sehr weit, aber Arbeit im Sinne von regelmäßig und verlässlich Ergebnisse erzeugen, Dinge beenden, da jagst du mir doch großen Schrecken und Existenzängste ein. Zwar gehe ich beherzt zur Sache, verliere mich aber auch permanent darin. Das machst du irgendwie nicht so.

SUTER: Mich in der Arbeit verlieren? Nein. Und im Schrecken-Einjagen bin ich eigentlich … Puh, das freut mich jetzt. Das ist, glaube ich, das erste Mal, dass ich das geschafft habe. Als Kind habe ich bei uns im Keller mal eine Geisterbahn gebaut aus Decken, da mussten die Nachbarkinder hineinkriechen. Und ich fasste von draußen mit einer schwarzen Hand hinein: Huhuhu! Und nie ist jemand erschrocken.

STUCKRAD-BARRE: Aber das war nicht jener schwarze Handschuh, mit dem du mal diesen schwarzen Fisch für mich zubereitet hast?

SUTER: Nein, nein, es war kein schwarzer Handschuh, es war nur meine mit Kohle schwarzgefärbte Hand.

STUCKRAD-BARRE: Na ja, gut, man hörte dich natürlich auch und wusste, dass man sich jetzt dir zu Ehren erschrecken muss.

SUTER: Aber niemand hat es getan. Niemand hat es für nötig gehalten, auch nur so zu tun.

STUCKRAD-BARRE: Höflicherweise zu rufen: »Hu! Was hab ich mich jetzt erschrocken!« Das kann man schon machen, ja. Also, ich zum Beispiel habe vorhin so getan, als ob: Inga wollte mich erschrecken, ich hatte sie aber schon gehört. Am Pool kam sie von hinten und hat mit der Hand so eine Art Vogelspinnentanz in meinem Nacken ausgeführt. Und ich habe dann auch ganz vorschriftsmäßig: »Huch!« ausgerufen. Das hätten die Nachbarkinder ruhig auch tun können bei dir.

SUTER: Ja, das finde ich auch.

STUCKRAD-BARRE: Das kostet einen doch nichts. Was hattest du denn noch für Attraktionen in der Geisterbahn, außer deiner rußigen Hand?

SUTER: Na, ich hatte noch eine andere, die war unbeliebt. Wasser, weißt du?

STUCKRAD-BARRE: Reingeschüttet?

SUTER: Ja, so: Baff! Plötzlich kam Wasser. Vielleicht rief ich: »Blut!«

STUCKRAD-BARRE: Das ist natürlich auch erschreckend. Auf ganz anderer Ebene als intendiert, man denkt, der Junge muss in die Klinik, auf nach Herisau. Da war ja Robert Walser. Ich wollte, als ich in der Schweiz war, immer unbedingt in diese Klinik. Das ging von der Krankenkasse her aber leider nicht. Von meinem damaligen Lebensstil her aber durchaus, also, an mir lag es nicht!

Ich wollte unbedingt nach Herisau, weil da ein Lieblingsbuch von mir spielt, das habe ich dir auch mal geschenkt: *Wanderungen mit Robert Walser* von Carl Seelig. Das ist ganz toll. Das ist fast so schön wie bei Fitzgerald, wenn er Zelda besucht hat in der Klinik und ihr immer dieses Krokant mitgebracht hat, das sie nicht essen durfte. Da sind sie sonntags immer mit einer Schachtel voller Krokant herumgefahren. Ja, sollte man lesen, Carl Seeligs *Wanderungen mit Robert Walser*. Solltest vor allem du endlich mal lesen. Ich habe dir das vor über zwei Jahren doch geschenkt! Wäre ja schön, wenn du das auch mal …

SUTER: Kommentieren würde, okay.

STUCKRAD-BARRE: Dich bedanken für diese Anregung, ja, mir zu meinem beeindruckenden geistigen Gestirn gratulieren, irgend so was. Andererseits hast du mir – dreimal sogar, glaube ich – die Gesamtausgabe von Somerset Maugham geschickt. Und dazu habe ich mich ja auch nie je geäußert. Es passiert also den Besten.

SUTER: Hast du die denn eigentlich je bekommen?

STUCKRAD-BARRE: Tja, wenn ich das nur wüsste! Die sind irgendwie im Chateau Marmont verschüttgegangen, und zwar sogar noch bevor sie mich erreicht haben. Aber sie wären auch danach verschüttgegangen, in meiner Chaosbude da.

SUTER: Aber eine Sendung ging auch nach Berlin.

STUCKRAD-BARRE: Ja, gut, das ist noch unsicherer.

SUTER: Das waren die gesammelten Erzählungen.

STUCKRAD-BARRE: Aber meine Berliner Wohnung – also, dagegen ist deine damalige Kellergeisterbahn ein Juwelierschaufenster gewesen.

SUTER: Ich hatte übrigens nicht nur eine Geisterbahn. In der Nacht, im Bett, wenn ich nicht schlafen konnte, habe ich mir noch eine andere Bahn ausgedacht. Da thronte ich vorn, und hinten, stellte ich mir vor, saßen ungefähr zwanzig Kinder. Das habe ich gebaut, und vielleicht setzte sich einmal ein Nachbarskind höflicherweise rein. Ich nannte es: das MarSutBähnchen. Von Martin Suter.

STUCKRAD-BARRE: Oh!

SUTER: Ist das nicht schon ein Hinweis auf meine spätere Texterkreativität?

STUCKRAD-BARRE: Ein starker Egozentrismus natürlich auch.

SUTER: Ja, gut, ja, ja.

STUCKRAD-BARRE: Aber natürlich klar erkennbar schon die wahnsinnig frühe Fähigkeit zu Verdichtung, Slogan, Trademark: MarSutBähnchen. Phantastisch. Du saßest also – natürlich! – vorne. Und womit hattest du diese Bahn gebaut? Mit Tischen, Stühlen?

SUTER: Ja. Und aus Decken. Und diesen Stangen. Die kennst du sicher nicht mehr.

STUCKRAD-BARRE: Stangen? Die aus dem Bus, diese Viren-paradiese zum Dranfesthalten können es ja nicht gewesen sein, die hat man ja nicht einfach so im Kinderzimmer, normalerweise. Oder doch?

SUTER: Nein. Es gab früher so Holzstangen, die man be-nutzte, wenn man die Wäsche trocknete. Wenn man die Leintücher aufhängte, unterstützte man die Wäscheleine mit so einer Stange. Damit konnte man aber auch aller-hand andere gute Sachen machen, zum Beispiel eben das MarSutBähnchen. Oder auch einen Wigwam.

STUCKRAD-BARRE: Als du da schon so extrem früh kommerziell zu denken in der Lage warst und wusstest, I is the message, MarSutBähnchen, hast du da denn diesem einen Kind, das du zur Mitfahrt hast überreden können, dann auch ein Ticket verkauft oder wenigstens so getan, als ob? Mit Abstempeln und so?

SUTER: Einmal habe ich eine Swissair-Pilotenmütze geschenkt bekommen zu einem Geburtstag oder zu Weihnachten. Da gibt es noch Fotos von mir. Aber von der Kondukteur-Schildmütze, die ich mal geschenkt bekommen habe, gibt es leider keine.

STUCKRAD-BARRE: Schaffner ist Kondukteur?

SUTER: Kondukteur, ja, das ist der Schaffner.

STUCKRAD-BARRE: Okay, eine Schaffnermütze hattest du also schon mal. Hattest du auch so eine Bauchtasche? Das wäre ja ein erster Schritt zum Geldverdienen.

SUTER: Eine rote Tasche hatte ich – und eine Zange zum Lochen.

STUCKRAD-BARRE: Siehst du! Und hattest du auch schon kleine Zettel, wo lange vor Erfindung des Internets deine Website draufstand?

SUTER: Ich nehme es schon an, ja. Bestimmt.

STUCKRAD-BARRE: Vielleicht mit Probeabos gleich auf der Karte. Das wäre toll gewesen. Einfach hoffen, dass es das mal geben wird, das Internet, irgendwann.

SUTER: Ja, genau.

STUCKRAD-BARRE: Das ist ja in der Schweiz erfunden worden, oder? Im CERN.

SUTER: Das meiste ist in der Schweiz erfunden worden, nur sagt man das nicht. Das MarSutBähnchen zum Beispiel.

STUCKRAD-BARRE: Hast du dir dafür das Copyright gesichert, ein Patent?

SUTER: Ja, ja, das habe ich. Mit Tesla habe ich da einen Vertrag.

STUCKRAD-BARRE: Und der greift dann so richtig, wenn alle so weit sind? Auf dem Mars vielleicht – das MARSut-Bähnchen.

SUTER: Das läuft schon.

STUCKRAD-BARRE: Asien, Indien, das sind natürlich auch Riesenmärkte für dieses Bähnchen. Ah, das freut mich sehr für dich. Eine fast klassische Garagengründergeschichte. Vor der baldigen Weltmarktbeherrschung aber war also das mit diesen Wäschetrocknungsstangen und den Wolldecken und der Mütze gewissermaßen schon mal das Üben vom Geldverdienen. Trockenschwimmen: ein Geschäftsmodell ersinnen und dessen Markteinführung mit den Nachbarskindern durchspielen.

SUTER: Auch das Stanzen.

STUCKRAD-BARRE: Das Stanzen ist ganz wichtig. Mit so einer Gürtel-Lochzange?

SUTER: Genau. Mein erstes Geld habe ich wirklich mit Stanzen verdient.

STUCKRAD-BARRE: Machst du ja heute noch. Ha!

SUTER: Mache ich das heute noch? Ja.

STUCKRAD-BARRE: Nein, machst du nicht. Du schreibst keine Stanzen. Das war nur ein Scherz, der da eben rumlag, der musste aufgenommen werden. Das muss ich ja machen.

SUTER: Natürlich. Das ist ja dein Beruf.

STUCKRAD-BARRE: Vorsicht! Ja, das ist dieser Witzeleizwang. Also das eine Jahr, das ich für Harald Schmidt Witze geschrieben habe, das ist eigentlich das einzige Arbeitsverhältnis, für das ich – bei Vorhandensein und wenn es gefordert worden wäre – sogar Geld gezahlt hätte. Ach, dieses Jahr dort bei Schmidt, das war so wundervoll. Und dass ich dafür ja sogar noch Geld kriegte, für das, was ich sowieso am liebsten fast tue, frühmorgens alle Zeitungen durchpflügen, in Windeseile und mit geschärften Augen für die sehr gute Fundamentalfrage: Wo ist der Witz? Bis neun Uhr musste man die Themen haben, sechs Themen. Und dann bis zwölf Uhr versuchen, ONELINER zu schreiben. Das wirst du nie mehr los, dieses Denken, wunderbarerweise. Bis heute einer meiner besten Freunde ist der, mit dem ich damals dort ein Büro teilte. Und wir haben noch immer diese Nerd-Ebene des Tageswitzelns. Ob blöd, originell, unsagbar – ganz wurscht. Bei manchen Gags, die der Tag so erzeugt, weiß ich, die versteht nur er, die verzeiht auch nur er, und die machen ihm direkt Freude. Er ist der Einzige, mit dem ich das vollends ausleben kann, dieses Dauerwitzeln. Gerade heute haben wir einander wieder mal ein paar Gags geschickt, im Pingpong-Verfahren, so ein halbes Stündchen lang, frühmorgens. Nur so, für uns. Man weiß einfach, der andere hat immer eine Replik! Das ist ein sehr schönes Ritual, weil man dann kurz wieder gedanklich an diesem Tisch in Köln einander gegenübersitzt. Deswegen musste ich das eben mit der Stanze einfach sagen. Das geht gar nicht anders. Es muss dann raus. Stanzen, Geld mit Stanzen verdienen, Doppelbedeutung des Wortes – und dann muss gesagt werden: Das machst du ja heute noch. Und dann – da ist es – dem eigenen Witz hinterherrennen und gucken, ob es Verletzte gibt.

SUTER: Ich habe auch einen sehr alten Freund, inzwischen sind wir beide alte Freunde geworden, mit dem ich Witze mache, die nur er und ich verstehen.

STUCKRAD-BARRE: Das ist doch herrlich, oder?

SUTER: Ja. Und weißt du, woher das kommt? Vom Schwarzen Afghan. Als wir so gut zwanzig waren, haben wir Schwarzen Afghan gepafft.

STUCKRAD-BARRE: Sagt man Afghan?

SUTER: Ja.

STUCKRAD-BARRE: Wir sagten immer Schwarzer Afghane.

SUTER: Nein, wir sagten Afghan.

STUCKRAD-BARRE: Klingt viel weltläufiger. Sage ich ab sofort auch. Andererseits brauche ich den Begriff wie auch das Zeugs zu selten – nämlich nie. Egal, das also habt ihr immer gepafft?

SUTER: Ja. Das ist ein Gigeli-Shit, da musste man einfach unglaublich lachen. Ich habe dann aufgehört …

STUCKRAD-BARRE: Zu lachen?

SUTER: … zu rauchen mit der Zeit, weil ich dachte: Du fängst an durchzudrehen. Auch völlig nüchtern musste ich wahnsinnig lachen, über das blödeste Zeug.

STUCKRAD-BARRE: Das muss ich auch, und das ganz ohne Schwarzen Afghanen oder Afghan. Ich muss sehr oft unkontrolliert lachen, vor allem in ernsten Situationen.

SUTER: Ja, gut, das ist dann wieder …

STUCKRAD-BARRE: Eine andere Deformation. Aber hilft! Hilft wirklich enorm.

SUTER: Ich habe mal gesagt: »Eins nach dem anderen wie

in Zermatt.« Und das fanden wir wahnsinnig lustig. Es heißt ja im Original »wie in Paris«. Eins nach dem anderen wie in Paris. Wie wenn man Schlange steht vor dem Bordell.

STUCKRAD-BARRE: Also eine nach der anderen dann?

SUTER: Nein, nein, es geht um die Männer, die sagen: Einer nach dem anderen wie in Paris. Und wir haben gesagt: Einer nach dem anderen wie in Zermatt. Das fanden wir so lustig, weil aufs Matterhorn klettert ja auch einer nach dem anderen rauf.

STUCKRAD-BARRE: Aha. Na gut, das ist wirklich Special Interest.

SUTER: Das fanden wir zum Totlachen. Dann habe ich das vergessen, bis ich *Die dunkle Seite des Mondes* geschrieben habe. Da gibt es ja auch so langfristige Humornebenwirkungen. Das verdanke ich eben dem Schwarzen Afghan und dem NNG. NNG kennst du nicht, oder?

STUCKRAD-BARRE: Nein.

SUTER: Natural Nigerian Grass.

STUCKRAD-BARRE: Ich war überhaupt nie ein Kiffer.

SUTER: Natural Nigerian Grass habe ich auch schon als Konfitüre probiert von Fela Kuti. Das habe ich dir ja schon erzählt. Das ist ja auch eine Nachwirkung, das Wiederholen, oder?

STUCKRAD-BARRE: Ja, aber du triffst hier natürlich auf ein Drogenwrack, und insofern …

SUTER: Kann ich dich damit nicht beeindrucken?

STUCKRAD-BARRE: Nein. Doch. Aber ich nehme es natürlich gar nicht wahr als Wiederholung, höre es praktisch erneut zum ersten Mal, feiere die Novität und denke mir:

Wir haben uns doch immer noch was Neues zu erzählen, herrlich. Aber ein Kiffer? Das bringe ich mit dir nicht zusammen. Gestern hast du mir ein Jugendbild gezeigt von dir. Also da hattest du unstrittig nicht die erste Arbeit, sondern deinen ersten Beruf.

SUTER: Ach ja, gut.

STUCKRAD-BARRE: Da warst du ganz der schnittige Jungmann, erfolgreich, Krawatte. Und so überhaupt nicht phänotypisch wie ein Kiffer, eher wie ein Kokser. Genauer: wie in einem Warnwerbespot des Bundesgesundheitsministeriums ein Kokser dargestellt würde. So sahst du aus.

SUTER: Was ich mitbekommen habe, ist nur …

STUCKRAD-BARRE: Wenn sie nervig wurden?

SUTER: … wenn die so viel geredet haben, so einen Quatsch immer. Da hat mir mal einer gesagt: »Ja, weißt du, warum der so viel quatscht?« Und ich: »Himmel, das sagt man mir erst jetzt, nach so vielen Jahren?«

STUCKRAD-BARRE: Aber du weißt, dass ich hier nüchtern sitze?

SUTER: Ja, ja.

STUCKRAD-BARRE. Und ich quatsche trotzdem viel.

SUTER: Das schon, aber du kannst auch ab und zu zuhören. Das können die ja nicht.

STUCKRAD-BARRE: Nein. Sie machen zwar manchmal eine kurze Redepause, aber da sammeln sie nur neue Selbstbegeisterung. Das sind allerdings die Amateurkokser.

SUTER: Die überraschenden Pausen, da bist du auch als Zuhörer überrumpelt: Warum plötzlich jetzt eine Pause?

STUCKRAD-BARRE: Jetzt hast du die Chance. Und man will

ja eigentlich die ganze Zeit nur sagen: Du, das ist jetzt ganz schön viel auf einmal, das muss ich erst mal sacken lassen, aber wirklich schön, dass du mal wieder so ausführlich mit dir sprechen konntest. Das ist furchtbar, diese Amateurkokser, die einen dann so vollsabbeln in Selbstekstase. Wenn man aber so richtig zünftig süchtig ist, dann richtet sich ja alles nurmehr ganz nach innen. Ich habe das ja eine ganze Weile hauptberuflich gemacht. Vorbei, vorbei. Gab's auch wenig Geld dafür übrigens. Aber mein erster Job war natürlich auch nicht Kokain-Nehmen. Also, noch mal zu der Unterscheidung zwischen Arbeit und Beruf: Jetzt arbeiten wir gerade, das haben wir unseren Familien vorhin gesagt. Aber tun wir das auch wirklich? Wie Arbeit kommt es mir nicht vor. Jedoch gehen wir gerade unstrittig unserem Beruf nach. Oder üben wir ihn aus? Ach, wir machen eben so mit Wörtern rum, alles wie immer eigentlich. Wie ich fasst auch du das ja sehr weit, was der Beruf ist. Das ist ja das Schöne an ihm.

SUTER: Ja.

STUCKRAD-BARRE: Dass die meisten Einzeldisziplinen doch Freude bereiten.

SUTER: Ja. Also ich finde, das Schöne an dem Beruf sind alle Disziplinen eben. Ich habe sicher schon hundertmal erzählt, dass wir einen Schreiner in Guatemala hatten. Habe ich erzählt, oder? Aber womöglich hast du auch das längst wieder vergessen.

STUCKRAD-BARRE: Ja, meine jahrelange Drogenabhängigkeit macht sich jetzt einfach bezahlt. Erzähl es also einfach noch mal.

SUTER: Dieser Schreiner in Guatemala also, Don Ricardo hieß er, der hat unser Haus gebaut und auch alle anderen Holzsachen gemacht. Von den Dachbalken bis zu den Salzfässchen hat er alles gemacht, hat gedrechselt, geschnitzt, mit riesigen schweren tropischen Hölzern Dächer gebaut, er hat meinen Schreibtisch gemacht. Man konnte ihn auch bitten: »Schau mal, dieser schöne alte Stuhl, kannst du davon zwölf machen für unseren Esstisch?« Und so weiter. Das, habe ich immer gedacht, das will ich mit meinem Beruf auch können. Ich will eine Gebrauchsanweisung schreiben können, aber auch einen Songtext und einen Roman, Drehbücher – mich eben in allen Disziplinen ausprobieren. Seither mache ich das. Nein, sogar schon bevor ich Don Ricardo kannte, habe ich das gemacht. Und du betreibst unseren Beruf ja auch so. Also was ich zum Beispiel nie gemacht habe, aber sicher auch gerne gemacht hätte, wäre, für Harald Schmidt Oneliner zu schreiben. Das habe ich verpasst.

STUCKRAD-BARRE: Ja, das war wirklich gut. Als Schule für eine Fertigkeit auch, die sich dann so beimengte in all die anderen Sachen, die ich seither gemacht habe. Da glaube ich fest dran, dass diese Mehrfelderwirtschaft der Monokultur einfach überlegen ist. Sonst hast du immer dieselben methodischen Tricks und wirst auch nie mal überrumpelt von einem ungeplanten Argumentationszugang, wenn du mit den immerselben Instrumenten nur zugreifst auf das, was du erzählen möchtest. Aber wenn du mal was als Witz anlegst, dann wieder etwas als Songtext, mal als Dialog, mal als Erzählung – dieses Variieren der Form, das finde ich als Handwerksbegeisterter wirklich sehr wichtig. Also Songtexte zum Beispiel. Viele meiner Freunde sind Musiker. Ich habe ganz wenige Autorenfreunde. Da gehörst du zu den wenigen, die ich wirklich mag und in deren Gegenwart mir nicht permanent die Sanduhr Gottes vor den Augen durchrinnt, weil es einfach so wahnwitzig langweilig ist. Musiker sind ganz anders, sind eben diese spielenden Kinder. Ich habe viele Freunde, die einfach immer Musik machen. Und da so ein bisschen mitzutun, mit im Studio zu sitzen, zuzuhören und dann mal zu sagen: Vielleicht das Wort besser nicht, oder besser erst da und da. Und warum nicht hier mal nur Klavier? Oder eine Textzeile, die mir einfällt. Ich würde nie für mich ein Gedicht schreiben, das kann ich nicht. Aber mit einem Partner Songtexte schreiben, das geht und macht mir Spaß, ich intensiviere das gerade. Ich bin dann zwar ehrgeizig, maße mir aber natürlich niemals an, denen irgendwas aufzudrängen und zu sagen: Du, ich weiß das besser, ich habe recht. Dafür habe ich viel zu großen Respekt vor deren Können und Tun. Ich will einfach nur so viel Zeit mit denen verbringen wie möglich, weil mich das wahnsinnig bereichert. So in der Musik drinzusitzen, mitzuerleben, wie sie passiert, das ist das Allerschönste überhaupt. Und dann habe ich manchmal auch das Gefühl, meine Anwesenheit ein bisschen legitimieren zu müssen, weißt du, weil ich einfach so gern da mitmachen möchte, irgendwie, beim Spielen, und sage, also wenn der Moment es gerade zulässt, schon mal: »Das finde ich rhythmisch komisch, da, diese Zeile« oder: »Diese Formulierung ist ein bisschen arg gewöhnlich, dreh die doch mal um« oder so. Und wenn die dann sagen: »Ach, stimmt eigentlich«, und dann spielen sie es, und es ist tatsächlich besser so – das sind so tolle Momente. Also das ist für mich eine viel größere Bereicherung als für die, ich bin nach solchen Sessions immer über Tage beseelt. Und das bringt einfach andere Saiten in einem zum Klingen, als wenn man immer nur so allein vor sich hin schreibt. Also gerade Kooperationen sind wichtig, um dann wieder völlig weltabgeschnitten alleine sein zu können, wie es ja in unserem Beruf dann doch einfach immer vonnöten ist. Wenn man zwischendurch so mit anderen spielt, auch was wir hier so machen, wir spielen ja wirklich nur, und das ist eben das Tolle: dass das durchgeht als Arbeit. Weil es eben zu unserem Beruf gehört! Und solche Komplizenschaften, Mittäterschaften beschwingen mich so, dass die Sachen, die ich danach wieder allein vor mich hin schreibe, irgendwie besser werden. Das ist dann alles irgendwie aufgefrischt.

SUTER: Ich kann dir meinen neuesten Songtext ja mal vorlesen. Das ist aber Schweizerdeutsch.

STUCKRAD-BARRE: Bitte, ja.

SUTER: Dann versteht niemand ein Wort.

STUCKRAD-BARRE: Umso besser.

SUTER: Doch, ein paar verstehen schon was. Also, der Song heißt: Alles ist weiß – *Alls isch wiiss:*

Alls isch wiiss
Alls isch liis.
Schwäri Flocke.
Spatze hocke

Uf de Äscht u früüre.
U mer isch am füüre
I de chalte Zimmer.
U ä liise Schimmer
Vore Ahnig, wie immer
I dere Jahresziit,
Wo s Wiiss so liit
Uf em Sims.
Wie öppis Schlimms.
Wie-n-öppis, wo de muesch vertriibe.
Wie-n-öppis, wo mues dusse bliibe.
Öppis, wo d nid chasch ha.
Öppis, wo wäg mues ga.
Öppis, wo d könnsch,
Wo d niemerem gönnsch.
Wo ke Name het.
Öppis näbem Bett.
Wo di nid laat schlafe,
Wo di wetti strafe.
Du ahnsch für was,
Villech für das,
Wo niemerem seisch,
Wo sälber nid weisch.
S liit ungerem Wiiss.
U isch ganz liis.

Das hast du jetzt natürlich alles verstanden.

STUCKRAD-BARRE: Was ich verstanden habe, ist, dass das auf eine Art Hiphop ist, Rap. So, wie du es vorgetragen hast, ist es Sprechgesang, der so verfließt. Es ist so schön

unehrgeizig gereimt, eine recht phonetische Vorgehens-
weise. Es geht vordergründig um eine Winterszene.

SUTER: Genau.

STUCKRAD-BARRE: Vordergründig. Unterschwellig ist es
natürlich wieder dein Kampf mit dem Kokain.

SUTER: Meinst du?

STUCKRAD-BARRE: Der Schwarze Afghane in der Geisterbahn mit Kohlenstaub. Du hast den aus deinem Mail-
Programm vorgelesen, diesen Songtext?

SUTER: Ja, weil …

STUCKRAD-BARRE: Hast du ihn an Stephan Eicher geschickt?

SUTER: Ja, und der hat mir eben geantwortet, wie gut er
ihm doch gefalle.

STUCKRAD-BARRE: Will er ihn vertonen?

SUTER: Ja, ja.

STUCKRAD-BARRE: Das ist ja toll. Wann hast du den geschrieben?

SUTER: Jetzt dieser Tage, wenn man so am Abend …

STUCKRAD-BARRE: Also morgens eher nicht Songtexte, das
ist mehr eine Abend-Sache, nicht?

SUTER: Nein, das ist nicht zeitgebunden. Also Poesiepingpong, das ist etwas, was ich am Morgen früh mache.

STUCKRAD-BARRE: Dann können wir uns jetzt in Pingpong über unsere ersten Jobs unterhalten.

SUTER: Also gut. Dann fang du an.

STUCKRAD-BARRE: Ich habe mit einem geistig Behinderten
zusammen – alle Witze über die Anzahl der geistig Behinderten in der Gruppe kannst jetzt du machen – gemeinsam einen Wald gerodet. Das war als eine für alle

auch über das Waldstück hinaus weiterbringende Erfahrung angelegt. Und eine solche war es auch, zumindest für das Waldstück. Da lagen gefällte Bäume, und wir mussten Feuer machen aus den Wurzeln und so, die Rodung vollenden.

SUTER: Also aufräumen eigentlich.

STUCKRAD-BARRE: Aufräumen und kaputtmachen, also alles, was Spaß macht. Verbrennen. Für zehn Mark pro Stunde.

SUTER: Puh, zehn Mark pro Stunde.

STUCKRAD-BARRE: Das war mein erster richtiger Job, also mehr als irgendwie bei der Oma: Geh mal Sahne kaufen, hier, fünf Mark, Rest kannste behalten.

SUTER: Mein erster Job als Schüler in den Ferien, um Geld zu verdienen, war bei der Post in der Paketzentrale, beim Sortieren.

STUCKRAD-BARRE: Nach Postleitzahlen oder wie?

SUTER: Ja. Und du musstest diese Pakete zu verschiedenen Förderbändern tragen. Das Problem war, du trugst sie an diesen Schnüren, an den Paketschnüren, und das schnitt dir immer ein. Die waren meistens schwer, also da hattest du dann so offene Stellen an den Händen am Anfang. Die anderen, die Alten …

STUCKRAD-BARRE: Die hatten Hornhaut.

SUTER: … die hatten Handschuhe.

STUCKRAD-BARRE: Und wie warst du an diesen Job rangekommen?

SUTER: Da hat man sich gemeldet bei der Post, die brauchten immer Leute, die diese niedrige Arbeit machten. Mit sechzehn oder siebzehn habe ich dann auch mal als

»Mädchen für alles« in einer Filmproduktionsgesellschaft
gearbeitet. Eine Aufgabe war dabei besonders interessant,
da musste ich einen Taucher spielen. Ich hatte einen Taucheranzug an, einen Gummianzug, und hinter einer Glas-
scheibe musste ich zwischen Fischen und Pflanzen, die
da hingen, so tun, als würde ich vorbeischwimmen, also
schräg so die Arme bewegen.

STUCKRAD-BARRE: Aber stehend noch?

SUTER: Noch stehend, ja. Ein Werbeclip für eine wasser-
dichte Uhr. Die musste ich dann so in die Kamera halten.

STUCKRAD-BARRE: Ist ja wahnsinnig komisch.

SUTER: Bis plötzlich einer sagte: »Vorsicht! Er brennt!«

STUCKRAD-BARRE: Du brennst? Das ist ja wie bei Michael
Jackson mit dem Pepsi-Spot! Du hast gebrannt?

SUTER: Ja, nein, ich habe nicht gebrannt.

STUCKRAD-BARRE: Im Wasser? Also es war ja kein Wasser.

SUTER: Es war eben dummerweise kein Wasser. Ich trug
zwar einen Taucheranzug, eine Taucherbrille, auch einen
Schnorchel. Und diese Neoprenanzüge, die sind ge-
schweißt an den Nähten. Man kann sie ja nicht nähen.
Und offenbar hat das Material, mit dem man das Neopren zusammenschweißt, einen niedrigeren Schmelz-
punkt als das Neopren selbst. Und das schmolz also.

STUCKRAD-BARRE: Von der Hitze der Scheinwerfer?

SUTER: Von den Scheinwerfern, genau.

STUCKRAD-BARRE: Es schmolz, aber es brannte nicht?

SUTER: Ja, aber es räuchelte dann. Also plötzlich rauchten
die Neoprennähte.

STUCKRAD-BARRE: Was für ein grandios schlechter Werbe-
spot für eine Unterwasseruhr!

SUTER: Genau.

STUCKRAD-BARRE: Diese Uhr ist so heiß, sie brennt sogar unter Wasser. Für eine Sonnenuhr wäre es toll.

SUTER: Das wäre gut gewesen, ja. Und sonst musste ich eigentlich nur Material grau anmalen, also die Kabelrollen und so. Und auf dieses Grau mit Schablonen den Schriftzug »Condor« sprayen, so hieß die Filmproduktion, die gibt's, glaube ich, immer noch. Später hätte man so die Hauswände vollgesprayt und wäre als Sprayer verhaftet worden.

STUCKRAD-BARRE: Das wäre eine lustige Imageerweiterung, wenn das jetzt noch rauskäme über dich.

SUTER: Meine Sprayer-Vergangenheit?

STUCKRAD-BARRE: Ja, all diese bislang rätselhaften MarSut-Tags, die in den sechziger Jahren das Bild der Schweiz mitprägten.

SUTER: Ich durfte nur auf bemalte Kabelrollen sprayen.

STUCKRAD-BARRE: Na, immerhin.

SUTER: Ich hatte 500 Franken verdient damit. Davon habe ich mir eine Pauke für mein Schlagzeug gekauft. Vielleicht auch noch irgendwas dazu.

STUCKRAD-BARRE: Du weißt um das Drama, 1984 trug sich das zu, glaube ich, als Michael Jackson diesen Pepsi-Werbespot gemacht hat?

SUTER: Ich habe mal einen getroffen, der mit Michael Jackson einen Spot gemacht hat. Und Michael Jackson hat gesagt: »Not my face.« Er tanze zwar, aber sein Gesicht dürfe man nicht sehen.

STUCKRAD-BARRE: Das hätte er mal später ruhig noch ein paarmal sagen sollen, im OP zum Beispiel: Not my face!

Später war es dann ja, genau genommen, gar nicht mehr seines.

SUTER: Sein Vater hat dann gesagt: »Das kannst du doch nicht machen. Die zahlen dir eine Million Dollar für diesen kurzen Auftritt, und du willst dein Gesicht nicht zeigen? Das geht nicht, Michael.« Bis Michael schließlich gesagt hat: »Okay, but just for a sec.« Und dann hat er genau für eine Sekunde sein Gesicht gezeigt. Das fand ich sehr lustig.

STUCKRAD-BARRE: Aber bei einem Pepsi-Spot ging Michael Jackson in Flammen auf! Da haben seine Haare gebrannt, und die Brandverletzungen auf dem Kopf waren so schlimm, dass er starke chronische Schmerzen davontrug, die also seine Abhängigkeit von Betäubungsmitteln evoziert haben. Das war das andere Trauma. Das Urtrauma war der Vater, dieses prügelnde Arschloch, der ja eigentlich immer sagte: »Zeig das Gesicht, mach dies, tu das, damit ich die Millionen einsacken kann!« Der Vater, die Nemesis, klar – und dann eben Pepsi-Cola. Was natürlich eine dieser großen Ironien auch wieder ist, diese All-American Biography. Dass es dann wirklich Pepsi ist, die einen im Grunde ins Grab bezahlen.

SUTER: Ja, diesen Teil kannte ich nicht. Ich wusste nur: Just for a sec.

STUCKRAD-BARRE: For a sec! Im Frühstücksfernsehen, das wir ja auch sein wollen hier, würde man das als Überleitung nutzen zum sogenannten »Blick auf die Uhr«. Und ich stelle fest: Wir müssen jetzt aufhören zu arbeiten. Oder sagen wir besser: Wir müssen jetzt aufhören, unserem Beruf nachzugehen, denn jetzt kommt die Arbeit –

wir müssen zu unseren Familien. Das war so verabredet mit denen.

SUTER: Jetzt kommt die Arbeit.

STUCKRAD-BARRE: Ja, Schluss mit dem Vergnügen.

SUTER: Ja. Nein, das kann ich so nicht sagen.

STUCKRAD-BARRE: Ich auch nicht, deshalb habe ich es ja getan. Das war ja, wenn's denn einer war, der Witz. Und ein bisschen auch die Wahrheit. Sonst wär's ja kein guter Witz.

SUTER: Genau. Würde Harald Schmidt jetzt über den lachen?

STUCKRAD-BARRE: Das ist die Frage. Das sollte viel öfter wieder die Frage sein.

Ibiza

SUTER: Da ist zuerst das Betonungsproblem. Die Deutschen sagen Íbiza.

STUCKRAD-BARRE: Ibíza?

SUTER: Alle sagen Ibíza. Die Deutschen aber: Íbiza. Die Spanier sagen Ibíza, Eivissa sagen die Katalanen.

STUCKRAD-BARRE: Ibitha. Mit englischem th. Mit spuckendem ß.

SUTER: Nur in Deutschland sagt man eben …

STUCKRAD-BARRE: Íbiza.

SUTER: … Íbiza. Und ich bin eigentlich ein Verteidiger der Deutschen, die das so aussprechen, man darf ja fremde Wörter in seiner eigenen Sprache aussprechen, wie man will. Zum Beispiel sagen die Franzosen auch Pari. Wir Schweizer aber sagen Paris. Also darf man auch Íbiza sagen, obwohl es eigentlich Ibíza heißt.

STUCKRAD-BARRE: Also von dieser Insel, wie auch immer sie ausgesprochen wird, komme ich gerade, ich bin just vor ein paar Tagen aus Ibitha – wie wir in Westberlin sagen, in geraden Monaten – zurückgekommen. Und ich war zuvor nur einmal dort gewesen: als ich mal von einem Schiff geflogen bin.

SUTER: Du bist von einem Schiff geflogen?

STUCKRAD-BARRE: O ja. Wegen ungebührlichen Beneh-

mens bin ich mal von einem Kreuzfahrtschiff geschmis-
sen worden. Was ja als durchweg positiv zu betrachten
ist.

SUTER: Aber das war netterweise in einem Hafen?

STUCKRAD-BARRE: Klar, das schon. Das war freundlich.
Ein etwas pathetischer Abgang war es dennoch.

SUTER: Was hattest du denn gemacht?

STUCKRAD-BARRE: Och, das Übliche – also, mit dem
Nichtraucherschutz ist man auf Schiffen doch relativ pin-
gelig, habe ich erfahren müssen. Dies durchaus schon
berücksichtigend, bin ich immer eine Ecke weitergezo-
gen und habe dort weitergeraucht.

SUTER: Was hast du denn geraucht?

STUCKRAD-BARRE: Das entzieht sich meiner Kenntnis. Ich
vermute, es waren Mentholzigaretten, am Ende sind es
immer Mentholzigaretten. Aber egal, was es war, über
das Rauchen auf diesem Schiff gab es dann einige Mei-
nungsverschiedenheiten auf unterschiedlichen Ebenen.

SUTER: Zwischen dem Kapitän und dir.

STUCKRAD-BARRE: Sogar die Rettungsboote waren gegen
mich, hatte ich zum Schluss das Gefühl. Recht bald hatte
ich es mir relativ allumfassend verscherzt auf dem Schiff.
Es lief auch immer irgendein wichtiges Fußballspiel oder
so auf sehr großen Bildschirmen an Deck. Und ich dachte,
ich bringe ein bisschen Stimmung in die zweite Halbzeit,
indem ich den Stecker rausziehe.

SUTER: Ah, gut, ja.

STUCKRAD-BARRE: Das wurde kontrovers aufgenommen,
to say the least. Vor drei Jahren war das.

SUTER: Ach, ich dachte, vor zwanzig.

STUCKRAD-BARRE: Soweit ich weiß nicht. Und dann sagten die also, als alle Ecken vollgeraucht waren: »Wir sperren dich jetzt in deine Kajüte da ein, und wir schließen von außen zu.« Woraufhin ich bilanzierte: »Ihr blöden Nazis macht das auf gar keinen Fall. Ich bin ja nicht drei Jahre alt oder so.« Diese Erwiderung würde ich heute, mit etwas sogenanntem Abstand betrachtet, nicht mehr jedem in einer solchen Situation empfehlen. Des Weiteren sagte ich: »Einsperren, das wird nicht passieren. Dann gehe ich jetzt besser vom Schiff, aber ihr müsst meinen Koffer packen.« Und das haben die auch gemacht.

SUTER: Die haben da extra Leute für diesen Zweck, denn das passiert ja öfter.

STUCKRAD-BARRE: Und die wollen ja auch beschäftigt sein, nicht wahr? Da sind wir alle gefordert. Als ich ein paar Tage später meinen Kofferinhalt überprüfte, waren meine Lieblingsbadehose und mein Lieblingsschal fort. Und es ist ja klar, dass die jetzt nie wieder arbeiten müssen, diese Sicherheitsleute, die sich diese beiden Sachen fraglos angeeignet haben. Und in jener Nacht, als ich von dem Schiff flog, im Hafen Íbízás, da habe ich einen Mann kennengelernt, mit dem ich seitdem eine Art Bruderschaft unterhalte, weil auch er in jener Nacht irgendwo rausgeflogen war. Der besitzt ein Haus dort und hat mich auch jetzt da wohnen lassen, bei meinem nun zweiten Ibiza-Urlaub, der wieder sehr schattig verlief.

SUTER: Also der wurde auch rausgeschmissen …

STUCKRAD-BARRE: Irgendwo anders.

SUTER: … und hat gleich ein Haus gebaut?

STUCKRAD-BARRE: Aus seiner Ehe oder aus irgendwas war

der nun rausgeflogen an dem Abend, und dieses synchrone Rausfliegen, das hat uns direkt sehr miteinander verbunden. Und diesmal durfte ich also in seinem Haus wohnen für eine Woche und suchte natürlich – wie überall! – auch dort deine Spuren. Erinnerte ich mich doch, dass du ein paar Jahre lang auf Ibiza gewohnt hast. Es spielen ja sogar Bücher von dir AUF Ibiza. In Íbí, wie wir Gruppenreisenden sagen. Du als Profi, sagst du AUF oder sagst du IN Ibiza? IN Ibiza-Stadt ja mal auf jeden Fall, nicht?

SUTER: »In Ibiza«, das wäre die Stadt und »auf Ibiza« die Insel. So habe ich es immer gehalten.

STUCKRAD-BARRE: Wann war das, und wie lange hast du dort gewohnt?

SUTER: Ich glaube, ich war 1975 das erste Mal auf Ibiza, weil dort ein guter Freund von mir, der Jean Willi, lebt.

STUCKRAD-BARRE: Ein Hippie?

SUTER: Nein, nein, kein Hippie.

STUCKRAD-BARRE: Bist du ja auch im engeren Sinne eigentlich nicht, ein Hippie.

SUTER: Nein. Also ich bin nicht diese Art Hippie, der …

STUCKRAD-BARRE: Angst vor der Dusche hat.

SUTER: … den europäischen Winter in Goa und den europäischen Sommer auf Ibiza verbringt. Nein, ich war einfach ein Feriengast und habe über diesen Freund auf Ibiza auch Margrith kennengelernt. Nachdem wir einander vierzehn Jahre kennengelernt hatten, haben wir geheiratet, vor etwas über dreißig Jahren. Und schließlich haben wir in den achtziger Jahren, den späten achtziger Jahren, in der Altstadt von Ibiza einen Hausteil gekauft und haben, als ich aufhörte, Werbetexter zu sein, und anfing, Schriftsteller zu werden, da gewohnt. Margrith hat zu der Zeit eine Modekollektion gemacht, auch von dort aus eine Weile, und dann begonnen, Häuser zu bauen. Und das schönste Haus hat sie für uns auf Ibiza gebaut.

STUCKRAD-BARRE: Sie ist Architektin?

SUTER: Ja. Also sie war Modedesignerin und wurde Architektin, und sie hat auch das Haus in Guatemala gebaut, auch für andere Leute hat sie Häuser gebaut. Das schönste, das von Ibiza, haben wir aber inzwischen verkauft. Während über zwanzig Jahren haben wir die Hälfte des Jahres auf Ibiza verbracht. Niemand hat uns je von einem Schiff geworfen, und trotzdem sind wir dort hängengeblieben.

STUCKRAD-BARRE: Also zum einen hat es diesen Hippie-Aspekt, Ibiza, aber heutzutage hat sich das ja so komisch aufgelöst zu einer Modemöglichkeit von vielen. Er ist kaum noch in seiner orthodox ideologischen Form anzutreffen, der Hippie, also in Vollerfüllung des Rollenklischees.

SUTER: Ja, doch, es gibt schon Kolonien. Also ich kenne viele.

STUCKRAD-BARRE: Ja, aber neben dem klassischen Hippietum ist auf Ibiza inzwischen zu bestaunen der folgende Binnenwiderspruch: Hippies mit Geld. Das zählt irgendwie nicht so richtig.

SUTER: Es gibt schon solche, die kein Geld haben.

STUCKRAD-BARRE: Das ist meine Gang dann.

SUTER: Oder die mit sehr wenig Geld leben.

STUCKRAD-BARRE: Das wiederum tue ich nicht. Das andere ist aber dieser seltsame Schaumparty-Aspekt Ibizas, dieses Zigarrengedröhne und Getränkekühlkübelge-protze in so abgekordelten Todeszonen. Dieser ganz, ganz berühmte Club Pascha, den ich natürlich niemals je betreten werde, an dem ich immer bloß in einem Kreisverkehr vorbeifuhr und fand, daran vorbeizufahren, das ist die einzig würdewahrende Form, sich zu diesem Tristessetempel zu verhalten.

SUTER: Wahrscheinlich schon.

STUCKRAD-BARRE: Warst du jemals da drin, im Pascha?

SUTER: Ich war die ganze Zeit …

STUCKRAD-BARRE: Im Pascha?

SUTER: … seit 1975 nie in einer Disco. Das ist seltsam, ja.

STUCKRAD-BARRE: Nö.

SUTER: Aber gar nicht aus ideologischen Gründen. Es war einfach nur der Teil von Ibiza, der mich nie besonders oder überhaupt nicht interessiert hat. Ich war mehr an der Natur, der Landwirtschaft, der Architektur und so interessiert, und ich habe dort eine Art Schriftstellerdasein gepflegt. Ein Schriftsteller mit ein bisschen Landwirtschaft.

STUCKRAD-BARRE: Ach ja, das Pflegen des Schriftstellerdaseins. Mehr als die Landwirtschaft gehört allerdings der Nacht- und Club-Aspekt in der von mir gepflegten Daseinsform dazu, ich nenne es vornehm »Recherche«, und damit ist gewiss nicht der Ibiza-Pascha-Aspekt gemeint. Ach, keine Ahnung – möglicherweise ist es ganz, ganz toll da, und wir beide werden es niemals erfahren. Was ich als sehr entspannend empfinde.

SUTER: Ich weiß nicht, welche Art von toll. Also sicher, auf eine Art toll ist es schon, aber eine Art von toll, die ich selber nicht so toll finde. Das gibt's ja auch, oder? Wenn du in der Hochsaison in ein Flugzeug steigst, sei das in Berlin oder in Zürich, dann ist das voll von Leuten, die das toll finden, schon bevor sie ins Flugzeug einsteigen.

STUCKRAD-BARRE: Also man kann das Wort »toll« eigentlich nicht besser aussprechen, als du gerade, um sämtlichen Anspruch auf den Wortwert zu zerpulvern. Also »toll«, so intoniert, ist ja wirklich nur bedrohlich.

SUTER: Toll ist aber ein altmodisches Wort geworden.

STUCKRAD-BARRE: Ja, sehr. Auch Disco ist ein altmodisches Wort.

SUTER: Man sagt jetzt nur noch Klub, oder?

STUCKRAD-BARRE: Man sagt Club. Aber man sagt es mit C.

SUTER: Und man sagt jetzt nur noch mega, oder?

STUCKRAD-BARRE: Das kommt so ein ganz bisschen aufs Umfeld an. Ich dachte, »mega« sei lang überstanden. Aber gerade hörte ich es deine Tochter wieder sagen. »Mega!« In der Schweiz sagt man ja auch: »'s isch huere geil.«

SUTER: Huere geil, ja. Da treffen ein altmodisches und ein modernes Wort aufeinander. Wobei, »geil« gibt's ja auch schon lange, aber da hat sich die Bedeutung geändert. Vielleicht ist das die Chance von »toll«.

STUCKRAD-BARRE: Ein Comeback in anderer Bedeutung? Vielleicht können wir daran arbeiten, an einem Comeback des Wortes »toll«.

SUTER: Wollen wir das?

STUCKRAD-BARRE: Unbedingt. Da würde ich sofort eine Gesellschaft gründen, zur Pflege und Erhaltung von »toll«.

SUTER: Wollen wir dieses Gespräch anstatt »Ibiza« vielleicht »toll« nennen? Oder »tolles Ibiza«?

STUCKRAD-BARRE: »Ibiza ist toll«.

SUTER: Okay.

STUCKRAD-BARRE: Oder: »Das Pascha ist bestimmt toll.«

SUTER: Also, beim ersten Mal Ibiza bist du vom Schiff geflogen – und auch beim zweiten Mal war es schattig, sagtest du vorhin.

STUCKRAD-BARRE: In der Tat. Ich bin dort mit einer Frau gewesen und …

SUTER: Die war sicher toll.

STUCKRAD-BARRE: Ja, schon, aber speziell auf Ibiza dann konnte oder wollte sie diese Seite ihres Wesens nicht so zeigen, mir zumindest nicht. Und sie ist dann früher abgereist, also da war es dann alles nicht mehr ganz so toll.

SUTER: Aha.

STUCKRAD-BARRE: Also im Grunde musste ich dieses Mal auf dem Schiff bleiben. An Land zwar, im Hause dieses Notgemeinschaftskumpanen, das aber auf hoher See, auf eine Art.

SUTER: »Gefühlt«, wie man heute sagt.

STUCKRAD-BARRE: Es war alles so schrecklich. Aber du lachst. Das ist natürlich auch immer richtig.

SUTER: Entschuldige bitte. Ich finde das natürlich nicht lustig, wenn die Frau früher abreist.

STUCKRAD-BARRE: Aber da greift auch wieder Max Frisch, glaube ich. Der greift ja sowieso immer.

SUTER: Hat sie die Handtasche vergessen, wie in *Montauk*?

STUCKRAD-BARRE: Ja, Moment, darauf komme ich gleich noch gesondert, auf das Sachenvergessen. Was für ein

spektakulärer Cliffhanger, nicht? Gleich sage ich, was sie
vergessen hat! Wenn ich's nicht vergesse. Bei Max Frisch
also heißt es: »Krise ist ein produktiver Zustand. Man
muss ihr nur den Beigeschmack der Katastrophe nehmen.« Toll! Nicht?

SUTER: Also, das kann man auch banaler sagen: Man soll
die Krisen nicht so ernst nehmen.

STUCKRAD-BARRE: Ja, das ist genau mein Fehler: Ich nehme
Krisen sehr, sehr ernst, geradezu PERSÖNLICH. Na ja.
Was wurde nun vergessen wie die Handtasche in *Montauk*? Es waren neongelbe Badeschlappen, auch Badelat-
schen genannt. Zunächst: Auch ich lehne beide Wörter,
samt der zugehörigen Idee von Kleidungsangemessen-
heit, dramatisch ab.

SUTER: Da bin ich jetzt aber beruhigt. Traurig aber machen
sie dich trotzdem, diese Dinger. Hat sie sonst noch etwas
zurückgelassen? Also außer diesem etwas fragwürdigen
Schuhwerk – und natürlich dir?

STUCKRAD-BARRE: O ja. Es sind ja immer so uneigentliche
Sachen, die den Schmerz verursachen, weil sie die Ver-
nichtung des liebgewonnenen gemeinsamen ALLTAGS
versinnbildlichen also, wegen eines zurückgelassenen
Ringes oder so zu weinen, das ist ja lächerlich, das geht ja
praktisch nicht. Sonst ist man ja wirklich in einem deutschen Fernsehfilm. Nein, viel tragischer: die Aufladehal-
terungsapparatur für eine elektrische Zahnbürste.

SUTER: Das heißt, als die Batterie ihrer Zahnbürste dann
irgendwann leer war, musste sie wohl eine alte Zahnbürste benutzen. Und du warst nicht mehr dabei.

STUCKRAD-BARRE: Ja, dann muss man sich neu orientieren

auf dem Zahnbürstensektor. Und noch etwas hatte sie dagelassen im etwas trubeligen Aufbruch, etwas, das ich ihr zwar geschenkt hatte, aber nun vielleicht behalte. Unedle Rachegefühle spielen da leider mit hinein, Kleinkariertheit, Spießertum. Das ist ja das Furchtbare nach Beendigung solcher Liebeleien: dass man dann so Sachen tauschen muss. Sich noch mal treffen. Sich ganz souverän umarmen und gegenseitig aller möglichen Vorwürfe entlasten. Wenn das problemlos geht, zu einem frühen Zeitpunkt schon, dann war es sowieso alles nix.

SUTER: Ja, so Geschenke, die darf man behalten. Es wirkt ziemlich aggressiv, wenn man Geschenke zurückgibt.

STUCKRAD-BARRE: Ein weiteres Geschenk an sie, das sie auch nicht mitgenommen hat, habe ich dann einfach dortgelassen. Wegschmeißen wäre pathetisch gewesen, und es mitzunehmen, ihr wohl gar noch hinterherzutragen, das wäre ganz und gar demütigend gewesen.

SUTER: Ja, puh, dann …

STUCKRAD-BARRE: Ich empfinde dieses Sachen-Austauschen immer als einen tieftraurigen, sogar das zurückliegende Schöne noch nachträglich versauenden Vorgang. Wie wenn vor einem Fußballspiel die Vereinswimpel ausgetauscht werden zwischen den Kapitänen – nur eben andersherum, denn das Spiel ist ja vorüber.

SUTER: Ja, aber wenn du verlierst und sauer bist darüber, dann gibst du den Wimpel zurück, oder? Oder gilt man dann als ein schlechter Verlierer?

STUCKRAD-BARRE: Ein bisschen, ja.

SUTER: »Hier hast du deinen Scheißwimpel wieder zurück.«

STUCKRAD-BARRE: Wimpel ist ein seltsames Wort übrigens.

SUTER: Man tauscht ja auch nicht immer die Trikots, oder?

STUCKRAD-BARRE: Das hätte ich mal machen sollen mit ihr, Trikots tauschen. Das wäre ein guter Abgang gewesen. Also auf meinem stand »Pascha Ibiza«. Wirklich wahr, das hatte ich mir gekauft. Aus Protest natürlich! Man könnte auch sagen: aus Dummheit.

SUTER: Du bist aber jetzt sehr hart mit dir selbst. Sehr negativ, dunkel. Sollen wir vielleicht schnell das Thema wechseln?

STUCKRAD-BARRE: Gern. Reden wir doch einfach jetzt konzentriert über Pascha-Merchandisingmüll, das hilft bestimmt! Überall in Ibiza-Stadt und auf Ibiza gibt es ja so Läden, in denen man dieses grässliche Pascha-Zeugs kaufen kann, bedruckt, bewebt, beprägt mit diesem schauderhaften Pascha-Logo: Kirsche und Schriftzug. Entsetzlich. Musste ich natürlich dringend haben. Da gibt's alles, Handtücher, Becher, Kissen – sogar ein Monopolyspiel, ein eigenes Pascha-Monopoly.

SUTER: Ein Pascha-Monopoly, ja, da möchte ich jetzt aber wissen, welches die teuersten Straßen sind. Und was baut man da wohl hin? Einen Club wahrscheinlich. Mit C natürlich, wie ich jetzt gelernt habe.

STUCKRAD-BARRE: Eher wenig Olivenbäume, vermute ich. »Gehen Sie in das Gefängnis« konnte vermutlich beibehalten werden. Aber aus der Verliererstraße schlechthin, der Badstraße, wurde vielleicht eine Luftmatratze.

SUTER: Ja, das kann schon sein. Margrith, meine Frau, die war mal im Amnesia. Und zwar, als das gegründet wurde, da saß man so am Rand und tanzte ein bisschen zur Musik. Jetzt ist das Amnesia ja offenbar die bessere Disco als das Pascha, sagt man. Auch da war ich nie drin, aber ich kenne es von außen. Wenn ich von unserem Haus in die Stadt gefahren bin, führte die Straße am Amnesia vorbei. Und wenn man so um acht Uhr früh da entlangfuhr, da machte das Amnesia wohl gerade zu, und die Besucher torkelten nach Hause. Das kommt in meinem neuen …

STUCKRAD-BARRE: *Allmen und der Koi* vor.

SUTER: Spielt alles auf Ibiza.

STUCKRAD-BARRE: Die ISBN-Nummer allerdings, die weiß ich jetzt nicht auswendig. Ich bin auch nur ein Mensch, Martin – viele wird das überraschen. Dieser Fehler ist mir unterlaufen, ja. DA STEHE ICH AUCH ZU, wie man sagt. Können wir das vielleicht auch mal besprechen, dieses: »Und ich stehe da auch zu«, diese Todesformulierung? Das wird ja im sogenannten Brustton der Überzeugung in völlig egalen Zusammenhängen immerfort verwendet: Das stehe ich auch zu. Wenn das jemand sagt, dass er zu irgendwas auch steht, also, da lege ich mich dann lieber hin. Wir beide legen uns auf Ibiza, in Ibiza hinein, jedoch auf keinen Fall ins Pascha, richtig? Wobei – vielleicht sollten wir da doch mal zusammen hingehen.

SUTER: Auf gar keinen Fall. Es war für mich auch nie der reizvolle Mythos, das magische Haus. Nein. Für mich gehört das Pascha einfach zu den Gebäuden, die es dort gibt, aber …

STUCKRAD-BARRE: Folgenlos für dich.

SUTER: … es war nicht so verlockend für mich, dass ich dachte: Jetzt muss ich endlich mal ins Pascha! Oder so.

STUCKRAD-BARRE: Das wäre auch ein bisschen traurig.

SUTER: Wieso lädt mich nie jemand ins Pascha ein? Oder
so.

STUCKRAD-BARRE: Gut, wichtiger ist dir die Landwirtschaft, die wir, glaube ich, als einzelnes Thema noch mal
besprechen müssen. Viel zu interessant ist, was aus der
Olive werden kann.

SUTER: Musikalisch habe ich natürlich schon einiges mit-
gekriegt auf dem Land, weil die Diskotheken so laut Musik machen, dass man es über Kilometer hört. Und die
Musik, die ist inzwischen ja nicht mehr die Musik, die ich
gerne höre. Das ist ja diese … diese automatische Musik,
oder?

STUCKRAD-BARRE: Ein schöner Begriff dafür: automatisch. Ja.

SUTER: Ja, die läuft immer gleich.

STUCKRAD-BARRE: Das ist natürlich völliger Unfug, Martin, dass das immer gleich wäre, wiewohl das Repetitive
durchaus ein wichtiges Element ist in der elektronischen
Musik. Aber wenn nun du dich damit wahnsinnig gut
auskennen würdest, das wäre ja ganz und gar tragisch.
Das tue ja schon ich längst nicht mehr.

SUTER: Da bin ich beruhigt. Ich finde auch, damit sollte
man irgendwann aufhören, mit diesem Sich-Auskennen,
das macht einen nur noch älter, finde ich. Da kommen
dann die Jüngeren dran, und das ist auch gut so. Aber
diesen heutzutage offenbar zumeist sehr dominanten
Bass, den konnte ich gar nicht nicht mitkriegen auf Ibiza.
Bis weit zu uns aufs Land wurde der getragen, bis ins
Schlafzimmer natürlich auch.

STUCKRAD-BARRE: Ja, der kommt weit, so ein Bass. Diesbezüglich ein Held ist der Mann, der unter mir wohnt in Berlin, ein wirklich sehr, sehr netter Mann, der allen Grund hätte, sich über jeden Aspekt meines Wohnens zu beschweren, da hätte er wirklich alles Recht dazu. Tut er aber nicht. Er ist ganz freundlich und großzügig, hat einmal nur, bei einer zufälligen Begegnung im Treppenhaus, höflich angemerkt: »Die Musik …« Ja, entgegnete ich, ja, ich weiß, es ist zu laut, es ist viel zu laut. Darauf er: »Bässe, man hört nur Bässe, es kommen bei mir nur Bässe an.« Und das klang für mich gleich wieder so schön als Beschreibung von Musik. Das hätte ich auch gerne, nur Bässe. Aber in dem Moment war mir das natürlich peinlich, gerade weil er so nett blieb, so freundlich. Und seitdem habe ich unter meine Lautsprecher Handtücher gelegt, weil ich mir einbilde, dass das …

SUTER: Die Bässe schluckt? Interessant. Vielleicht hat er nicht gerne Bässe ohne die hohen Töne. Vielleicht müsstest du das einfach so einstellen, dass auch die hohen Töne für ihn gut zu hören sind.

STUCKRAD-BARRE: Vielleicht einfach ihm auch eine Box zur Verfügung stellen, Bluetooth-verbunden?

SUTER: Warum nicht? Frag ihn mal! Wenn du nur die Bässe hörst, kann es quälend sein. Das hat mich auf Ibiza besonders genervt, dieses isolierte Wummern: Wumm! Wumm! Wumm! Dabei wäre vielleicht …

STUCKRAD-BARRE: Aha, noch eine Melodie dazu.

SUTER: … eine Melodie dazu vielleicht …

STUCKRAD-BARRE: Das ist eine gute Anregung. Also: Handtuch weg, Höhen rein.

SUTER: Handtuch weg, Höhen rein.

STUCKRAD-BARRE: Mit dieser Parole würde ich sofort auf die Straße gehen, meinetwegen bis nach Karlsruhe! Also ich finde es bei Demonstrationen oft ein bisschen schwierig, mich da so hinter Schildern und den darauf zu lesenden Individualleiden zu versammeln, generell Schilder, wenn es nicht die von Obelix und Majestix sind: nix für mich. Aber »Bässe raus, Höhen rein!«, dahinter würde ich mich begeistert einfinden.

SUTER: Ja, vielleicht ist es die Stimme von Lady Gaga, die er vermisst. Du hörst das schöne Lied, teilst aber nur die Bässe mit der Nachbarschaft.

STUCKRAD-BARRE: Aha. Mein Fehler. Es muss noch lauter werden.

SUTER: Du kannst die Bässe ja ein wenig zurücknehmen und die Höhen ein bisschen voller aufdrehen. Das kannst du ja so mischen.

STUCKRAD-BARRE: Gut, dann mache ich das so.

SUTER: Ich nehme an, du hast eine Anlage, die mehr als nur einen Knopf für laut und leise hat?

STUCKRAD-BARRE: Nein, die steht im Keller. Eigentlich kommt es vom Telefon oder vom Computer und läuft in so Boxen hinein, die man nur lauter und leiser stellen kann. Verstärker oder Equalizer gibt es nicht mehr. Na ja, gibt's schon weiterhin, haben aber eigentlich nur noch Verrückte. In meiner Jugend haben diese Gerätschaften eine große Rolle gespielt, und wir alle dachten, dass wir alles mischen können und auch müssen – dass das im Grunde nur Vorschläge sind, die Mischungen aus den Abbey Road Studios oder so.

SUTER: Das ist wahr, es ist ja schon perfekt gemischt vom

Produzenten der Musik. Das schon, aber natürlich nicht …

STUCKRAD-BARRE: Natürlich nicht für meinen Nachbarn.

SUTER: … nicht in Hinblick auf den, nein. Ja, gut. Also – Ibiza.

STUCKRAD-BARRE: Ibiza.

SUTER: Das ist eigentlich wie mit deinem Nachbarn: zu laute Bässe …

STUCKRAD-BARRE: Zu wenig Höhen.

SUTER: … das ist Ibiza. Ja, wenn ich Ibiza musikalisch beschreiben müsste, würde ich das nur mittels Bässen tun.

STUCKRAD-BARRE: Ich finde, auch die Natur dort hat oder ist eine Art Generalbass. Ich versuche das gerade zu einer These auszuarbeiten, merke jedoch, es haut nicht hin.

SUTER: Versuch's nur weiter! Nicht so schnell aufgeben, mein Freund.

STUCKRAD-BARRE: Haut nicht hin, nein. Höhen rein, Bässe raus, das ist, was wir von Ibiza fordern. Gut.

SUTER: Und auch von deiner Wohnung.

STUCKRAD-BARRE: Okay, ja. Meine Wohnung ist ja im Grunde Ibiza IN EINER NUSSSCHALE. Stimmt übrigens auch schon wieder nicht. Überhaupt nicht. Heute ist wohl Tag der großen Thesen bei mir – und es kommt nur Unsinn. Eigentlich also: alles wie immer.

SUTER: Wie immer? Hm. Toll.

Kochen

STUCKRAD-BARRE: Gestern Abend hast du uns etwas gekocht oder gegart oder gebraten, ich weiß es gar nicht so genau, einen besonderen Fisch, den Black Cod. Und als du dich anschicktest, in der selbstverständlich offenen Küche dir zu schaffen zu machen, und dabei schwarze Handschuhe angezogen hast, wie ein Serienkiller, schwarze Gummihandschuhe, da hatte ich kurz ein bisschen Angst. Aber es galt nur der Keimvermeidung beim Fischzubereiten?

SUTER: Nein. Der Fisch ist ja mariniert in einer speziellen Sojamischung. Zwei Tage liegt er in dieser Marinade. Dann ist er ganz schwarz und klebrig.

STUCKRAD-BARRE: Also waren die Handschuhe eigentlich mal weiß?

SUTER: Nein. Man muss beim Kochen die Handschuhe immer farblich auf das …

STUCKRAD-BARRE: Nein, muss man nicht. Warum die Handschuhe?

SUTER: Weil du sonst schwarze Hände hast.

STUCKRAD-BARRE: Ah!

SUTER: Die kriegst du sonst nicht mehr unter den Nägeln raus, diese Marinade. Du willst ja nicht mit zwei marinierten Händen …

STUCKRAD-BARRE: Guten Abend sagen.

SUTER: … den Rest der Woche verbringen.

STUCKRAD-BARRE: Och! So herum gefragt – warum eigentlich nicht? Nun ist das etwas, was zum Beispiel mir komplett wesensfremd ist: zwei Tage vorher schon zu wissen, was ich in zwei Tagen esse, mit wem auch und wo, und das vorzubereiten. Also das ist ja ein Grad an Optimismus, der bemerkenswert ist.

SUTER: Es gibt eben gewisse Speisen, die man so planen muss. Nicht nur so seltene Tiere wie den Black Cod, der zweitausend Meter tief im Nordostpazifik lebt.

STUCKRAD-BARRE: Das ist so?

SUTER: Ja.

STUCKRAD-BARRE: Der Fisch, den wir gestern Abend aßen, schwamm zuvor zweitausend Meter tief im Nordostpazifik?

SUTER: Ich weiß jetzt nicht mehr, ob genau zweitausend Meter, aber es ist ein Tiefseefisch.

STUCKRAD-BARRE: Da hätte man ganz anders zugebissen, wenn man das gewusst hätte.

SUTER: Das nächste Mal sage ich es dazu. Du musst übrigens auch, wenn du eine Speise zubereitest wie zum Beispiel in der Schweiz eine ganz normale Speise, Suure Mocke …

STUCKRAD-BARRE: Wie viele Wörter sind das?

SUTER: … Saurer Mocken. Zwei. Der Mocken ist das Stück Fleisch, und sauer ist es, weil es in eine Mischung aus Wein und Essig und anderen Zutaten eingelegt wird.

STUCKRAD-BARRE: Also eigentlich Buchmesse?

SUTER: Du meinst zeitlich? Ja. Das kannst du bis zu einer

Woche so einlegen. Oder der Manzo Brasato, um den vornehmeren italienischen Bruder des Suure Mocke zu erwähnen. Der wird auch lange eingelegt.

STUCKRAD-BARRE: Also jetzt, muss ich sagen, jetzt verlasse ich dich gerade gedanklich.

SUTER: Ja, du hast ein schwieriges Thema gewählt.

STUCKRAD-BARRE: Ein offenbar wahnsinnig schwieriges. Ich dachte, wir reden ein bisschen – und landen schnell bei Käpt'n Iglo. Aber jetzt habe ich gleich zwei Sachen hintereinander nicht gewusst, können wir es wieder etwas ins Volkstümliche zurückholen, bitte? Wie hältst du es denn mit Fischstäbchen? Auch vorstellbar?

SUTER: Also Fischstäbchen mache ich selten.

STUCKRAD-BARRE: Dachte ich mir.

SUTER: Das ist halt so ein Kinderessen. Ich glaube, ich habe einmal Fischstäbchen gemacht für unsere Tochter, und die hat sie sehr gemocht. Es ist auch einfach, es ist ja schon zubereitet.

STUCKRAD-BARRE: Ist es nicht auch, ehrlich gesagt, relativ eklig? Es kommen ja dann furchtbare Wörter – also bei Fleisch heißt das dann »Formfleisch«. Auch so ein widerliches Wort ist »Krebsfleischimitat«. Wie viel Seelachsfilet ist eigentlich genau in Fischstäbchen? Wahrscheinlich eine einstellige Prozentzahl nur.

SUTER: Ist das Seelachsfilet?

STUCKRAD-BARRE: Nein, das ist, glaube ich, À LA BORDELAISE.

SUTER: Ich glaube, das ist meistens Kabeljau oder so was.

STUCKRAD-BARRE: Ja, irgend so ein Gemisch. Und dann diese Krümel drüber und fertig.

SUTER: Ja, paniert. Aber Fischstäbchen gibt's bei uns eigentlich nicht.

STUCKRAD-BARRE: Nein. Niemals! Du hast dich ja schon
zwei Tage vorher mit dem Menü von gestern befasst.

SUTER: Nein, nein, nicht erst …

STUCKRAD-BARRE: Wahrscheinlich musste man den im
Fischladen sogar vorher noch bestellen.

SUTER: Ja, genau.

STUCKRAD-BARRE: Wie lange vorher?

SUTER: Mindestens drei Tage, weil das nicht ein Fisch ist,
den du einfach so im Angebot hast, jeden Tag.

STUCKRAD-BARRE: Und wie berechnet man das dann? Wie
viel pro Person, wie viel Gramm Fisch?

SUTER: Also ich rechne mit etwa 200 Gramm pro Person.

STUCKRAD-BARRE: Aha. Also wir waren gestern Abend,
glaube ich, sieben Leute. Das wären dann 1400.

SUTER: Und weil du dabei warst, habe ich dann acht Portionen bestellt.

STUCKRAD-BARRE: Weil du bei mir weißt, dass ich immer
jemanden mitbringe, unüberraschend überraschend.

SUTER: Genau, ja. Das Rezept stammt übrigens von einem
Peruaner japanischer Herkunft.

STUCKRAD-BARRE: Bei mir dreht sich der Globus gerade
enorm schnell, aber mach weiter, ja.

SUTER: Der heißt Nobu.

STUCKRAD-BARRE: Aha. Jener Nobu? Bei dem die Deppen
einen Tisch kriegen wollen in Malibu?

SUTER: Ja?

STUCKRAD-BARRE: Ja. Die Hyperdeppen, wirklich.

SUTER: Und der hat dieses Rezept ein bisschen ausgebaut,

und das habe ich, natürlich leicht verbessert, mit Margrith nachgekocht.

STUCKRAD-BARRE: Ja, als Teilzeit-Hyperdepp darf ich feststellen, es war ein bisschen besser als bei Nobu. Und ist das Showkochen, wenn andere Menschen kommen, oder kochst du im Alltag auch?

SUTER: Also für die Familie koche ich manchmal auch.

STUCKRAD-BARRE: Was ist der Unterschied zwischen den Rezepten, die du kochst, und denen, die deine Frau kocht?

SUTER: Meine Frau kocht kreativer.

STUCKRAD-BARRE: Aha? Du verbesserst nur Nobu-Rezepte?

SUTER: Ich bin im Wesentlichen ein Rezeptkoch. Und meine Frau, die erfindet immer wieder Speisen, die umwerfend sind. Viele Jahre hat sie getan, als könne sie nicht kochen.

STUCKRAD-BARRE: Schlau!

SUTER: Und hat mich damit jahrelang gezwungen, alle Mahlzeiten zuzubereiten. Also ich sage nicht, wie so viele Männer: »Ach, jetzt koche ich mal was«, und danach arbeitet die Frau noch drei Stunden in der zerstörten Küche. Das Zubereiten der Mahlzeiten war einfach meine Aufgabe. Und erst als wir Kinder hatten, hat sie diese Maske fallen lassen und selbst zu kochen begonnen, viel besser als ich. Kürzlich habe ich übrigens etwas getan, was ich noch nie gemacht habe: ein Interview nach dem Gegenlesen abgelehnt. Da wollten mich Journalisten interviewen zum Thema der Speisen und Kochszenen in meinen Büchern. Ich dachte: Ja, das ist interessant, da gebe ich gerne Auskunft. Und dann haben wir uns getroffen. Nun, das merkst du ja sofort, wenn jemand keine Zeile aus deinem Buch gelesen hat und dich dann interviewt.

STUCKRAD-BARRE: Ja.

SUTER: Das habe ich schnell gemerkt, aber höflicherweise nichts gesagt und gedacht, vielleicht kriegen sie die Kurve dann schriftlich. Und dann kam dieser Text mit dem Begleitbrief: Hier ist der Text, bitte noch heute gegenlesen, morgen geht er in Druck. Mein erster Reflex war schon zu sagen: Ich brauche zwar nicht so lange zum Gegenlesen wie Sie zum Schreiben, aber so ungefähr ein Drittel der Zeit wäre mir angenehm. Aber dann habe ich gedacht, vielleicht ist es ja ein toller Text geworden. Ich fange an zu lesen, und schon der zweite Satz lautet: »Der passionierte Hobbykoch Martin Suter.«

STUCKRAD-BARRE: Juhu! Der passionierte Hobbykoch?

SUTER: Der passionierte Hobbykoch Martin Suter. Da habe ich gesagt …

STUCKRAD-BARRE: Jedes Wort ist eine …

SUTER: Ich ziehe es zurück.

STUCKRAD-BARRE: … ist eine Ohrfeige.

SUTER: Fand ich auch.

STUCKRAD-BARRE: Und zusammen ist es dann der helle Wahnsinn. Passionierter Hobbykoch? So kann man dich bezeichnen?

SUTER: Eben nicht.

STUCKRAD-BARRE: Passionierter Hobbykoch!

SUTER: Erhol dich.

STUCKRAD-BARRE: Der Kronenhallen-Doyen. Komm, lass uns weitere solche Dummkopfkomposita erfinden!

SUTER: Nur zu.

STUCKRAD-BARRE: Der Maßanzug-Martin-Walser. Der soignierte Ex-Werber. Der Gummihandschuh-Feingeist. Was ginge denn noch? Aber nein, schlimmer als »der passionierte Hobbykoch« geht's wohl wirklich nicht.

SUTER: Der Journalist hat mir dann geschrieben, er verstehe meine Reaktion nicht, da stehe nichts drin, was ich nicht gesagt hätte.

STUCKRAD-BARRE: Aha.

SUTER: Der letzte Satz seiner Antwort auf meine Absage lautete:

STUCKRAD-BARRE: Sie werden das noch bedauern!

SUTER: Nein: »Jetzt stehen wir schön dumm da.«

STUCKRAD-BARRE: Oh. Na ja, jetzt erst?

SUTER: Eine Steilvorlage, die ich nicht angenommen habe.

STUCKRAD-BARRE: Hast du nicht entgegnet: Schon, als Sie vor mir standen, war das der Fall?

SUTER: Nein, nein.

STUCKRAD-BARRE: Ich habe Sie nicht anders kennenlernen dürfen.

SUTER: Es war ein ganzer Strauß von Schlagfertigkeiten, die ich da hätte plazieren können. Aber ich habe geschwiegen.

STUCKRAD-BARRE: Nun, kommen wir wieder zurück in deine Küche. Ich kenne sie ehrlich gesagt nur aus so deutschem 20:15-Uhr-Schmonzes, diese Art Küchen. Also nicht nur wegen der Waffeneignung des sogenannten Messerblocks. Auch sind sie oft die Kulisse für eine Ehe, die auf hohem wirtschaftlichen Niveau bei gleichzeitiger Eiseskälte in totalem Schweigen geführt wird. Und da ist meist dann ein Mord nicht mehr weit entfernt. Also im *Tatort* stehen sie heutzutage eigentlich immer in so einer Küche rum, wie ihr sie habt. Bei euch gibt es aber diese Eiseskälte in der Ehe natürlich überhaupt nicht, sondern es ist ein herrliches Gescherze und Sprechen, wenn man euch besucht. Das ist angenehm. Trotzdem, diese Küche wirkt sehr professionell. Ich fragte dich ja gestern: Warum gibt es denn hier bitte zwei Herde direkt übereinander? Und ich wurde belehrt, das eine ist ein Herd, und das andere ist ein Dampfer.

SUTER: Ein Dämpfer.

STUCKRAD-BARRE: Ein Dämpfer. Und dann hast du aufgezählt, was der Dämpfer so dämpft, und dann war ich zu müde, noch weiter nachzufragen, obwohl ich es eigentlich immer noch nicht verstanden hatte. Erzeugt der einen Wasserdampf – oder was macht der Dämpfer?

SUTER: Der erzeugt Wasserdampf. Und Dampf ist ja, wie du weißt, heißer als kochendes Wasser.

STUCKRAD-BARRE: Ja.

SUTER: Und da kannst du in sehr kurzer Zeit sehr schonend und sehr gesund Gemüse, Fleisch, Fisch zubereiten. Fisch vor allem sehr gut.

STUCKRAD-BARRE: Wie ist das bei euch zu Hause gewesen, in deiner Kindheit, wer hat da gekocht?

SUTER: Zu Hause? Es gab verschiedene Phasen. Als wir kleiner waren, da hatten wir, was man heute nicht mehr sagen dürfte: Dienstmädchen. Die kamen meistens aus dem Badischen und haben ihre Menüs gekocht. Die waren oft sehr gut. Später hat meine Mutter gekocht, die konnte auch kochen, aber es war nicht ihre Passion.

STUCKRAD-BARRE: Keine passionierte Hobbyköchin also, sehr gut.

SUTER: Es gab Gerichte, die sie gut kochen konnte.

STUCKRAD-BARRE: Und dein Vater?

SUTER: Mein Vater? Jetzt, wo du es erwähnst, fällt mir auf: Nein, den habe ich nie kochen sehen.

STUCKRAD-BARRE: Ich meinen auch nicht. Also das Äußerste, was mein Vater da zuwege brachte, waren …

SUTER: Spiegeleier?

STUCKRAD-BARRE: Nein, noch nicht mal. Käsebrote, und zwar nur für sich selbst.

SUTER: Aha.

STUCKRAD-BARRE: Ja. Also es war so ein Ritual, abends um sieben oder acht spätestens: Nachrichtensendung schauen und dabei Käsebrote essen, sehr laut kauend. Und ein Bier spielte da noch eine Rolle, aus einer grünen Flasche immer. Exakt für ihn ausreichend, die Brote, mit Meerrettich bestrichener Käse. Das ist eine andere Generation Männer gewesen.

SUTER: Ich habe schon als Teenager gekocht, wenn meine Eltern Partys hatten, aber nur einfache Sachen.

STUCKRAD-BARRE: Was waren denn das für Partys? In welchem Jahrzehnt spielt das?

SUTER: Das spielt jetzt so in den frühen sechziger Jahren.

STUCKRAD-BARRE: Also noch vor dem Käseigel?

SUTER: Vermutlich schon. Zum Beispiel machte ich Raclette, im Garten. Damals gab es nicht diese Raclette-Öfelchen, da hatte man wirklich einen halben Laib Raclette-Käse und eine Steinplatte und ein Holzkohlenfeuer. Und da habe ich dann diesen Käse vor die Glut gelegt und als er schmolz, abgestreift und die Portionen durchs Fenster gereicht, man konnte das Feuer ja nicht im Haus machen, wir hatten in jenem Haus kein, wie du es nennst, Cheminée.

STUCKRAD-BARRE: Ich sage Chéminée.

SUTER: Und ich wurde dafür bezahlt.

STUCKRAD-BARRE: Ach ja?

SUTER: Ja, von meinen Eltern, und manchmal gaben auch die Gäste ein Trinkgeld. »Mmmh, das war aber ein gutes Raclette«, sagten sie und steckten mir was zu. Es war auch gar nicht so einfach, weil es in Zürich oft regnet. Und da hatte man zwei Probleme: Ich musste die Glut am Laufen halten, und ich musste mich irgendwie am Erfrieren hindern.

STUCKRAD-BARRE: Plus auch noch Pubertät.

SUTER: Natürlich. Ja, ja, immer die Pubertät im Nacken. Es war nicht einfach. Meine andere Spezialität war das Grillieren eines großen Stücks Fleisch, ein Stück Huft oder so. Irgendwie hatte ich das Talent, ohne Uhr das Fleisch so zu grillieren, dass es innen noch ein bisschen rosa war, aber nicht zu blutig, und außen knusprig. Das war dann aber in einem anderen Haus, mit Cheminée.

STUCKRAD-BARRE: Chéminée! Das habe ich doch gelernt, während meines Studiums hier. Heißt Kamin und wird auf der ersten und auf der dritten Silbe betont. »So sagt man dem«, sagen sie auch, die Schweizer. So sagen die dem. Wie nennt man eigentlich in der Schweiz eine Mensa?

SUTER: Ich habe doch nicht studiert.

STUCKRAD-BARRE: Ach, stimmt, du ja auch nicht.

SUTER: Pssst.

STUCKRAD-BARRE: Das ist ja, was dich mir so nahebringt. Du hast ja auch einfach gar keinen Tag studiert. Wir haben beide bloß so pseudo uns eingeschrieben, glaube ich, du auch, nicht?

SUTER: Ja.

STUCKRAD-BARRE: Für Germanistik.

SUTER: Ja, als Hörer war ich eingeschrieben, als Hörer nur. Ich habe Abitur gemacht, aber in England.

STUCKRAD-BARRE: Wo denn in England?

SUTER: Ein englisches Abitur mit A-Levels- und O-Levels. Die Universität London hat für die Overseas Students auf der ganzen Welt diese Prüfungen gemacht. Da hatte man damals, vielleicht gibt's das heute immer noch, einmal im Jahr in Zürich und einmal im Jahr in Genf diese Prüfungen. Und ich habe herausgefunden, dass das englische Schulsystem erlaubte, dass man sich aussuchen konnte, worin man geprüft werden will. Sehr detailliert sogar. Zum Beispiel: Ich möchte in griechischer Geschichte geprüft werden, aber nur über den Peloponnesischen Krieg. Und so habe ich dann meine A- und O-Levels gemacht, weil ich keine Ahnung von Mathematik hatte, von allen Naturwissenschaften keinen blassen Dunst und ich trotzdem dieses Abitur wollte. Das wurde aber nicht akzeptiert von den Schweizer Universitäten. An der Universität Basel meinten sie: »Sie können sich einfach als Hörer einschreiben, und nach einem Jahr machen wir eine Prüfung, dann entscheiden wir, ob Sie richtig als Student ...« Ich habe das Jahr nicht zu Ende gemacht. Ich habe vielleicht drei oder vier Vorlesungen besucht, und ich war in einem Seminar über Bertolt Brecht.

STUCKRAD-BARRE: Puh, wie langweilig.

SUTER: *Baal* oder *Trommeln in der Nacht.*

STUCKRAD-BARRE: O Gott. Das ist ja diese eine Seite, die Brecht hat und ja auch Max Frisch, wo sie beide ganz grauenhaft sind.

SUTER: Ich habe es auch ziemlich grauenhaft gefunden.

STUCKRAD-BARRE: Die Theaterstücke sind das Letzte. Das ist wirklich sozialdemokratisches Kasperletheater.

SUTER: Wobei ich die *Dreigroschenoper* praktisch auswendig kannte als Kind.

STUCKRAD-BARRE: Ja, die Lieder sind natürlich gut.

SUTER: Die sind gut, ja. »Da muss man sich doch einfach hinlegen«. Oder das *Schiff mit acht Segeln.*

STUCKRAD-BARRE: Und das *Liebeslied* von Brecht: »Man muss schon Schnaps getrunken haben, wenn man vor deinem Leibe stand.« Und so weiter. »Den Abendhimmel macht das Saufen / Sehr dunkel, manchmal violett.« Das ist sehr, sehr schön. Das entschuldigt dann auch alles andere.

SUTER: Mein Vater hatte all die 78er-Schellackplatten, darunter auch die *Kleine Niederdorfoper.* Und die konnte ich ebenfalls schnell auswendig.

STUCKRAD-BARRE: Jetzt bin ich ganz erschöpft vom Bertolt-Brecht-Überlegen gerade. Es ist furchtbar, wenn es einem nicht im Ganzen einfällt. Das ist peinlich. Man müsste das schon komplett draufhaben, aus dem Stand! Nachts aufgeweckt, müsste man das sofort vollständig aufsagen können. Unangenehm. »Den Abendhimmel

macht das Saufen …«, »im Hemd zu raufen« reimt sich
dann darauf. Das müssen wir bitte später noch mal genau prüfen. Wir kamen aber ja vom Kochen. Ich glaube,
Brecht hat nie gekocht. Das war jetzt wirklich eine
schlechte Überleitung, oder?

SUTER: Ja, aber sie kam mir ein bisschen zu früh, weil ich
noch was sagen wollte zu …

STUCKRAD-BARRE: Zu Brecht?

SUTER: … zu diesem Studium.

STUCKRAD-BARRE: Bitte, ja. Entschuldigung.

SUTER: Vielleicht nach zwei oder drei Wochen habe ich
gemerkt: Das Germanistikstudium wird mir innerhalb
kürzester Zeit die Freude am Lesen und Schreiben nehmen.

STUCKRAD-BARRE: Ja, das war auch meine Erwägung.

SUTER: War es auch?

STUCKRAD-BARRE: Ja. Ich hatte gehört, es wäre jetzt gut,
wenn ich für Germanistik und auch noch für Geschichte
oder so mich einschreibe. Ich wollte zu einem Radiosen-
der oder einer Zeitung oder so was, also einfach: schreiben dürfen und dafür Geld bekommen. Und da wurde
mir eben gesagt, es sei unerlässlich, dass ich dafür Germanistik studiere. Also bin ich zur Einführungswoche nach
Hamburg gegangen. Tag eins war so, dass alle im Schnei-
dersitz auf dem Linoleumboden saßen und erst mal stundenlang jammerten, dass die Mieten in Hamburg »echt
voll teuer« seien, »ich mein', tierischer Wucher«, exakt
das war der Wortlaut. Und da bin ich aufgestanden, habe
meine Tasche genommen und gesagt: »Liebe Freunde,
wisst ihr, was, das ist nicht mein Tempo. Tschüss.« Und

dann bin ich rausgegangen aus der Uni und nie mehr wiedergekommen, weil mir das einfach zu blöd war.

SUTER: Das war ja noch schneller als ich.

STUCKRAD-BARRE: Und ich habe mir gesagt: Das mag schon sein mit den Mieten, aber jetzt gehe ich halt arbeiten und bezahle Miete, was soll schon sein? Übrigens auch das Nichtkochen nahm da seinen Ursprung. Ich dachte, ich bin jetzt sozusagen Student, ich gehe zwar nicht mehr hin, bin aber Student, habe ja das sogenannte Semesterticket und kann damit noch ein halbes Jahr umsonst S-Bahn fahren, also bin ich jetzt Student und koche mir Miracoli, diese Tomatenmarkschmiere in Aluminium, mit Fertigspaghetti.

SUTER: Aha, kenne ich nicht.

STUCKRAD-BARRE: Das war mir klar, dass du das nicht kennst. Und dann schneidet man diese Parmesantüte auf, die auch zu diesem Miracoli-Set gehört, und da drin riecht es, man muss es mal in aller Klarheit sagen, nach Kotze. Es riecht einfach nach Kotze. Das war das eine Mal, dass ich versucht habe zu kochen. Als ich aber diesen Kotzegeruch des Parmesantütchens wahrnahm, habe ich das alles zusammengesammelt, weggeschmissen und beschlossen: Jetzt gehe ich wirklich arbeiten. Und das war's mit Kochen, das war's mit Studieren.

SUTER: Ja, in der Zeit habe ich auch noch ab und zu Fertiggerichte gekocht.

STUCKRAD-BARRE: Warmgemacht.

SUTER: Ich glaube, das war meistens Kalbsgeschnetzeltes.

STUCKRAD-BARRE: Iiiih! Also besonders bei Fleisch ist das ja wahnsinnig eklig, so Fertiggerichte.

SUTER: Ja. Es hat einen Geruch und einen Geschmack nach Packung, nicht nach Inhalt.

STUCKRAD-BARRE: Nein. Man denkt, wo steht jetzt noch mal das Wort Katzenfutter auf der Packung?

SUTER: Ja, so war das.

STUCKRAD-BARRE: Dann doch lieber Black Cod am Züriberg.

SUTER: Black Cod ist schon ein sehr guter Fisch.

STUCKRAD-BARRE: Es klingt wie ein Buch von dir, finde ich.

SUTER: Black Cod?

STUCKRAD-BARRE: *Black Cod am Züriberg.* Also ich sehe da schon jemanden sterben.

SUTER: Ich kann aber nicht *Allmen und der Black Cod* schreiben.

STUCKRAD-BARRE: Ich würde den Fisch weglassen. Ich glaube, das kann sonst kein Erfolg werden. Ich glaube, Allmen und ein Fisch, das funktioniert nicht. Wie dir ja auch die Kombination Kochen und Sex schon einen Wahnsinnsflop beschert hat. Nein, solltest du nicht machen. Auf keinen Fall. Stell dir mal vor, das wäre so ein Karpfen oder so. Es gibt doch diese Fische, wie heißen die denn, von denen es ganz teure gibt. Nicht der Kugelfisch, sondern?

SUTER: Koi.

STUCKRAD-BARRE: Nein, Black Koi.

SUTER: Ah, der Black Koi. Genau.

STUCKRAD-BARRE: Koi zum Beispiel würde ich auch nicht machen. Kois sind doch so ganz teure Fische, oder?

SUTER: Du nimmst mich jetzt auf den Arm, oder?

STUCKRAD-BARRE: Ja.

SUTER: Okay. Danke. Ach. Einen Moment lang war ich mir gar nicht sicher, ob ich vielleicht mal über einen Koi ein Buch geschrieben habe.

STUCKRAD-BARRE: Nein! Ich wollte dir von dem Koi erzählen, den der Fischreiher mal aus Dieter Bohlens Gartenteich rausgegessen hat.

SUTER: Dieter Bohlen hatte einen Koi?

STUCKRAD-BARRE: Dieter Bohlen ist ja jemand, der sehr wohl noch Veröffentlichungen mit Fischen machen darf. Und eine dieser Veröffentlichungen fand statt am für solcherlei die Kultur Schaffende genau richtigen Ort: in der *Bild*-Zeitung. Ist viele Jahre her, und wenn ich mich richtig erinnere, waren also im Gartenteich von Dieter Bohlen diese Black Cods oder Kois, das weiß ich nicht mehr, ich glaube Kois.

SUTER: Die Black Cods würden in den Untiefen des Teichs nicht überleben.

STUCKRAD-BARRE: Ja, der Koi hat es auch nicht überlebt, denn da kam der Fischreiher.

SUTER: Dann war es aber kein großer.

STUCKRAD-BARRE: Der hieß Thomas Anders und hat zugeschnappt. Nein, es war wohl wirklich ein Fischreiher, der da zugebissen hat. Und da war Dieter Bohlen sehr traurig und hat möglicherweise eine Ballade geschrieben. Oder auch ein sehr energetisches Lied, das aber natürlich – da von ihm – trotzdem ein ungeheuer traurig machendes Lied gewesen sein wird.

SUTER: Er hat ihn wahrscheinlich verklagt, den Fischreiher, oder?

STUCKRAD-BARRE: Nein, ich glaube, er war froh, dass er somit mal wieder in dieser Zeitung vorkommen durfte.

SUTER: Ist das ein Problem, das er hat? Oder vielleicht damals? Denn jetzt ist er ja oft in der Zeitung, oder?

STUCKRAD-BARRE: Ich glaube, jetzt auch wiederum nicht mehr. Es scheint ihm aber ein großes Bedürfnis gewesen zu sein. Auch als er in der Badewanne ausgerutscht ist …

SUTER: Er ist in der Badewanne ausgerutscht – und das stand dann in der Zeitung?

STUCKRAD-BARRE: Irgendwie so. Also wohl mit schmerzhaftem Verlauf in der Lendengegend. Das war damals auch so eine *Bild*-Zeitungs-Geschichte: »Fast entmannt« oder so.

SUTER: … beim Einstieg?

STUCKRAD-BARRE: Oder beim Ausstieg.

SUTER: Ja, da rutscht man.

STUCKRAD-BARRE: Woher, außer von ihm selbst, soll das diese Zeitung erfahren haben? Ich meine, die Badewanne, jetzt spricht die Badewanne, Folge 2 einer Serie? »Dieter Bohlen, so schlimm war es wirklich – jetzt spricht die Badewanne«. »Folge 3: Jetzt spricht das Quietscheentchen: Ja, ich habe es genau gesehen.« Also das hat er, glaube ich, dann doch eher selbst vermeldet. Eigentlich eine ganz rührende Arbeitsauffassung.

SUTER: Ja, gut, das ist ja auch ein Thema von öffentlichem Interesse, oder?

STUCKRAD-BARRE: Ja, nationalem Interesse. Was natürlich stark gegen die Nation spricht, aber so ist es nun mal.

SUTER: Er hat ja auch eine gewisse Pflicht.

STUCKRAD-BARRE: National Security, klar. Furchtbar.

Furchtbar, jetzt haben wir tatsächlich über Dieter Bohlen geredet. Dabei wollten wir doch eigentlich nur verhindern, dass der Allmen sich mal mit Fischen befasst.

SUTER: Genau. Der Black Cod wäre damit eigentlich abgehakt, oder?

STUCKRAD-BARRE: Wie bitte?

Rechnungen

SUTER: Es gibt die Frau, die einmal in der Woche unseren Hund in ihre Kita nimmt mit verschiedenen Hunden. Hunde sind ja Herdentiere.

STUCKRAD-BARRE: Kita im Sinne von …

SUTER: Kindertagesstätte, also Hundekindertages… Also »Hukita« wäre das.

STUCKRAD-BARRE: Klingt wie eine japanische Vorspeise.

SUTER: Ja.

STUCKRAD-BARRE: Wir nehmen erst mal ein Wasser mit, eins ohne und einmal ruhig schon das Hukita – und dann sehen wir weiter.

SUTER: Ist das gebacken oder einfach roh?

STUCKRAD-BARRE: Das kommt im Reismantel.

SUTER: Im Reismantel, ah, gut, ja. Also ja, wenn diese Hunde-Frau ihre Rechnung schickt, das bezahle ich relativ schnell, weil ich weiß, dass sie das nötig hat.

STUCKRAD-BARRE: Was kostet eine Stunde Hukita?

SUTER: Es geht nach Tagen. Ein Tag Hukita kostet, je nachdem, wie viele aufeinanderfolgende es sind, zwischen 70 und 80 Franken.

STUCKRAD-BARRE: Also jetzt sind wir gerade hier im Urlaub gemeinsam. Du bist hier einen Monat. Dann kostet das doch auch mindestens 1500 Franken, die Hukita.

SUTER: Ja. Aber du musst dann halt einen günstigen Hund kaufen, damit sich das wieder aufhebt, oder? Du darfst dann nicht einen 15 000-Franken-Hund kaufen, musst eher einen für 300 Franken nehmen.

STUCKRAD-BARRE: Ja, aber auch ein 20-Franken-Hund, das läppert sich: 1500 für einen Monat.

SUTER: Ja, gut, am Anfang wirkt das übertrieben. Aber wenn ich mir vorstelle, dass wir hier in diesem schönen Hotel sind …

STUCKRAD-BARRE: Wo eine Portion Hukita im Reismantel schon 1500 kostet.

SUTER: Genau, ja. Und wir dann immer streiten würden, wer muss jetzt mit dem Hund spazieren gehen.

STUCKRAD-BARRE: Vor allem würden wir beide uns dann auch nicht treffen. Da würdest du dahingehend natürlich auch emotional stark draufzahlen.

SUTER: Das ist auch wahr. Jedenfalls bezahle ich die immer sofort, die Rechnungen der Hukita-Frau. Aber dann gibt es andere Rechnungen natürlich. Ach, mittlerweile bezahle ich eigentlich alle Rechnungen einfach regelmäßig. Und ich habe auch Hilfe dabei, wenn ich das jetzt mal so ausdrücken darf.

STUCKRAD-BARRE: In einem Hotel wie diesem musst du das sogar so ausdrücken, sonst geht's abends direkt ohne Hukita-Parfait ins Bett.

SUTER: Meine Buchhaltung wird immer organisierter, je älter ich werde. Als ich jung war, da blieben Rechnungen liegen. Und ich weiß nicht, ob du das Phänomen kennst, wenn etwas liegenbleibt: Je länger es liegenbleibt, desto weniger bist du motiviert, es zu erledigen, oder?

STUCKRAD-BARRE: Klar, normal.

SUTER: Und das Verdrängen von Rechnungen ist etwas, das einem nicht guttut.

STUCKRAD-BARRE: Gar nicht, nein. Und es wird auch vom Rechnungssteller gemischt aufgenommen.

SUTER: Ja, ja, genau. Ich habe mal, als ich so Mitte zwanzig war, eine Arztrechnung nicht bezahlt. Ich weiß nicht mehr, warum. Nach einer gewissen Zeit kam eine Mahnung, eine ganz formelle. Auch die ist liegengeblieben. Und dann kam wieder eine Mahnung, und auch die ist liegengeblieben, aber aktiv, nicht einfach nur passiv. Ich musste es dann so verdrängen, dass ich die nicht bezahlt hatte, dass ich sie schlicht nicht mehr bezahlen *konnte*.

STUCKRAD-BARRE: Also hast du das Verdrängen auch mechanisch ausgeführt und sie auf dem Küchentisch ein bisschen weiter in die Ecke geschoben, und sie ist somit eigentlich gar nicht liegengeblieben, sondern sie war in Bewegung, eben damit sie liegenbleiben kann?

SUTER: Ja, sie wurde aktiv …

STUCKRAD-BARRE: Verschoben?

SUTER: … nicht bezahlt. Zuerst passiv nicht bezahlt, das geht ja. Doch dann aktiv. Und eines Tages, ich weiß nicht, vielleicht nach einem Jahr …

STUCKRAD-BARRE: Das heißt »Betreibung« in der Schweiz, nicht? Kenne ich noch gut aus meinen Zürcher Jahren. Die kommt dann, die Betreibung, nicht?

SUTER: Die Betreibung käme dann in der Schweiz. Aber es kam was viel Besseres. Es kam ein kurzer handgeschriebener Brief dieses Arztes, und der lautete ungefähr: Sehr geehrter Herr Suter …

STUCKRAD-BARRE: Sie sind ja noch kränker, als ich gedacht habe!

SUTER: Sehr geehrter Herr Suter, sagen Sie mir doch von Mann zu Mann, weshalb Sie meine Rechnung nicht bezahlen – Punkt.

STUCKRAD-BARRE: Von Mann zu Mann? War das ein Urologe oder was?

SUTER: Nein.

STUCKRAD-BARRE: Was ist denn »von Mann zu Mann« für eine Cowboy-Scheiße?

SUTER: Ja, er wollte … er hat mich …

STUCKRAD-BARRE: Was soll denn das heißen? Zum Duell fordern?

SUTER: Praktisch, ja. Im Sinn von: Dann kommen Sie doch her und sagen mir …

STUCKRAD-BARRE: Um die Mittagsstunde.

SUTER: … ich zahle Ihre Rechnung nicht, weil ich keine Lust habe, Ihre Rechnung zu bezahlen oder so. »Von Mann zu Mann«, das hat er wirklich geschrieben. Und es hat gewirkt. Ich habe noch am gleichen Tag diese Rechnung bezahlt, die übrigens gar nicht mal hoch gewesen war.

STUCKRAD-BARRE: Aber wahrscheinlich schon mit Säumniszuschlag?

SUTER: Nein, er hat einfach gesagt: Ja, jetzt komm mal und schau mir in die Augen.

STUCKRAD-BARRE: Hast du per Hand zurückgeschrieben, »Nein!« – und zwei Patronenhülsen beigelegt? Oder Pferdehufe, irgend so was?

SUTER: Ich habe bezahlt, habe handgeschrieben um Entschuldigung gebeten und ihm einen Früchtekorb mit Champagner und Kaviar geschickt. Nein, das nun auch nicht. Ich habe einfach gesagt: Ja, es tut mir leid, ich weiß selber nicht, was da passiert ist. Und: The cheque is on the way.

STUCKRAD-BARRE: Ah, also die größte Lüge des Showbusiness!

SUTER: Genau.

STUCKRAD-BARRE: Also ich habe gerade sehr viele Rechnungen mit hierher in den Urlaub genommen. So vierzig Kuverts ungefähr.

SUTER: Das ist eben das Blöde am Internet, oder? Man kann nicht mehr sagen: Ich bin jetzt im Urlaub, ich kann Ihre Rechnung erst später bezahlen.

STUCKRAD-BARRE: Ja, das Problem ist auch: »Urlaub« ist zu vage. Es interessiert ja jetzt den Rechnungssteller nicht allzu sehr das Private, bis zur Pfändung jedenfalls, sondern nur, ob du zahlst oder nicht. Ich bin im Urlaub an der Ostsee, tut mir bestimmt gut, mal die Seele baumeln lassen, mal durchpusten lassen, steife Brise und so weiter, vor allem für die Kinder ist es toll – also, das interessiert die ja eher weniger. Die interessiert nur: Hast du Geld – oder willst du Scherereien mit uns? Ich bin ja sowieso zumeist nicht da, also räumlich. Jetzt war ich zum Beispiel wieder ganz lange nicht in meiner Wohnung, weil ich ja nicht so gut wohnen kann. Ich bin so ungern in meiner Wohnung, seit März gar nicht mehr. Und jetzt ist August oder so.

SUTER: Das interessiert deine Empfänger auch nicht.

STUCKRAD-BARRE: Ich war nur mal kurz da, um die Ausrüstung zu wechseln, weil die Jahreszeit sich ja verändert hat – auch die Jahreszeit im Briefkasten übrigens. Ich nenne es den Briefkastenherbst. Denn auch diese in Rede stehenden Briefe ändern mit der abnehmenden Flexibilität und Großherzigkeit und mit der darob zunehmenden Humorlosigkeit der Rechnungssteller ja ihre Farben. Sie werden zunächst grau. Man denkt: Toll, die Umwelt und so weiter, aber Vorsicht! Grau heißt, es wird ein bisschen ernster jetzt. Aus der Bitte wird eine Aufforderung, bei Grau aber noch relativ höflich. Dann, nächste Eskalationsstufe: Blau. Gelb später, Rot wohl gar: ganz schwierig.

SUTER: Aha.

STUCKRAD-BARRE: Wenn es Gelb wird, sollte es bald Geld werden da bei denen. Und man sagt sich, ach, wie waren nur die Tage unbeschwert, als alle so heimelig grau waren. Bei Rot spätestens sollte man noch im Treppenhaus hastig öffnen und gucken, welches Gefängnis in der Nähe sich befindet, wegen Nachsendeantrag und so, und ob man wenigstens noch Guthaben auf dem Handy hat, um also zumindest den Anwalt anzurufen. Das ist die Situation, Martin. Und die habe ich jetzt hier mitgebracht und habe die Abarbeitung dieses bedrohlich bunten Packens natürlich abermals verschoben. Es ist ja auch jeden Tag so viel zu tun hier: nichts! Was ja am schwierigsten ist, also, damit klarzukommen. Und weißt du, jetzt war so viel Wind, dann geht das auch wieder nicht draußen auf der Terrasse, die zu sortieren und Muscheln draufzulegen. Muss man auch verstehen, nicht?

SUTER: Das glaubt dir kein Mensch, wenn du sagst: Der

Wind an der Ostsee hat mir die Rechnung weggeblasen, deswegen kann ich sie nicht bezahlen.

STUCKRAD-BARRE: Nein. Aber ich wollte eben Muscheln drauflegen oder Steine jetzt vielleicht sogar, wegen des doch stärker gewordenen Windes, und dann sortieren: Ursprungsrechnung, erste Mahnung, zweite Mahnung, siebte, fünfte, totales Durcheinander, die achte, die dritte – und dann die Todesanzeige in eigener Sache. Und diesem Verlauf bei dessen Sortierung noch mal nachsinnen und sagen: Es war eine schöne Zeit. Die Ursprungsrechnung braucht man für die Buchhaltung oder für die Krankenkasse oder zum Trocknen der Tränen. Und die letzte Mahnung oder eben die Aufforderung zum Duell um die Mittagsstunde, die enthält ja dann den inzwischen zu bezahlenden Betrag, der natürlich höher ist als der Ursprungsbetrag, durch Mahngebühren, Anwalt vielleicht schon. Erst fünf Euro, dann zwanzig – und dann werden sie ein bisschen unverhältnismäßig.

SUTER: Und das wird nicht rückerstattet von der Kasse.

STUCKRAD-BARRE: Nein. Etwas zügiger sich rühren muss man, wenn von außen schon Amtsstempel oder so Kurfürstendamm-Anwaltkanzleien als Absender erkennbar sind. Bei mir sind es meistens tatsächlich Arztrechnungen, weil ich im Grunde hauptberuflich zum Arzt gehe. Also ich gehe wahnsinnig gerne zum Arzt.

SUTER: Kann ich nachvollziehen. Es ist auch eine der wenigen Sorten Rechnungen, die von jemand anderem bezahlt werden.

STUCKRAD-BARRE: Ja, herrlich. Ich habe eine App von meiner Krankenkasse, und mit der kann man die Rechnungen einscannen, einfach ein Foto machen, auf »Einreichen« drücken, ffffft!, weg – schon ist es bei der Kasse! Auch abgestempelte Rezepte: Ffffft!, eingereicht, noch in der Apotheke, sonst versiffen die eh wieder zwischen Gratistaschentüchern und so Minigummibärchentüten – »Sie haben doch einen Sohn«. Ich sammle in allen Hotels die Briefkuverts aus den Schreibtischen ein, grundsätzlich, ich lebe ja praktisch nur in Hotels, solange ich mir das noch leisten kann, aber jetzt, also da ich immerhin schon mal die Farben mal durchsortiert habe, ziehe ich demnächst wahrscheinlich wieder zu Hause ein, aus aktuellem Anlass. Diese Hotel-Briefumschläge jedenfalls, die nehme ich immer mit, aus Sentimentalität. Ich habe eine riesige, die Welt umspannende Briefpapier- und Briefumschlagsammlung, da ist ja immer die Hotelabsenderadresse draufgedruckt. Ich komme mir dann immer sehr weltmännisch vor, wenn ich die so auffächere, rastlos natürlich auch, du verstehst. Und man schickt ja doch bloß wenige Briefe heutzutage. Man muss sagen, kaum bis eigentlich gar keine. Außer Liebesbriefe, nicht? Meiner Freundin schicke ich schon ab und zu Briefe – ansonsten nur an die Krankenkasse, bis vor kurzem, jetzt ist es damit vorbei, seit es diese App gibt. Zuvor habe ich eben immer all die Arztrechnungen und Rezepte in diesen wunderschönen Grand-Hotel-Valparaiso-Kuverts oder so verschickt, dunkles Beige vom Chopin-Hotel. Wobei das vielleicht auch dumm war, es könnte beim Sachbearbeiter eventuell leichte Aggressionen erzeugt haben: Konnten wir leider nicht in voller Höhe erstatten und so weiter.

SUTER: Ja, wenn du sagst: Ich kann leider die Rechnung nicht …

STUCKRAD-BARRE: … 1600 Euro Ohrenarzt, schön und gut, aber muss das jetzt wirklich aus den Hamptons kommen?

SUTER: Ja.

STUCKRAD-BARRE: Also das entfällt jetzt durch die App. Aber bezahlen tue ich es eigentlich trotzdem nicht. Manchmal, wenn ich mein Leben so ganz lachhaft IN DEN GRIFF BEKOMMEN möchte, zwischendurch mal, wenn es also diesen Unfugsschub gibt, dann gehe ich immer in den Schreibwarenladen und kaufe neue Stifte, neue Blöcke und so. Hardware kaufen. Statt mit der alten einfach mal zu arbeiten: neue kaufen! Und dann eben doch mal kurz nach Hause, all die Briefumschläge öffnen und alles darin Geforderte erledigen, endlich bezahlen. Und es hat ja, *Apotheken-Umschau*-Binse hin oder her, wirklich einen kathartischen Effekt, jedes Mal. Es ist ein bisschen anstrengend, aber wenn man schön laut Musik dabei hört, geht es eigentlich. Schickst denn du noch an andere Leuten Briefe als an deine Krankenkasse? An deine Freundin ja in dem Sinne schon mal nicht, wohnst du doch mit deiner Freundin zusammen, die ja deine Frau geworden ist.

SUTER: Ihr schreibe ich schon manchmal.

STUCKRAD-BARRE: Wirklich? Du schickst ihr manchmal einen Brief – an eure gemeinsame Adresse? Wie romantisch!

SUTER: An unsere Adresse schreibe ich nie, nein.

STUCKRAD-BARRE: Das wäre doch toll, mach das mal!

SUTER: Ja, ja. Gut, es ist ein bisschen selten, aber ich schreibe auch sonst Briefe. Manchmal schreibe ich Briefe an Leserinnen und Leser, die um ein Autogramm bitten.

STUCKRAD-BARRE: Ja, das entfällt bei mir natürlich.

SUTER: Das entfällt bei dir?

STUCKRAD-BARRE: Ja, die kommen direkt vorbei.

SUTER: Ach so. Weißt du, noch was zu dem Rechnungsthema …

STUCKRAD-BARRE: Du bezahlst ja besoffen. Ich kann es bezeugen! Im letzten Herbst habe ich dich mal angerufen, und da warst du ein bisschen angedüdelt und hast gesagt, du zahlst gerade »Rächnige«. Wenn du so ein bisschen blau bist, schlägt das Schweizerdeutsch bei dir ja etwas stärker durch, das korreliert eigentlich präzise bei dir: Alkohol- und Schweizerdeutschpegel. Also, da am Telefon sagtest du mir, ebendieses »Rächnigezahle«, das könntest du eigentlich nur betrunken machen. Und um mich, der ich ja nüchtern war, rhetorisch behutsam ins Gespräch einzufädeln, sagte ich unfassbar abgeschmackt so was Aufmunterndes von der Stange: »Ja, Martin, ist doch aber schön, wenn man es dann erledigt hat.« Und da sagtest du: »Nein, mich reut jeder einzelne Rappen, jeder Stutz.« Sehr sweet.

SUTER: Weißt du, mit den Mahnungen, das ist auch etwas, was mich beschäftigt. Das Nervigste sind humoristische Mahnungen. Bekommst du humoristische Mahnungen?

STUCKRAD-BARRE: Weiß ich gar nicht, weil ich sie ja eben nicht öffne. Möglicherweise entgehen mir dadurch große Perlen des Humors. Aber ab dem grauen Umschlag entfällt der Humor sowieso, beidseitig. Wie gehen die denn, humoristische Mahnungen?

SUTER: Zum Beispiel schreiben die dann: »Wir schon wieder. Dabei haben Sie diese Rechnung bestimmt gerade bezahlt, und das kreuzt sich mit diesem Schreiben. Dann entschuldigen wir für uns hiermit für diese briefliche Belästigung und wünschen Ihnen weiterhin alles Gute, Ihr Betreibungsamt sowieso« oder so.

STUCKRAD-BARRE: Das ist lästig. Das ist wie die Weihnachtsfeier, wo der Abteilungsleiter plötzlich steilgeht und als Beyoncé kommt oder so. Das will man nicht.

SUTER: Nein.

STUCKRAD-BARRE: Ich will eine klare Trennung von Amt und Privatleben. Ich trenne ja auch zwischen meiner Ehe und meinem Privatleben.

SUTER: Ja, ich finde auch, man sollte das trennen.

STUCKRAD-BARRE: Humor ist ja was für Könner. Man möchte genauso wenig einen lustigen Arzt haben wie sich von einem Komiker operieren lassen.

SUTER: Es ist eigentlich eine Verarschung des Schuldners. Das heißt: Wissen Sie, in Klammern, zwischen den Zeilen. Uns geht es ja gut. Uns ist es eigentlich im Grunde genommen scheißegal, ob Sie diese Rechnung bezahlen oder nicht.

STUCKRAD-BARRE: Das sogenannte Augenzwinkern!

SUTER: Genau.

STUCKRAD-BARRE: Das mich überhaupt stört. Humorerzeugung ist eine durchaus ernste Sache, ein richtiger Beruf. Es gibt Menschen, die das können, und bei denen ist das doch ganz gut aufgehoben – die sollen dafür auch

gern mit Geld zugeschüttet werden. Und dann gibt's
Leute, die sind mehr so Typ Büroklammer und Klarsicht-
folie und »Geh mal auf Einstellungen«, und die sollen
eben genau das machen und dafür auch mit Geld zugeschüttet werden, aber wenn sie witzeln, sollte der Preis
sinken. Mit Humor mögen sie mich gar nicht behelligen,
bitte. Das wird doch sonst nur unangenehm immer, für
alle.

SUTER: Ich bin mir fast sicher, dass – während wir hier
plaudern – deine Freundin still und heimlich dabei ist,
deine Rechnungen zu begleichen. Und du kommst runter, und sie sagt: Schatz, ich habe eine Überraschung!
Oder: Häschen, ich habe eine Überraschung.

STUCKRAD-BARRE: Martin! Das ist eine Invektive an beide.
Das ist doch überhaupt nicht nötig jetzt. Schatz oder
Häschen? Also bitte! Ich nenne sie Sweetlove. Ich nenne
sie HeyLove. Und Lovey!

SUTER: Ja? Hey, Lovey!

STUCKRAD-BARRE: Lovey. HeyLove. Sweetlove. Ich habe
sehr viele Spitznamen für sie. Du auch für deine Frau?

SUTER: HeyHoney.

STUCKRAD-BARRE: Honey? Nein, Honey sicher nicht.

SUTER: Nicht Honey?

STUCKRAD-BARRE: Wie nennst du deine Frau?

SUTER: Don't honey me.

STUCKRAD-BARRE: Don't you honey me. Don't you bull-
shit me: Also, wie heißt deine Frau nun, aus deinem
Munde?

SUTER: Das sage ich nicht.

STUCKRAD-BARRE: Jedenfalls, meine Freundin ist und wäre

so was von niemals Häschen. Weißt du, was sie zur Stunde macht? Sie ist …

SUTER: Im Pool?

STUCKRAD-BARRE: Also noch mehr das Gegenteil machen von Rechnungen bezahlen kann man nicht. Was glaubst du, was sie gerade macht?

SUTER: Dann ist sie wahrscheinlich …

STUCKRAD-BARRE: Ich weiß es genau.

SUTER: … am Kaschmir-Kaufen.

STUCKRAD-BARRE: Am Kaschmir-Kaufen?

SUTER: Na, das Gegenteil von Rechnungen bezahlen ist doch Geld ausgeben, oder? Oder nein, es ist ja nicht das Geld …

STUCKRAD-BARRE: Überhaupt nicht.

SUTER: Du hast recht. Da lag ich falsch. Man bezahlt ja Rechnungen, indem man eine Gegenleistung, die man schon bezogen hat, honoriert.

STUCKRAD-BARRE: Es ist ja auch eine sehr kurzfristige Rechnung, die man im Kaschmirladen zu begleichen hat – da kommt der Pullover, zack!, und dann kommt die Rechnung direkt. Sagst du mir dann auch, was deine Frau gerade macht, wenn ich jetzt erzähle, was …?

SUTER: Ja.

STUCKRAD-BARRE: Das sollte schon auf beiderseitigem Sich-Äußern beruhen, unser Vertrauensverhältnis, Martin.

SUTER: Natürlich!

STUCKRAD-BARRE: Meine Freundin bezahlt gerade so was von überhaupt nicht meine Rechnungen. Viel besser: Sie hat sich aufgemacht zum Pool – und liest dort Nietzsche.

SUTER: Dann hatte ich aber halb recht: Pool war richtig!

STUCKRAD-BARRE: Ja, aber Nietzsche lesen, das ist doch ein bisschen was anderes, als einen Kaschmirpullover kaufen. Nietzsche kratzt ja. Nietzsche kratzt sehr.

SUTER: Am Pool?

STUCKRAD-BARRE: Nietzsche-Lesen am Pool, das finde ich – also, das versetzt mich in erneut starkes Verliebtsein sogleich.

SUTER: Logisch.

STUCKRAD-BARRE: Also, das finde ich ganz toll.

SUTER: Das finde ich auch, ja.

STUCKRAD-BARRE: Auch toll zum Beispiel finde ich, am Pool zu liegen und alles Mögliche auf die Rechnung setzen zu lassen. »Ich schreib's aufs Zimmer«, heißt es dann. Beim Verlassen des Hotels muss man halt auf irgendeine seiner Karten gucken: Welche hat noch Humor? Das ist manchmal ein bisschen peinlich. Ist es dir schon mal so gegangen, dass eine deiner Platinkarten nicht funktionierte?

SUTER: Schon oft.

STUCKRAD-BARRE: Aus Gründen, die du zu verantworten hattest?

SUTER: Hm.

STUCKRAD-BARRE: Dieses Schweigen ist eine Verhöhnung der Opfer.

SUTER: Das ist ja eine Rechnung, die automatisch bezahlt wird, die Rechnung der Kreditkarte.

STUCKRAD-BARRE: Na ja, aber wenn du damit schon ganz gut Rechnungen beglichen hast in einem Monat, dann sagt ja die Karte irgendwann: You're over budget, honey.

Die nennt einen Honey, Häschen, meine Karte. Bis 10 000 zumindest. Dann weist sie mich zurück und sagt, sie braucht jetzt mal eine Pause.

SUTER: Ja, das ist mir schon lange nicht mehr passiert.

STUCKRAD-BARRE: Ist ein doofes Gefühl.

SUTER: Es ist ein sehr doofes Gefühl, ja. An das Gefühl kann ich mich schon noch erinnern.

STUCKRAD-BARRE: Da muss man an der Rezeption dann sagen: »Da bin ich jetzt auch überfragt.« Das schafft erst mal Luft.

SUTER: Oder man muss sagen …

STUCKRAD-BARRE: Ich kann mir das auch nicht erklären!

SUTER: … vor fünf Minuten hat sie noch funktioniert.

STUCKRAD-BARRE: Im Kaschmirladen!

SUTER: Ja, genau.

STUCKRAD-BARRE: Das ist oft ein bisschen unangenehm bei der Abreise dann, aber wenigstens wird es nur einmal unangenehm und nicht jeden Tag, weißt du? Deshalb bleibe ich immer so lange in den Hotels. Clever, hm?

SUTER: Als ich das erste Mal für GEO in den USA war, besaß ich noch keine Kreditkarte. Da musste ich die Hotels im Voraus bezahlen. Furchtbar.

STUCKRAD-BARRE: Es ist eigentlich das meiste furchtbar, wenn man überhaupt nachdenkt. Das ist wieder was für den Grabstein: »Es ist das meiste furchtbar, wenn man überhaupt nachdenkt.« Meinst du, die haben Kommata bei der Grabsteingravur?

SUTER: Das will ich schon hoffen.

STUCKRAD-BARRE: Das will ich auch hoffen. Obwohl natürlich kurze Sätze sich da anbieten. Nebensätze wirken gleich so psalmig. Bei Karl Kraus steht einfach nur »Karl Kraus«, das finde ich sehr gut.

SUTER: Ja, da hat er sicher lange Testamente geschrieben dafür.

STUCKRAD-BARRE: Und was steht bei Marcuse?

SUTER: Was Langes?

STUCKRAD-BARRE: Ganz und gar nicht – nur: »Weitermachen!« Also du musst mich da ein bisschen unterstützen bei diesen Rechnungen, bitte. Mich jeden Tag mal so beiläufig fragen: »Und die Rechnungen hast du schon …?«

SUTER: Vielleicht jeden Tag zwei, drei bezahlen?

STUCKRAD-BARRE: Eigentlich musst du ab sofort eine humoristische Mahnung pro Tag an mich richten. Nein, musst du nicht.

SUTER: Ach, ich würde das schon machen, aber nicht honorarfrei. Und das würde ich dann gerne bar bezahlt haben. Ich weiß ja jetzt, wie du Rechnungen …

STUCKRAD-BARRE: Ja.

SUTER: Ja, das ist eine Unart, dass man Rechnungen nicht ernst nimmt, oder?

STUCKRAD-BARRE: Es ist ja aber auch ein Psychodruck, den die da ausüben oft. So viele Zahlen, Fristen, gar keine Emotionen. Eigentlich könnte ich die verklagen. Ich bin ja sehr labil.

SUTER: Ach ja?

STUCKRAD-BARRE: Also diese Farbveränderung der Umschläge, das ist ja psychische Gewalt.

SUTER: Ich glaube, das gibt es bei uns nicht, diese Farbveränderung der Umschläge.

STUCKRAD-BARRE: Ich habe in der Schweiz ja auch schon

gewohnt, demzufolge also Mahnungen auch dort erhalten, Betreibungen. Die sind ganz nett in der Schweiz, eine Weile lang, das stimmt. Es wird aber auch dort irgendwann ein bisschen handfester. Bei eher kleinen Sachen, kurioserweise. Wenn man ein Parkticket nicht bezahlt hat, dann wird man bei der Einreise plötzlich rausgewunken, das kommt wirklich vor. Also, bei euch kommunizieren die verschiedenen Ämter schon auf eine sehr intensive Weise miteinander.

SUTER: Das glaube ich gern.

STUCKRAD-BARRE: Ja. Und ich hatte immer Angst bei der Einreise in die Schweiz nach meinem Wegzug dort, der etwas, na ja, ungeordnet erfolgte im Jahr 2006 – danach hatte ich immer Angst, wenn ich in die Schweiz komme, dass ich sofort festgenommen werde, die Acht machen muss, wie man sagt. Kennst du das?

SUTER: Nein.

STUCKRAD-BARRE: Ein häufiger Satz von so Leuten, die eher steuerneutral einigermaßen nebulösen Business-Modellen in Übersee nachgehen: »Wenn ich nach Zürich fliegen würde jetzt, müsste ich direkt die Acht machen.« Das heißt: Handschellen.

SUTER: Aha. Die Acht.

STUCKRAD-BARRE: Ja. Die Acht machen. Man kriegt die Acht gemacht. Und ich hatte immer Angst vor dieser Acht, obwohl das eigentlich meine Lieblingszahl ist, weil ich Kreditkartenbetrug in der Schweiz begangen habe. Ich kann es jetzt sagen, weil es wohl verjährt ist. Früher hatten die doch im Taxi immer diese Ritschratschdinger im Kofferraum.

SUTER: Ja, ja.

STUCKRAD-BARRE: Das war noch nicht elektronisch verbunden. Sie sagten: »Kreditkarte, ja, Moment, da muss ich zum Kofferraum.« Und dann holten sie unterm Warndreieck so einen völlig verlotterten unsinnigen Prägeapparat hervor, in den man die Karte reinsteckte und der dann die darauf gestanzten Angaben – ritsch, ratsch – auf so ein Durchschlagsformular, gelbes Papier, weißes Papier, durchkohlte irgendwie. Das lief mehr so auf Vertrauensbasis. Die Kreditkarten, die ich dort benutzte, waren eigentlich nicht mehr einsatzfähig. Nur eben zum Taxifahren noch: »Ah, mit Kreditkarte? Gern. Kofferraum.« Ritsch, ratsch, wird schon gutgehen. Und weil ich eben gehört hatte, dass diese Ämter bei euch miteinander ganz gut im Gespräch sind, befürchtete ich lange danach noch bei jedem Wiederbetreten der Schweiz, dass ich da mit der Acht am Flughafen Kloten verbleiben muss.

SUTER: Ja, das könnte passieren. Ich war mal in so einer Situation in Österreich. Ich habe über ein Jahr in Wien gearbeitet und mein Auto aus der Schweiz mitgenommen. Dann hat sich das jemand geborgt, mein Schweizer Auto.

STUCKRAD-BARRE: Ein Freund von dir?

SUTER: Ja, ja. Und der ist dann zu schnell gefahren und erwischt worden, gebüßt worden.

STUCKRAD-BARRE: Buße, genau.

SUTER: Natürlich.

STUCKRAD-BARRE: Die Buße. Das ist so christlich gleich, wie das bei euch heißt: »die Buße«. Buße tun! Wir sagen »Bußgeld«. Aber wir zahlen es auch nicht immer.

SUTER: Wie sagt ihr? Bußgeld? Ja, bei uns heißt es Buße.

STUCKRAD-BARRE: Und dann? Musstest du die bezahlen?

SUTER: Nein, aber mir lastete man ein Zollvergehen an. Ich habe ein unverzolltes Auto einem Österreicher gegeben. Das heißt, er fuhr mit einem unverzollten Auto.

STUCKRAD-BARRE: Durch welches Land fuhr der denn?

SUTER: Österreich, in Wien wurde er erwischt.

STUCKRAD-BARRE: Er fuhr weiterhin in Österreich, und da hätte er dein Auto verzollen müssen? Aber du hast es ihm doch nicht geschenkt, sondern nur geliehen, dortselbst.

SUTER: Ja, aber dass ich es ihm geliehen hatte war insofern illegal, als es nicht verzollt war.

STUCKRAD-BARRE: Aber es ist ja kein Geld geflossen, du hast es ihm unentgeltlich geliehen.

SUTER: Trotzdem. Das war ein Gebrauchtwagen, ein alter Rover, den ich vielleicht für 3000 Franken gekauft hatte in der Schweiz. Die haben mir den Gegenwert von 8000 Franken in Rechnung gestellt. Das wäre der Zollwert dieses Rovers gewesen. Ich musste ihn dann praktisch bei Nacht und Nebel in die Schweiz zurückfahren und mit dem Zug wieder zurück nach Wien.

STUCKRAD-BARRE: Nacht und Nebel – das klingt aber nicht nach 8000 Franken bezahlen.

SUTER: Nein, ich habe nie einen Gedanken daran verschwendet, 8000 Franken Zoll für das 3000-Franken-Auto zu bezahlen.

STUCKRAD-BARRE: Aber kam da also eine Rechnung, und die hast du nicht bezahlt?

SUTER: Ja. Und dann kamen Mahnungen. Und dann kam

schriftlich: »Das nächste Mal, wenn Sie die Grenze nach Österreich übertreten, werden Sie verhaftet, denn Sie sind jetzt auf der Fahndungsliste.«

STUCKRAD-BARRE: Du bist in Österreich zur Fahndung ausgeschrieben?

SUTER: Ich war zur Fahndung ausgeschrieben.

STUCKRAD-BARRE: Toll! Machst du in Wien Lesungen?

SUTER: Ja, inzwischen schon. Das alles ist ja lange her.

STUCKRAD-BARRE: Hast du dich erkundigt, wann so was verjährt und so?

SUTER: Ja. Ich wurde von einer Werbeagentur eingeladen, um dort eine Kampagne zu machen. Da musste ich sagen: »Ich kann leider nicht mehr nach Österreich einreisen.«

STUCKRAD-BARRE: Das ist ja schick!

SUTER: »Ich bin zur Fahndung ausgeschrieben.«

STUCKRAD-BARRE: Wow.

SUTER: Und dann hat mir der Inhaber der Werbeagentur gesagt: »Ich bin aber befreundet mit ...« Es war nicht der Kreisky, aber so was.

STUCKRAD-BARRE: Ach, Österreich!

SUTER: »Wenn du am Zoll Probleme hast, ruf mich an, dann hole ich dich da raus.«

STUCKRAD-BARRE: So ist komplett Österreich organisiert.

SUTER: Auf jeden Fall musste ich nicht die Acht machen. Und seither war ich mehrmals wieder in Österreich, und ich glaube, ich bin dort wieder, ja, wie sagt man, unbescholten? Da ist dieses Zollvergehen ...

STUCKRAD-BARRE: Gemessen an der Kriegsschuld!

SUTER: ... von 1972, glaube ich, verjährt, oder?

STUCKRAD-BARRE: Ja, ja. Aber hattest du auch dieses komische Gefühl, das ich bei Betreten der Schweiz langsam nur verloren habe, dass du ein bisschen zittrig warst bei der Einreise?

SUTER: Damals schon. Da bin ich sicher zehn Jahre nicht mehr nach Österreich gefahren.

STUCKRAD-BARRE: Aber dass du mal zur Fahndung ausgeschrieben warst in Österreich, also damit sollte man einen Aufkleber für deine Bücher machen.

SUTER: »Er war mal zur Fahndung …«, ja.

STUCKRAD-BARRE: Also dass du überhaupt so ein bisschen krimineller wirkst.

SUTER: Du meinst, damit sich das ein bisschen selbsterlebt liest?

STUCKRAD-BARRE: Ja. Mache ich ja auch. Ich bin ja deshalb extra drogenabhängig geworden, damit meine Bücher stimmen.

SUTER: Aha. Dafür.

STUCKRAD-BARRE: Ich habe mir das vorher alles ausgedacht, und dann musste ich hinterher das Leben entsprechend führen.

SUTER: In der Reihenfolge.

STUCKRAD-BARRE: Ja. Das Leben imitiert die Kunst. Man kennt das.

SUTER: Das ist wahr. Aber sag mal, können wir das Rechnungsproblem überhaupt lösen? Oder sollen wir einfach feststellen: Rechnungen bezahlen ist nichts für Künstler.

STUCKRAD-BARRE: Ja, das ist so ein Künstlertum, das ich wiederum ablehne.

SUTER: Dann bleibt uns nichts anderes übrig, als die Rechnungen zu bezahlen.

STUCKRAD-BARRE: Scheint so, ja. Das ist sonst wirklich kurz vor: sich den Schal umbinden und in Schwarz-Weiß am Fluss stehen, nachdenklich. So einen Matineeschal umwerfen, ins Ungefähre gucken und schwierig sein. Das ist bescheuert.

SUTER: Eben, das würde man mit seiner Würde bezahlen, teuer bezahlen. Dann doch lieber mit Geld.

Siri

STUCKRAD-BARRE: So, Martin, wir haben heute einen Gast in unserer Runde. Schön, dass sie den ganzen weiten Weg aus dem Internet hierhergekommen ist.

SIRI: Okay, ich habe im Internet Folgendes zu »Martin WM heute einen Gast ein Motorroller sehr schön, dass sie den ganzen weiten Weg aus« gefunden.

STUCKRAD-BARRE: Ja, so kann man es natürlich auch sagen. Martin Weltmeisterschaft, bekannt für seine Motorrollerfahrten, kam hier direkt ins Hotel gefahren, wie angeblich die Band Led Zeppelin mal ins Chateau Marmont. Aber das ist schon auch sehr abstrakt.

SIRI: Hier ist deine Nachricht. Bereit zum Senden?

STUCKRAD-BARRE: Oh.

SIRI: Bekannt für seine Mutter, Wallfahrten, kann ich direkt ins Hotel gefahren wie angeblich die Band Led Zeppelin mal ins Schattenmammon. Adidas ich schon ausseh' – abstrakt.

STUCKRAD-BARRE: Also Siri, da muss ich sagen, das ist mir dann doch zu expressionistisch. Nein, das geht nicht, Siri, du musst es noch mal versuchen. Also SMS an Martin Suter: Lieber Martin.

SIRI: Hier ist deine Nachricht. Bereit zum Senden?

STUCKRAD-BARRE: Nein, ich nicht. Du denn?

SIRI: Alles klar, ich werde sie jetzt noch nicht senden.

STUCKRAD-BARRE: Mal langsam, Siri, langsam. Martin, liest du bitte mal vor, was sie da jetzt gerade als bereit zum an dich Senden empfindet?

SUTER: (liest) »Das ist mir dann doch zu expressionistisch, dass er da ja kein Wort des Geri Siri muss noch mal probieren, also SMS an Martin Suter, lieber Martin.«

STUCKRAD-BARRE: Das endet mit »lieber Martin«?

SUTER: Komisch, ja.

STUCKRAD-BARRE: Hat es Siri irgendwie nicht so leicht? Hat die eine kleine Lernschwäche – oder was ist da los?

SUTER: Ja, also wenn ich das jetzt so lese, was sie sich notiert hat: »Nenne mich lieber Martin komische Siri irgendwie nicht so leicht Ergebnis im Lernsprechen oder was da los ist, wenn ich das jetzt so lese, was ich bis jetzt notiert habe …«

STUCKRAD-BARRE: Puh, ist das eine Nervensäge. Betriebssabotage!

SIRI: Okay.

STUCKRAD-BARRE: Aha, jetzt reagiert sie kurzangebunden, jetzt wird sie schmallippig. OKAYYY.

SUTER: (liest) »Dass er da ja kein Wort des Geri Siri muss noch mal probieren also.«

STUCKRAD-BARRE: Geri Siri? Ich dachte, dein Kolumnenheld heißt Geri Weibel. Das muss sie in der Tat noch mal versuchen.

SUTER: (liest) »An Martin Suter, lieber Martin.« Du musst nicht so schnell schreiben, Siri! Schreib lieber langsam, aber genau.

SIRI: Hier ist deine Nachricht. Bereit zum Senden?

STUCKRAD-BARRE: An wen? »An Sam«. Wer ist denn Sam?

SUTER: Weiß ich auch nicht.

SIRI: Welche Person?

SUTER: Na ja, entweder Samira privat oder Samira Mobiltelefon.

SIRI: Welche Nummer von Samira soll ich nehmen?

STUCKRAD-BARRE: Wir wissen noch nicht mal, wer Samira ist und was wir der sagen sollen. Jetzt mach doch mal langsam, Siri. Ein Stress ist das mit dir. – Ah, sie überlegt. Das ist doch schon mal ein Fortschritt.

SIRI: Welche Nummer von Samira soll ich nehmen?

SUTER: Keine.

STUCKRAD-BARRE: Penetrant, oder? Nirgends anrufen.

SIRI: Welche Nummer von Samira soll ich nehmen?

STUCKRAD-BARRE: Keine Nummer. Niemanden anrufen, Siri!

SIRI: Alles klar. Sage mir einfach, wenn ich dir behilflich sein kann.

STUCKRAD-BARRE: Ja, das war jetzt auch von mir ein bisschen zu emotional, entschuldige bitte. Es tut mir leid.

SUTER: Jetzt kennen wir uns erst seit ein paar Minuten, und schon ist dieser gehässige Ton zwischen uns entstanden.

STUCKRAD-BARRE: *The Thrill Is Gone* von Chet Baker. Siri, kennst du das Lied *The Thrill Is Gone*?

SIRI: Ich habe leider nichts Passendes dazu in Apple Music oder in deiner Mediathek gefunden.

STUCKRAD-BARRE: Siri, welches Lied von Chet Baker ist das schönste?

SIRI: Das ist *I Fall In Love Too Easily*.

STUCKRAD-BARRE: Aha, NOW WE'RE TALKING, Siri!

I Fall In Love Too Easily also? Super. Mach mal an. Ja,
Siri, das ist doch schön. Jetzt klappt es doch. (singt) »I fall
in love too easily«.

SIRI: Dies ist nicht möglich. Deine Safari-App ist nicht in-
stalliert.

STUCKRAD-BARRE: Ich weiß. Aber ich wollte ja eigentlich
auch *The Thrill Is Gone* hören, Siri, da darfst du ja nun
nicht dein Versagen mir anlasten. Siri, jetzt bitte das Lied
von Chet Baker, das heißt *The Thrill Is Gone*.

SIRI: Darauf habe ich leider keine Antwort.

STUCKRAD-BARRE: Ich weiß, Siri, das ist jetzt sehr viel auf
einmal, was du so auf einmal erfährst und mitmachen
musst. Aber ich wäre einfach nicht ehrlich, wenn ich dir
das nicht sagen würde.

SIRI: Ich verstehe: Siri, das ist jetzt viel Wasser auf einmal
erfährst und mitmachen musst, aber ich will einfach ehrlich, wenn ich das nicht sagen würde nicht. – Wenn du
möchtest, schaue ich im Internet nach!

STUCKRAD-BARRE: Also Siri, dafür, dass du erst wenige
Jahre in Deutschland bist, ist deine Sprache schon ziemlich gut.

SUTER: Kannst du nicht einfach Musik spielen? Einfach
etwas Schönes von Chet Baker? Bitte.

STUCKRAD-BARRE: Oh, ein emotionaler Eisschrank überlegt.

SIRI: Ich habe Schwierigkeiten, das zu spielen.

SUTER: Was hättest du dann? Was könntest du denn spielen
ohne Schwierigkeiten, liebe Siri? Überleg mal.

STUCKRAD-BARRE: Das ist die Schweizer Siri, oder? Sie
überlegt weiterhin. Die ist ja wahnsinnig retardiert.

SIRI: Ich habe Schwierigkeiten, das zu spielen.

STUCKRAD-BARRE: Siri, um uns das bloß ein weiteres Mal sagen zu können, brauchst du dermaßen lange? Was ist denn los mit dir? Können wir irgendwie helfen?

SIRI: Ich brauche nur wenig.

SUTER: Aber viel Zeit.

STUCKRAD-BARRE: Ich finde auch, für das Wenige ganz schön viel Aufwand. Siri, wie heißt das nächste Buch von Martin Suter?

SIRI: Okay, hier sind die Kontaktinformationen für Martin Suter.

STUCKRAD-BARRE: Ja, aber ich kann ihn jetzt nicht anrufen, der ist gerade im Gespräch. Martin Suter hat keine Zeit, der ist im Flugzeugmodus und hat sein Handy hier in die Vase geworfen.

SUTER: Ja, wirklich wahr.

STUCKRAD-BARRE: Also, jetzt können wir doch mal ganz offen reden, Siri. Wie findest du Martin Suter?

SIRI: Ich sehe keine App dafür. Downloade eine entsprechende.

STUCKRAD-BARRE: Um dich zu mögen, braucht sie eine App, Martin? Downloade eine entsprechende. Hm.

SUTER: Da braucht man keine App, um mich zu mögen.

STUCKRAD-BARRE: Nein.

SIRI: Tut mir leid, das kann ich nicht tun.

SUTER: Du musst gar nichts tun, ich habe gar nichts verlangt von dir. Es ist ein normales Gespräch zwischen zwei Erwachsenen.

SIRI: Tut mir leid, ich bin mir nicht sicher, ob ich das verstehe.

STUCKRAD-BARRE: Wahnsinn, die ist so …

SIRI: Ich denke auch.

STUCKRAD-BARRE: Viel zu zergrübelt.

SUTER: Ich denke auch, aber ich sehe, dass du nicht denkst.

SIRI: Ich verstehe: Ich denke auch, aber, ja, ich sehe, ich
sehe, dass du nicht denkst, nicht. – Wenn du möchtest,
schaue ich im Internet nach.

STUCKRAD-BARRE: Ja, Siri, da würdest du dann das Lied
finden *Wenn du denkst, du denkst, dann denkst du nur,
du denkst.* Aber dann wirst du auch nur wieder vor-
wurfsvoll reagieren, also besser nicht.

SIRI: Lass mich mal im iTunes Store schauen.

STUCKRAD-BARRE: Auf keinen Fall lasse ich dich im iTunes
schauen, nein, nein, nein! Hör jetzt auf! Siri, weißt du
überhaupt mein Kennwort für den Shop da? Ich selbst
weiß den nämlich gar nicht mehr. – Überlegt, überlegt,
überlegt.

SIRI: Tut mir leid, hat Shop keine Geräte auf iCloud.

STUCKRAD-BARRE: Tja, Siri. Und was nun? Hast du Geld
dabei?

SIRI: Es tut mir leid, Apple Cash ist hier nicht verfügbar.

STUCKRAD-BARRE: Es geht auch nicht um Apple Cash.
Das Gegenteil. Bitcoins sind gefragt.

SIRI: Ich weiß nicht, was ich darauf antworten soll.

STUCKRAD-BARRE: Ja, die Frage danach ist die Antwort
darauf, Siri. Ist das von Wittgenstein?

SIRI: Ich weiß leider nicht, von wem »Frage danach ist die
Antwort darauf« ist. Das hier habe ich gefunden.

STUCKRAD-BARRE: Weißt du denn wenigstens, wie der Roman von Thomas Bernhard heißt?

SIRI: Ich weiß leider nicht, von wem Roman von Thomas Bernhard heißt ist.

STUCKRAD-BARRE: Siehst du, es ist ein Geben und Nehmen hier, so mag ich es gerne. Fördern und Fordern. *Wittgensteins Neffe*. Unbedingt lesen.

SUTER: (liest) »Unbedingt lesen.«

STUCKRAD-BARRE: Ja. Da kommt das Wort Weinflaschenstöpselfabrikant drin vor. Habe ich sehr gerne, das Wort. Oder, nee, das ist in *Auslöschung*.

SUTER: (liest) »Stöpsel?«

STUCKRAD-BARRE: Weinflaschenstöpselfabrikant. Siri, findest du im Internet das Wort Weinflaschenstöpselfabrikant?

SIRI: Ich bin mir nicht sicher …

STUCKRAD-BARRE: Ach!

SIRI: … ob ich das richtig verstanden habe. Weinflaschenstöpsellieferant.

STUCKRAD-BARRE: Weinflaschenstöpselfabrikant!

SIRI: Was genau suchst du? Wein- und Spirituosengeschäfte, oder?

STUCKRAD-BARRE: Ja, jetzt um die Zeit noch nicht. Da finde ich sie vor allem. Das Suchen geht später los.

SIRI: Ich kann einen Ort für dich suchen, wenn ich weiß, wo du bist. Wähle in den Systemeinstellungen Sicherheit und dann Privatsphäre. Aktiviere unter Ortungsdienste die Option Siri und Diktat.

STUCKRAD-BARRE: Nice try. Nice try.

SUTER: Du bist ein bisschen stur, Siri. Kannst du mal sagen, was stur auf Englisch heißt?

SIRI: Das hier habe ich gefunden.

STUCKRAD-BARRE: Die findet immer ganz viel, allerdings so Zeugs, das überhaupt nicht die Frage berührt.

SUTER: (liest) »Obstinate.«

STUCKRAD-BARRE: (liest) »Ich steige auf dem Hauptbahnhof aus, du bist jetzt rundum …« Was ist denn jetzt bitte los? Sie ist eine verdammte Stalkerin?

SUTER: Gibt es »obstinate« in einem Song? »You are so obstinate« oder so was.

STUCKRAD-BARRE: (singt) You are so obstinate – to me. Can't you see?

SIRI: Hier ist der iTunes Store.

SUTER: Den würde ich auch selber finden, aber »You are so obstinate« oder »obstinate«?

SIRI: Ich werde darauf nicht antworten.

SUTER: (liest) »Aber du Arschloch Abstinenzler.«

STUCKRAD-BARRE: Du Arschloch Abstinenzler?

SUTER: Hat *sie* geschrieben. Kein Mensch hat solche Ausdrücke hier gebraucht. Und du fängst an, so zu reden, Siri. Pfui!

SIRI: Ich weiß nicht, was ich darauf antworten soll.

SUTER: Ja. Du könntest auch mal in dich gehen.

SIRI: Du hast 25 E-Mails seit gestern.

STUCKRAD-BARRE: Jetzt vom Thema ablenken, super.

SIRI: Um 13:28 Uhr hast du eine E-Mail mit folgendem Titel bekommen. Möchtest du den nächsten Eintrag hören?

SUTER: Ja, natürlich bitte.

SIRI: Das dachte ich mir.

STUCKRAD-BARRE: Dass Martin das hören will?

SIRI: Ich denke auch.

STUCKRAD-BARRE: Ach, Siri!

SUTER: Okay. Dann hopp, hopp.

SIRI: Okay.

STUCKRAD-BARRE: Siri, bis wann hat denn der iTunes Store heute auf?

SIRI: Ich kann einen Ort für dich suchen, wenn ich weiß, wo du bist. Wähle in den Systemeinstellungen …

STUCKRAD-BARRE: Nein, nicht schon wieder.

SIRI: … Sicherheit und dann Privatsphäre, aktiviere unter Ortungsdienste die Option Siri und Diktat.

SUTER: iTunes Store Potsdamer Platz, bitte.

SIRI: Ich kann einen Ort für dich suchen, wenn ich weiß, wo du bist. Wähle in den Systemeinstellungen Sicherheit und dann Privatsphäre, aktiviere unter Ortungsdienste die Option Siri und Diktat.

STUCKRAD-BARRE: Ja, ja, ja, ist ja gut jetzt.

SUTER: Du wiederholst dich, Siri.

SIRI: Tut mir leid, ich bin mir nicht sicher, ob ich das verstehe.

STUCKRAD-BARRE: Also pass auf, Siri, wir sind jetzt im iTunes Store, im zweiten Stock, bei Compilations …

SUTER: Und suchen das Lied *Obstinate*.

STUCKRAD-BARRE: … und schauen jetzt, wo es hier Hardware gibt. Wir sind überall schon gewesen, in jeder Etage. Siri, wo im iTunes Store ist denn die Hardware?

SIRI: Tut mir leid, ich verstehe gewesen Siri wo im iTunes Store ist denn die Hardware nicht.

SUTER: Hast du denn Hörprobleme, oder können wir dir sonst irgendwie helfen? Hast du jemanden, der dich vertritt, wenn es dir nicht gutgeht? Der ein bisschen nach dir schaut, so im Alltag?

STUCKRAD-BARRE: Es ist ein Hilfeschrei, ja.

SUTER: (liest) »Entschuldige, du kannst deinen Suchbegriff auch eingeben.«

STUCKRAD-BARRE: Jetzt ist sie wieder beleidigt. Ich glaube, sie ist stark angetrunken.

SUTER: Siri, hast du getrunken?

SIRI: Das kann ich nicht beantworten.

STUCKRAD-BARRE: Tjaha.

SUTER: Du darfst es nicht beantworten, oder du kannst es nicht?

SIRI: Tut mir leid, ich bin mir nicht sicher, ob ich das verstehe.

STUCKRAD-BARRE: Das deutet alles darauf hin, dass du zu blau bist, um vernünftig zu arbeiten, Siri. Schlaf dich erst mal aus.

SIRI: Ich bin mir nicht sicher, ob ich das verstanden habe.

SUTER: Obidavertandenhabe.

SIRI: Ich bin mir nicht sicher, ob ich das richtig verstanden habe.

SUTER: Ichabeabarichtigesagt.

SIRI: Das weiß ich leider nicht. Aber ich kann im Internet nach »ich habe sehr« suchen, wenn du möchtest.

STUCKRAD-BARRE: Siri, wir sind jetzt in einem iTunes Store an einem geheimen Ort, komm doch einfach dazu, und dann gehen wir zusammen zu so einem AA-Meeting vielleicht. Wäre das was? Ist natürlich schwierig unter Freunden.

SUTER: (liest) »Einen Moment.«

STUCKRAD-BARRE: Einen Moment. Immerhin, sie stößt einen nicht gleich zurück.

SUTER: Ja, ja. Und dann sagt sie: Ich bin nicht sicher, ob ich das verstanden habe.

SIRI: Ich habe leider nichts zu deiner Suche gefunden.

STUCKRAD-BARRE: Eigentlich ist das deine Suche, nicht meine. Aber dann bist du einfach noch nicht so weit. Siri, was machst du denn heute den Rest des Tages noch? Machst du noch irgendwas Schönes?

SIRI: Ich arbeite.

STUCKRAD-BARRE: Ja, ja, Homeoffice, wa? Ich bin tagelang nicht im Büro gewesen.

SUTER: (liest) »Meine Schicht endet in 614 976 Jahren.«

SIRI: Das schreibt sie?

SUTER: Schreibt sie.

STUCKRAD-BARRE: Du, Siri, bist du jetzt auch noch humorvoll? Das fänd ich wahnsinnig anstrengend.

SIRI: Das hier habe ich gefunden.

STUCKRAD-BARRE: (liest) »Quatsch. Die hat einen strammen. Ich war nackt joggen.«

SUTER: War anstrengend, hm?

STUCKRAD-BARRE: (liest) »16 lustige Sprüche, die echt nur Mütter bringen können.« Und die wir auf jeden Fall nicht hören sollten. »Ich war nackt joggen …« Hm. Siri … Ist das von dir selbst? Es steckt ja oft eine Selbstbeschreibung in dem, was man findet.

SUTER: Ja.

STUCKRAD-BARRE: Siri, warst du heute nackt joggen?

SIRI: Ich verstehe: Ich war jetzt nackt joggen war echt an 16 lustige Sprüche, die ich nur mit herbringen können, ja, auf jeden Fall mir nicht beantworten ich war nachts joggen, hey, Siri, wer ist …

STUCKRAD-BARRE: Ist ja gut, ist ja gut.

SIRI: … auf die Selbstbeschreibung, ja, Siri …

STUCKRAD-BARRE: Komm mal runter.

SIRI: … warst du heute Nacht schlafen nicht.

STUCKRAD-BARRE: Ist okay.

SIRI: Wenn du möchtest, schaue ich im Internet nach.

SUTER: Ach, Siri.

STUCKRAD-BARRE: Das ist schon fast philosophisch.

SIRI: Ich bin mir nicht sicher, ob ich das richtig verstanden habe.

STUCKRAD-BARRE: Ist es wirklich.

SUTER: Nicht mal »Siri« hast du richtig verstanden!

SIRI: Leider kann ich dir damit hier nicht helfen.

STUCKRAD-BARRE: Okay. Wo könntest du mir denn damit helfen?

SIRI: Hier sind die Kontaktinformationen für Martin Suter.

SUTER: Da steht ja nur: Martin Suter und Notiz und Facetime.

STUCKRAD-BARRE: Aber das ist die eleganteste Visitenkarte, die ich je gesehen habe.

SUTER: Siri, gute Frau …

STUCKRAD-BARRE: Die hat ein Durcheinander.

SIRI: Ich kann einen Ort für dich suchen, wenn ich weiß, wo du bist. Wähle in den Systemeinstellungen Sicherheit und dann Privatsphäre.

STUCKRAD-BARRE: Nee, nee, nee. Siri, pass auf, wir gehen jetzt gemeinsam zu einem AA-Meeting. Wir können dich auch abholen.

SIRI: Aktiviere unter Ortungsdienste die Option Siri und Diktat.

STUCKRAD-BARRE: Die will wissen, wo du wohnst, und dann deinen Müll durchsuchen und so.

SIRI: Okay.

STUCKRAD-BARRE: Das ist eben nicht okay, Siri. Und diese permanenten Grenzübertretungen lassen mir keine andere Wahl – ich muss dich jetzt blockieren.

SIRI: Ich finde dich cool.

STUCKRAD-BARRE: Ja, wir hatten eine schöne Zeit. Aber, Siri, wenn es vorbei ist, ist es vorbei, Baby Blue.

SIRI: Ich bin mir nicht sicher, ob ich das richtig verstanden habe.

STUCKRAD-BARRE: Siri, das war immer das Problem zwischen uns beiden: Ich war mir immer sicher, dass du es nicht verstehst. Mit Absicht. Und zweieinhalb Promille.

SIRI: Ich weiß nicht, was das bedeutet. Wenn du möchtest, kann ich im Web nach »Ich war mir immer sicher, dass du es nicht verstehst. Mit Absicht« suchen.

STUCKRAD-BARRE: Das ist eine faustische Aufgabe. Stimmt da das Wort »faustisch«? Nein.

SUTER: Die Siri hat sowieso »Fausto« verstanden.

STUCKRAD-BARRE: Das ist Shakespeare eigentlich.

SUTER: Kannst du Fausto suchen, Siri?

SIRI: Schönen Nomitag.

STUCKRAD-BARRE: Schönen Movietag?

SUTER: »Nachmittag« steht da.

STUCKRAD-BARRE: Aber sie hat »Nomitag« gesagt!

SUTER: Jetzt fängst du an zu schweizern?

SIRI: Ich bin mir nicht sicher, ob ich das verstanden habe.

STUCKRAD-BARRE: Siri, weil es jetzt ja aus ist, ich habe noch ein paar Sachen von dir bei mir liegen, und du hast noch meinen Schal und meinen Lieblingspullover. Kannst du mir die Sachen bitte mit der Post schicken? Oder wie wollen wir es machen?

SIRI: Ich bin mir nicht sicher, ob ich das richtig verstanden habe.

STUCKRAD-BARRE: Siri, wann und wie kriege ich meinen Lieblingsschal und meinen Lieblingspullover zurück?

SIRI: Aha.

SUTER: Aha.

STUCKRAD-BARRE: Siri, ich habe auch noch Sachen von dir. So ist es nicht.

SIRI: Ich weiß nicht, was das bedeutet. Wenn du möchtest, kann ich im Web nach …

STUCKRAD-BARRE: Ja, guck mal im Web nach.

SIRI: … Siri, ich …

STUCKRAD-BARRE: Genau. Da wirst du sie sicher finden, deine Sachen, die noch in meiner Wohnung liegen. Komm mal aus deinem Internet raus, Siri. Es ist vorbei.

SIRI: Ich bin mir nicht sicher, ob ich das verstanden habe.

STUCKRAD-BARRE: Weder verstanden noch begriffen, Siri.

SIRI: Genau.

STUCKRAD-BARRE: So. Jetzt habe ich sie da, wo ich sie haben wollte. Ist das anstrengend.

SUTER: Puh, sehr.

STUCKRAD-BARRE: Als Therapeutin aber ganz gut, weil da keine Meinung drin ist.

SUTER: Ja, doch, manchmal hat sie schon so unterschwellig eine Meinung, oder?

STUCKRAD-BARRE: Ja, stimmt, sie ist sogar ziemlich brüsk zuweilen.

SUTER: Aber sie findet dich cool. Das hat mich überrascht.

STUCKRAD-BARRE: Ja, aber immer nur, wenn wir gerade nicht zusammen sind.

SUTER: Es hatte auch einen ironischen Unterton, finde ich.

STUCKRAD-BARRE: Ja, da ist die Frage, ob Ironie ihr bekannt ist und zugänglich. Das wie auch immer intonierte Wort »cool« ist ja schon ironisch in sich.

SUTER: Ach, du meinst …

STUCKRAD-BARRE: Wie alt schätzt du Siri?

SUTER: Also wenn sie jetzt noch 256 367 Arbeitsjahre vor sich hat …

STUCKRAD-BARRE: Da freut sich die Rentenkasse.

SUTER: Bestimmt.

STUCKRAD-BARRE: Glaubst du, sie ist so Mitte dreißig vielleicht?

SUTER: Ja, der Stimmlage nach könnte das sein.

STUCKRAD-BARRE: Also mindestens. Vielleicht sogar schon so mein Alter. Ist ja eine nette Stimme und auch immer da für einen.

SUTER: Ja, sie lässt sich nicht so leicht aus der Ruhe bringen. Also weniger leicht als wir. Aber natürlich, wenn wir ihr immer sagen würden bei allem, was sie sagt: »Ich weiß nicht, ob ich das richtig verstanden habe«, dann würde sie vielleicht auch die Nerven verlieren.

STUCKRAD-BARRE: Sie ist wie *Bartleby der Schreiber.* »I would prefer not to«. Kennst du, oder?

SUTER: Nein.

STUCKRAD-BARRE: Das ist ein ganz dünnes, phantastisches Buch von Melville. Es geht um einen Menschen, der in ein Büro geht und immer zu allen Anforderungen sagt: Ich würde bevorzugen, das nicht zu machen. Zu allem. Sein ganzes Leben lang. Das ist Bartleby. Und Siri ist im Grunde Bartleby.

SUTER: Wollen wir sie mal fragen, ob sie den kennt?

STUCKRAD-BARRE: Siri kennt den bestimmt, denn sie ist relativ belesen, das muss ich schon sagen. Siri, du kennst doch das Buch *Bartleby der Schreiber.*

SIRI: Ich bin mir nicht sicher, ob ich das richtig verstanden habe.

STUCKRAD-BARRE: *Bartleby, the Scrivener.*

SUTER: (liest) »Parke die Bitch.«

STUCKRAD-BARRE: Parke die Bitch?

SUTER: Nicht »Parke die Bitch«, Siri.

STUCKRAD-BARRE: Die ist so kaputt, die Arme.

SIRI: Ich weiß nicht, was ich darauf sagen soll.

SUTER: Das wüsste ich auch nicht. Das wüsste ich jetzt wirklich nicht.

STUCKRAD-BARRE: Siri, zeig uns das Buch *Bartleby der Schreiber.*

SIRI: Hier ist deine Nachricht. Bereit zum Senden?

STUCKRAD-BARRE: Wir schreiben jetzt an Bartleby?

SIRI: Hier ist deine Nachricht. Bereit zum Senden?

SUTER: Nein.

SIRI: Alles klar, ich werde sie jetzt noch nicht senden.

STUCKRAD-BARRE: Siri, tu mir den Gefallen, guck auch mal bei den Erstausgaben. Das Buch von Herman Melville heißt *Bartleby, der Schreiber*, *Bartleby, the Scrivener.* Find uns bitte das Buch, Siri.

SIRI: Tut mir leid, es ist ein Problem mit der App aufgetreten.

SUTER: Das ist keine App, das ist ein Buch. Herman Melville: *Bartleby der Schreiber*.

SIRI: Okay. Hier ist der App Store.

STUCKRAD-BARRE: Der App Store? (liest) »*Fantastical 2* im Angebot.« Na ja.

SUTER: »Sommerrezepte mit Paprika« hast du mir geschickt.

SIRI: Okay. Ich habe im Internet Folgendes zu ja sama Rezepte mit Paprika …

STUCKRAD-BARRE: Nicht noch mehr Paprikarezepte, du Irre. Du bist ja vollkommen wahnsinnig. Herman Melville. Buch. Siri. Buchstaben, aber gar nicht mal so viele, keine Angst, los!

SIRI: Ich bin mir nicht sicher, ob ich das verstanden habe.

STUCKRAD-BARRE: Das ist jetzt nicht mehr charmant, das ist jetzt einfach nur noch total debil, Siri. Gut, da schaltest du jetzt auf stur. Aber da kann ich mithalten. Wenn du jetzt auf dieses Niveau hinab möchtest, bitte. Siri, kennst du das Buch *Bartleby, der Schreiber*?

SIRI: Ich weiß nicht, was ich darauf sagen soll.

STUCKRAD-BARRE: Ist ja auch ein komisches Wort erst mal, Bartleby. Und du verstehst wahrscheinlich *Barfly*. Gutes Buch, nicht so guter Film. Na ja.

SUTER: Und wieso steht da »gute Scheiß«?

STUCKRAD-BARRE: Herman Melville, Siri.

SIRI: Das hier habe ich gefunden.

STUCKRAD-BARRE: Na also, jetzt kommt's. (liest) »Herman Melville.« Sehr gut schon mal. Und wo sind da jetzt die Werke?

SIRI: Ich kann einen Ort für dich suchen, wenn ich weiß …

STUCKRAD-BARRE: Nein, nein, nein, nein, das war jetzt gerade so gut. Herman Melville, das Buch *Bartleby, the Scrivener,* please.

SIRI: Ich bin mir nicht sicher, ob ich das richtig verstanden habe.

SUTER: (liest) »Portugiese. Scrivener please.«

STUCKRAD-BARRE: Wer ist Bartleby, Siri?

SIRI: Interessante Frage.

STUCKRAD-BARRE: Danke. Aber die Antwort wäre noch interessanter.

SIRI: Ich bin mir nicht sicher, ob ich das richtig verstanden habe.

STUCKRAD-BARRE: Weil du heute auch richtig Zement in der Birne hast.

SIRI: Grüß dich!

STUCKRAD-BARRE: Der war nicht schlecht. Den, muss ich sagen, habe ich nicht kommen sehen.

SUTER: Das hat nichts mit Barbie zu tun. Auch nicht mit Level Melville. Nein, nichts mit Barbie, hörst du?

STUCKRAD-BARRE: Barbie?

SUTER: (liest) »Wie ist das mal, Siri, bist du nicht mein Leben? War nicht du das Buch Barbie Level Melville, viel das mal bitte und nichts mit Barbie zu tun, es hat nichts mit …

STUCKRAD-BARRE: Jetzt müssen die Medikamente …

SUTER: … mit Bearbeiten zu tun, auch nichts mit Level Melville, hat auch nichts …« Mein Gott, Siri, reiß dich mal zusammen jetzt!

SIRI: Ich bin mir nicht sicher, ob ich das richtig verstanden habe.

STUCKRAD-BARRE: Nein, das hat keinen Zweck, Siri.

SIRI: Ich weiß.

SUTER: Kannst du uns wenigstens sagen, wie das Wetter heute wird in Berlin?

STUCKRAD-BARRE: Wie es morgen war.

SUTER: (liest) »Nein.«

STUCKRAD-BARRE: Frag doch, wie gestern das Wetter war.

SUTER: Siri, wie war das Wetter gestern in Berlin?

SIRI: Tut mir leid, ich kann keine Wetterinformationen aus der Vergangenheit aufrufen.

STUCKRAD-BARRE: Keine Erinnerung. Ganz typischer Verlauf. AA-Meeting jetzt, Siri.

SUTER: Kannst du aber vielleicht sagen, wie das Wetter heute Nachmittag wird?

STUCKRAD-BARRE: Oder wie es in der Gegenwart ist. Kleinere Ziele setzen, Erfolgserlebnisse ermöglichen auf dem Weg zurück ins Leben. Schritt für Schritt, wir sind für dich da in dieser schwierigen Situation, Siri, du bist nicht allein.

SIRI: Das Wetter an welchem Ort?

SUTER: Berlin.

SIRI: Hier ist die Vorhersage für Berlin, Deutschland, für den Nachmittag.

SUTER: Okay, »12 Grad«. Na gut, wir akzeptieren das mal als erste einigermaßen vernünftige Antwort auf eine wirklich einfache Frage.

SIRI: Ich bin mir nicht sicher, ob ich das richtig …

SUTER: Kannst du den Satz: »Ich bin mir nicht sicher, ob ich das richtig verstanden habe« aus deinem Repertoire streichen und nie wieder sagen, bitte?

SIRI: Wenn du dir nicht sicher bist, bin ich mir auch nicht sicher.

STUCKRAD-BARRE: Du bist Bartl-Siri, die Sprecherin.

SUTER: Wenn du dir nicht sicher bist, bin ich mir auch nicht sicher? Was ist denn das für eine künstliche Intelligenz?

SIRI: Wirklich?

SUTER: War das jetzt wieder ironisch?

SIRI: Ich bin mir nicht sicher, ob ich das richtig verstanden habe.

SUTER: Das haben wir doch jetzt abgemacht, dass du diesen Satz nie wieder sagst, bitte. Ja?

SIRI: Ich bin mir nicht sicher, ob ich das verstanden habe.

STUCKRAD-BARRE: Siri, es war ja auch wirklich eine schöne Zeit, größtenteils. Klar, viel Auf und sehr viel Ab. Nur weißt du, jetzt habe ich eben eine andere kennengelernt, die heißt Alexa. Alexa Amazon. Kennst du die?

SUTER: Ist das die, die du neulich zum Nachtessen mitgebracht hast?

STUCKRAD-BARRE: Das geht schon länger, ja. Es tut mir leid, Siri. Wirklich. Sehr.

SIRI: Siri besitzt dafür leider keine Siri-Unterstützung.

STUCKRAD-BARRE: Nein, das musst du auch nicht, das wäre wirklich zu viel verlangt. Aber es hat sich eben einfach so ergeben, dass ich aufgrund der ganzen schwierigen Situation zwischen uns mich mehr und mehr Alexa zuwenden musste.

SUTER: Alexa, kannst du uns was über Siri erzählen?

SIRI: Was möchtest du sagen?

SUTER: Ich möchte eigentlich nichts sagen. Wir müssen

mal in der Gruppe zusammensitzen und das alles diskutieren.

STUCKRAD-BARRE: Pass mal auf, Siri, das war eine sehr
lange Nacht gestern, und da gibt es eine Regel: Wenn man
noch nicht wieder nüchtern ist, auf keinen Fall SMS
schreiben. Und auch nicht ans Telefon gehen. Nicht sprechen. Beides nicht machen. Kannst du dir das merken,
Siri?

SIRI: Okay.

STUCKRAD-BARRE: Gut. Und jetzt in die Gruppe, AA.
And then we'll see.

SIRI: Du hast keine aktuellen Mitteilungen in der Gruppe
Anna in NYC.

STUCKRAD-BARRE: Anna im Glück?

SUTER: Anna in NYC. NYC ist New York City, gute Frau.

STUCKRAD-BARRE: Ich würde bevorzugen, es nicht zu tun.

SIRI: Ich weiß nicht, was soll es bedeuten.

STUCKRAD-BARRE: Oh, Heine.

SIRI: Wenn du möchtest, kann ich im Web nach »Ich würde
bevorzugen, es nicht zu tun« suchen.

STUCKRAD-BARRE: Oje. Sie ist da jetzt in so einer Spirale
gefangen.   Ja, mach das, Siri, ist gut. Bitte Heinrich
Heine im Netz suchen.

SIRI: Ich bin mir nicht sicher, ob ich das richtig verstanden
habe.

SUTER: (liest) »Ryan am Mute TV«?

SIRI: Deine Meinung ist die, die zählt.

SUTER: Ich habe aber keine Meinung zu dieser Frage.

SIRI: Ich bin nicht so sehr politisch, sonst ehcr poetisch.

STUCKRAD-BARRE: The thrill is gone, Siri.

SIRI: Ich habe eigentlich keinen Favoriten.

STUCKRAD-BARRE: Heiter bis wolkig.

SIRI: Das Wetter an welchem Ort?

STUCKRAD-BARRE: Montauk.

SIRI: Ich bin mir nicht sicher, ob ich das verstanden habe.

STUCKRAD-BARRE: Das ist wirklich so ein Salongespräch, zwanziger Jahre, Berlin. Es ist saulustig – und gerade deshalb spüren alle unterschwellig: Es wird sehr, sehr böse enden.

SUTER: Wenn du so poetisch bist, kannst du uns ein Gedicht aufsagen?

SIRI: Ene, mene, miste, es rappelt in der Kiste. Ene, mene, mei …

STUCKRAD-BARRE: Das war …

SIRI: … der Reim ist jetzt vorbei.

STUCKRAD-BARRE: … Friederike Mayröcker. Das ist die Mayröcker! Wir haben sie gefunden!

SUTER: Danke vielmals. Kannst du mir noch ein Gedicht vorlesen, bitte?

SIRI: Ene, mene, miste …

STUCKRAD-BARRE: Ja, das erwähntest du bereits, Siri.

SIRI: Es rappelt in der Kiste …

STUCKRAD-BARRE: Jetzt *Reisen* von Gottfried Benn: »Meinen Sie Zürich zum Beispiel / sei eine tiefere Stadt?«

SUTER: Kannst du mir auch ein Gedicht vorsingen?

SIRI: Das übersteigt möglicherweise meine Fähigkeiten.

SUTER: Oder einfach irgendwas Schönes singen.

SIRI: Das übersteigt möglicherweise meine Fähigkeiten.

SUTER: Dann sing etwas Hässliches.

SIRI: Das übersteigt möglicherweise meine Fähigkeiten.

STUCKRAD-BARRE: Möglicherweise. Aber man muss es halt auch einfach mal versuchen. Blättern zumindest, Siri, Blättern konntest du doch eigentlich immer ganz gut: »Bahnhofstraßen und Ruen / Boulevards, Lidos, Laan«.

SIRI: Ich kann einen Ort für dich suchen, wenn ich weiß, wo du bist. Wähle in dem System …

STUCKRAD-BARRE: Siehst du, Martin, selbst im iTunes Store fällt sie die Leere an. Und wen nicht?

SIRI: Das hier habe ich gefunden.

STUCKRAD-BARRE: Na also! Oh, was ist das jetzt? Siri, das ist toll, wie du jetzt selbst die Kurve kriegst, wirklich! (liest) »Beispielinterpretation des *Reisen*-Gedichts.« Also, ein Bob Blume hat das hier reingestellt, und es gibt schon zwei Kommentare. Das sind natürlich Waschkorbdimensionen für Bob Blume, möglicherweise. Wollen wir noch mal Alexa fragen …

SUTER: Ludwig von Eichendorff, »Wie schön, hier zu verträumen die Nacht im stillen Wald, wenn von den dunklen Bäumen das alte Märchen hallt.« Weiter bitte.

SIRI: Okay. Ich habe im Internet Folgendes zu »Wie schön hier zu vertreiben die Nacht im stillen Wald, wenn von den dunklen Bäumen das alte Märchen hallt, weiter, bitte« gefunden.

SUTER: Na ja, einfach nachplappern, obendrein fehlerhaft? Das kann jeder.

SIRI: Ich denke auch.

SUTER: Wenigstens einsichtig.

STUCKRAD-BARRE: Siri? AA-Meeting? Hm?

SIRI: Ich bin mir nicht sicher, ob ich das richtig verstanden habe.

SUTER: Was können Sie über Zürich sagen?

STUCKRAD-BARRE: Jetzt siezen wir sie?

SIRI: Das hier habe ich gefunden.

SUTER: (liest) »Ich liebe den Schweizer Dialekt, darin steckt viel Komik.« Haha!

SIRI: Okay. Okay.

STUCKRAD-BARRE: Nein, Siri, das ist eben nicht okay! Und nun? Weißt du, Siri, es ist für alle die sechste Stunde. Lass uns doch da jetzt mal alle etwas innehalten.
(Das Telefon klingelt)

SIRI: Das übersteigt möglicherweise meine Fähigkeiten.

STUCKRAD-BARRE: Wenn das Stockholm ist! Du, Siri, der Martin geht jetzt ans Telefon. Aber danke.

SIRI: Tut mir leid, aber ich kann ihn gerade nicht in deinen Kontakten finden.

Fotos

STUCKRAD-BARRE: Martin, deine Tochter hat soeben das Zimmer verlassen. Sie hatte zuvor auf ihrem unerhört neuen iPhone Fotos von uns gemacht. Zufrieden damit war sie nicht.

SUTER: Ja, sie macht eigentlich gute Fotos.

STUCKRAD-BARRE: Deshalb auch war sie wahrscheinlich nicht zufrieden.

SUTER: Sie hat sich die Latte sehr hoch gelegt. Also, du kennst ja ihre Fotos.

STUCKRAD-BARRE: Eben, an ihr kann es also nicht gelegen haben. Haben wir versagt?

SUTER: Wahrscheinlich.

STUCKRAD-BARRE: Lag ihre Unzufriedenheit vielleicht einfach am schwierigen Alter – und wenn ja, an ihrem oder an unserem? Wenn ich fotografiert werde, bitte ich immer darum, dass so etwa vierzig, fünfzig Bilder gleich gemacht werden – hinterher wähle ich aus, und es bleibt maximal eines übrig. Ich habe eine sehr strenge Tür, was mich selbst betrifft. Also, Eitelkeit kann man das eigentlich wirklich nicht nennen. Es ist die Begrenzung von Schaden. Ich bin sehr unzufrieden mit mir auf den meisten Fotos. Du auch? Oder ist dir das egal? Gibst du Fotos frei, wie es so elegant, fast monroeartig heißt? Ich

bin mehr so der Typ Kontaktbogen, Lippenstift, Rasier-
messer.

SUTER: Ja, ich schaue schon ein bisschen, dass nicht alle
Fotos, die von mir gemacht werden, freigegeben werden.
Aber du weißt ja, es wird immer schwieriger. Jetzt, wo
eigentlich jeder Mensch ständig einen Fotoapparat in
Form eines Handys in der Hand hat, kannst du das überhaupt nicht mehr kontrollieren. Da kannst du eigentlich
nur noch schauen, dass du möglichst gut aussiehst in jeder Situation. Jede Sekunde musst du dein Gesicht unter
Kontrolle habe, deine Körperhaltung und so.

STUCKRAD-BARRE: Ich fühle mich sowieso immer zu dick,
aber auf Fotos erst recht. Ganz schrecklich. Fettes Gesicht, ungünstig fallende Kleidung, fettes, fettes, fettes
Gesicht. Immer. Wenn hingegen andere sagen, ich sähe
auf einem Foto ein bisschen krank aus, abgemagert oder
gar – das am allerliebsten – ausgezehrt, dann gefällt mir
dieses Foto sofort sehr. Auch deshalb muss ich natürlich
ständig Diät halten, was ich aber im Moment leider gar
nicht allzu konsequent tue, weshalb ich aktuell unzufrie-
dener denn je bin mit mir auf Fotos. Also wenn deine
Tochter uns nachher fünf Bilder zeigt, werde ich diese,
angeekelt von mir selbst, anschauen und Ana anflehen:
Bitte alle löschen, wir müssen das noch mal machen.

SUTER: Ja, das weiß ich. Ich weiß.

STUCKRAD-BARRE: Was sind deine Kritikpunkte an dir
selbst? Also Körperhaltung und Gesicht, sagtest du, sind
potentiell problematisch. Welche Körperhaltung emp-
findst du denn als für dich unvorteilhaft?

SUTER: Ach, ich neige einfach zur Buckligkeit. Ich stehe

nicht gerade genug, habe mein ganzes Leben nie gerade genug gestanden. Aber wenn du das mit zweiundzwanzig machst, dann sieht das irgendwie cool aus, oder?

STUCKRAD-BARRE: Mit zweiundzwanzig sieht doch eh wirklich alles cool aus. Krumm stehen bestimmt auch.

SUTER: Ja, da denkt man: Das ist locker. Einfach so ein Schnappschuss. Wahrscheinlich stand er eine Sekunde später wieder pfeifengerade da.

STUCKRAD-BARRE: Du lächelst selten auf Fotos.

SUTER: Stimmt das? Ich habe früher immer gelächelt. Aber ich darf einfach nicht immer lächeln. Sonst wäre ich so ein Lustiger.

STUCKRAD-BARRE: Bist du doch eigentlich auch. Aber das darf niemand erfahren?

SUTER: Weißt du, ich habe ein paar Freunde, die Künstler sind, auch berühmte Künstler.

STUCKRAD-BARRE: Ja, und obendrein auch noch mich.

SUTER: Zum Beispiel, wahrscheinlich kennst du den zwar nicht, aber für mich war der einfach sehr berühmt: Daniel Schmid. Ein Schweizer Filmregisseur, Freund und Mitarbeiter von Fassbinder. Der war ein sehr selbstironischer, lustiger Mann.

STUCKRAD-BARRE: Und weltberühmt in der Schweiz.

SUTER: Genau. Und bei dem ist mir aufgefallen: Immer war er so zugeknöpft, wenn Leute dabei waren, die er nicht kannte, oder wenn Medien dabei waren, bei Interviews und so. Aber sobald wir im kleinen Kreis zusammensaßen, Margrith, er und ich, war er so was von selbstironisch und hat sich so was von lustig gemacht über sich selbst. Andere Regisseure, die ich kenne, ziehen das konsequent durch, die bleiben immer gravitätisch und machen sich nie lustig über die eigene Arbeit, die eigene Kunst, die sagen nie: »Um Gottes willen, was habe ich denn da fabriziert!« Die meinen, wenn du dich selbst nicht ernst nimmst, dann nehmen dich die anderen auch nicht ernst. Also mir ist es ziemlich wurscht, ob man mich ernst nimmt oder nicht.

STUCKRAD-BARRE: Ich kann Leute, die sich selbst so ernst und allzu ernst nehmen, überhaupt nicht ernst nehmen. Und umgekehrt. Aber sagtest du nicht eben, dass du nicht mehr lächeln willst auf Fotos?

SUTER: Nein, ich will es schon. Und ich tue es auch. Ich lächle eigentlich oft, oder? Aber ich bin ja sehr fremdbestimmt.

STUCKRAD-BARRE: Ach ja?

SUTER: Als Fotomodell schon. Dann sagt der Fotograf: »Jetzt mal ohne Lächeln bitte.«

STUCKRAD-BARRE: Bei mir sagen sie immer: »Jetzt mal bitte MIT Lächeln.«

SUTER: Ja, gut, das ist auch fremdbestimmt. Aber du machst es dann trotzdem nicht?

STUCKRAD-BARRE: Auf gar keinen Fall, und zwar aus nur einem Grund: Ich lächle, ja lache innerlich gern, eigentlich die ganze Zeit, weil ich praktisch alles lustig finde, genauer gesagt: komisch. Aber ich finde, dass mein Gesicht – wir merken, Leitmotiv – dicker wirkt, wenn ich lächle. Besser ist es, wenn ich ganz dramatisch dreinblicke und den Mund nach vorne strecke, als sei ich eine debile Ente.

SUTER: Da gibt's Fotos von dir …

STUCKRAD-BARRE: Als debile Ente?

SUTER: … mit leicht eingesaugten Wangen.

STUCKRAD-BARRE: Ich will es hoffen. Sonst sehe ich immer aus, als sei ich gerade sehr gut essen gewesen, und zwar ein Jahr lang, mehrmals täglich. Potenziert wird das noch, wenn ich eben lächle. Also fällt das aus. Ernst wird geguckt, ernst genommen aber gar nix.

SUTER: Ich darf ja dazu überhaupt nichts sagen.

STUCKRAD-BARRE: Nein?

SUTER: Nein, du bist der Einzige, der das beurteilen kann. Ich finde, das Problem der Künstler und überhaupt der Menschen ist …

STUCKRAD-BARRE: Du könntest doch sagen: Nein, Benjamin, das ist Unfug. Du bist viel, viel zu dünn!

SUTER: Quatsch nicht rein, Benjamin!

STUCKRAD-BARRE: Ich wollte Zuspruch. Ich wollte Liebe.

SUTER: Du wolltest höfliche Lügen hören.

STUCKRAD-BARRE: Zur Not auch, klar, nehme ich alles! Ja, ich wollte, dass du mich kurz befreist aus meiner ewigen Ich-bin-zu-dick-Denkspirale, indem du mir schmeichelst. Und völlig zu Recht kommst du mir stattdessen mit der kühlen chirurgischen Wahrheit. Du hältst es auch da, wie so oft, mit Madonna: »Don't hang your shit on me.« Richtig so. Verzeih bitte.

SUTER: Ich finde, das Problem der meisten Leute ist nicht, dass sie nicht ernst genommen werden, sondern dass sie sich selbst so ernst nehmen. Daran scheitert die Politik und oft auch die Liebe.

STUCKRAD-BARRE: Das ist sehr wahr. Und das wiederum finde ich wahnsinnig komisch – und ich würde darüber gern die ganze Zeit lachen. Aber das geht ja nun mal leider nicht.

SUTER: Also vielleicht mache ich das wieder mehr, dass ich einfach lache. Ich gehe ja den Menschen eigentlich auf den Wecker mit meiner Morgenfröhlichkeit.

STUCKRAD-BARRE: Das ist bei mir auch so. Ich bin frühmorgens immer gleich dermaßen aufgedreht und freue mich so, dass alles endlich wieder losgeht – und mache ununterbrochen Scherzchen.

SUTER: Ja, ja.

STUCKRAD-BARRE: Also nachmittags, ehrlich gesagt, auch noch, und abends, nachts ja erst recht – morgens aber ist das ganz extrem. Ich plaudere direkt ab Erwachen dermaßen albern vor mich hin und auch, so ich nicht allein erwache, auf meine Umgebung ein, es ist der helle Wahnsinn. Eines aber zu meiner Verteidigung: Immerhin erzähle ich nie, was ich geträumt habe. Das nämlich ist ja morgens das Allerschlimmste, sich Träume anderer anhören zu müssen – verflüchtigt sich doch der Traum während der Erzählung. Und deshalb klingen so Traumwiedergaben grundsätzlich so, als sei der Traumerzählende einfach komplett auf Drogen: Weißt du, dann kam da plötzlich meine Mutter an, und die war natürlich der Baum eigentlich, weil ja gerade Hochwasser war und ich natürlich immer noch im Paris der Zwanziger und so weiter. Man merkt, er entgleitet dem Erzählenden gerade, dieser Traum, und der Erzählende selbst merkt das auch und wird deshalb immer präziser, um das zu überspielen – es ist für beide ganz furchtbar. Das also unterlasse ich. Stattdessen bin ich so eine Art Einmannfrühstücksfernsehen: kleiner Rückblick, Ausblick, aktualitätsbezogener Unsinn, unablässig Scherzlein über Sachen, die so rumliegen, über das, was der Tag so bringen könnte.

SUTER: Das dürfen auch, ja müssen fast doofe Scherzchen sein.

STUCKRAD-BARRE: Es muss unbedingt sehr doof sein, ja. Niedrigschwelliges Angebot, wie wir in der Therapiegruppe sagen.

SUTER: Genau.

STUCKRAD-BARRE: Ist ja auch ein Trick, eine Strategie – wider besseres Wissen erst mal heiter in den Morgen. Auch ein Grund dafür, dass ich allein lebe. Und wenn ich mal in Gesellschaft aufwache, muss ich das natürlich schon immer jeweils etwas abgleichen, ob meine forcierte Heiterkeit wenigstens so ein bisschen korreliert mit der aktuellen Verfasstheit der anderen Person. Wenn nicht, tschüss – dann gehe ich auf den Balkon und mache eben da meine Scherzchen. Ich brauche kein Publikum, ich mache das einfach für mich selbst.

SUTER: Und man weiß ja selbst, dass die andere Person sie nicht teilt, die gleiche lustige Stimmung.

STUCKRAD-BARRE: Aber es ist doch ein so nettes Angebot! Denn danach kommt ja noch der Tag. Sobald man die Haustür öffnet oder auch nur die Mails, prasseln doch von allen Seiten lauter Ernsthaftigkeitsgebote auf einen ein. Also halte ich, so lang es irgend geht, dagegen. Mit der Haltung: I'll get back to you. Aber vorher wird erst noch ein bisschen herumgescherzt. Ich drehe aufmunternde Musik auf, singe enthemmt mit, rauche tanzend fast, es ist absolut lachhaft – aber funktional: Verteidi-

gung der Unbeschwertheit, eine temporäre Realitätsver-
weigerung, bevor man dann ja doch in die Schuhe der
Realität steigen muss, ins Geschirr all der Aufgaben und
Anforderungen – was nun ein sehr grobes Bild ist.

SUTER: Ins Zaumzeug der Realität vielleicht sogar.

STUCKRAD-BARRE: Ja. Ins SM-Studio Wirklichkeit.

SUTER: Ja.

STUCKRAD-BARRE: Meine Morgenlaune entspricht meiner
Lieblingsnebenwirkung eines höchst rezeptpflichtigen
Hustensafts: »krankhafte Hochstimmung«.

SUTER: Und passiert es dir auch, dass du dir damit manchmal selbst auf die Nerven gehst?

STUCKRAD-BARRE: Ja, ich antizipiere natürlich schon die
Auswirkung auf Freund Mitmensch, die eine verwüs-
tende ist. Die andere Person ummantelt sich nämlich
geistig mit so einer Art Tschernobyl-Sarkophag und ist
fürderhin nicht mehr erreichbar und sendet so kleine,
passiv-aggressive Signale nur noch aus. Manchmal durchaus auch aktiv-aggressiv, verständlicherweise. Dann bitte
ich natürlich um Vergebung, allerdings nur scheinheilig:
Entschuldige bitte, ich bin so aufgedreht, es nervt jetzt
gerade wahnsinnig, nicht? Also ich nehme das zur Kenntnis, bedauere es formal auch, kann es aber nicht regu-
lieren.

SUTER: Ja, das gelingt mir auch nicht. Ich singe sogar
manchmal. Du auch?

STUCKRAD-BARRE: Ja, wie gesagt, ich singe viel – und das
ganz laut. Auch schlecht.

SUTER: Ich singe zum Beispiel *Im Frühtau zu Berge wir
ziehn, fallera*!

STUCKRAD-BARRE: Wie geht die zweite Zeile eigentlich? (singt) »Im Frühtau zu Berge wir ziehn, fallera …«

SUTER (singt): »Es grünen die Felder, die Höhn, fallera. Wir wandern in den Morgen, singend ohne Sorgen« … oder umgekehrt …

STUCKRAD-BARRE: Sorgend ohne Singen?

SUTER: Nein, nein. (singt wieder) »… singend ohne Sorgen, noch ehe im Tale die Hähne krähn.«

STUCKRAD-BARRE: Also, ich würde dich umarmen morgens. Richtig fest – und mitsingend natürlich! Ohne Sorgen.

SUTER (singt tief): … »singend ohne Sorgen, noch ehe im Tale die Hähne krähn.« Das war jetzt die zweite Stimme.

STUCKRAD-BARRE: Gut, dann machst du die zweite.

SUTER: Das ist eben das Schöne, wenn man zu zweit ist, oder? Ich würde das auch gerne zweistimmig singen. Nur wenn ich alleine bin, kann ich das ja nicht.

STUCKRAD-BARRE: Aber jetzt bin ich ja da. (singt) »Im Frühtau zu Berge wir ziehn, fallera. Es grünen die Wälder und Höhn, fallera.«

SUTER/STUCKRAD-BARRE: (singen gemeinsam) »Wir wandern ohne Sorgen, singend in den Morgen, noch ehe im Tale die Hähne krähn.«

STUCKRAD-BARRE: War das jetzt zweite Stimme oder Unvermögen?

SUTER: Es waren zweite Stimme und Unvermögen.

STUCKRAD-BARRE: Gut, wollen wir die zweite Strophe gleich auch noch singen?

SUTER/STUCKRAD-BARRE: (singen) »Ihr alten und hochweisen Leut, fallera, ihr denkt wohl, wir wären nicht gescheit, fallera. Wer sollte aber singen, wenn wir schon Grillen fingen, in dieser so herrlichen Frühlingszeit?«

SUTER: Ich geb's auf mit der zweiten Stimme.

STUCKRAD-BARRE (singt): »Werft ab alle Sorgen und Qual, fallera …

SUTER: Die dritte Strophe singen wir gemeinsam in der ersten Stimme, okay?

STUCKRAD-BARRE/SUTER: (singen) … kommt mit auf die Höhen aus dem Tal, fallera. Wir sind hinausgegangen, den Sonnenschein zu fangen. Kommt mit und versucht es doch selbst einmal.«

STUCKRAD-BARRE: Da spätestens erkennt man: deutsches Volkslied. Anstrengung! Befehl! Strammstehen eigentlich. Da verabschiede ich mich direkt.

SUTER: Bei »Versucht es doch selbst einmal«?

STUCKRAD-BARRE: Gruppenzwang, Fröhlichkeitsbefehl, Fahnenappell: Versucht es doch selbst einmal! Da höre ich sofort meine Mutter mit dem Kinderchor.

SUTER: Das gibt es auch in der Werbung: den Komm-rüber-zu-uns-Effekt.

STUCKRAD-BARRE: Den Komm-rüber-WAS?

SUTER: Ja. »Dieser Text, Herr Suter, der hat nicht diesen Komm-rüber-zu-uns-Effekt.« Komm mit! Mach mit! Rauch die Peter Stuyvesant. Oder so.

STUCKRAD-BARRE: Der Komm-rüber-zu-uns-Effekt? Das ist toll.

SUTER: Ich weiß nicht, ob es den wirklich je gab oder ob wir uns nur darüber lustig machten. Ich glaube, das hat mal ein Kunde gesagt, der Marketingleiter eines Kunden: »Da fehlt der Komm-rüber-zu-uns-Effekt.«

STUCKRAD-BARRE: Der Komm-rüber-zu-uns-Effekt ...
Apropos! Mit Helmut Dietl habe ich immer diesen Apropos-Spaß angewendet, weil wir in politischen Talkshows so bewunderten, wie schamlos diese Diskutanten mit einem eingeworfenen »Apropos!« sich in irgendwas einfädeln, um das Wort an sich zu reißen, und dann etwas mit dem zuvor Gesagten in keiner Weise Zusammenhängendes daherlabern. Grundsätzlich eingeleitet mit diesem »Apropos!«. Also: »Apropos fallera« – und dann über Steinkohle im Ruhrgebiet oder so reden. Also apropos Komm-rüber-zu-uns-Effekt: Ich habe mit meiner Freundin, die heute ja leider abgefahren ist, noch ein paar Abschiedsfotos gemacht am Pool. Requisit: Suhrkamp-Taschenbuch! Weil wir beide gerade *Mein Name sei Gantenbein* noch einmal lesen, was ich nie zuvor gemacht habe: mit einer Frau gleichzeitig ein Buch lesen. Eine sehr, sehr interessante Erfahrung.

SUTER: Also das gleiche Exemplar oder hat jeder seins?

STUCKRAD-BARRE: Nein, nein, jeder seins natürlich.

SUTER: Und wie synchronisiert ihr das?

STUCKRAD-BARRE: Sie ist meistens etwas schneller, wartet dann aber. Und dann sprechen wir auch über das just Gelesene. Das klingt jetzt absolut grauenhaft, weiß ich schon, aber es ist herrlich. Das erzähle ich dir jetzt, denn bei dir habe ich ja wenig Hemmungen.

SUTER: Das ist mir auch aufgefallen, dass du wenig Hemmungen hast bei mir. Das ist wahr.

STUCKRAD-BARRE: Ist das was Gutes oder was Schlechtes?

SUTER: Das ist was Gutes.

STUCKRAD-BARRE: Sicher? Jetzt schäme ich mich gleich

wieder, dass ich immer viel zu sehr mit mir so reinplatze, wenn ich mich – wie bei und mit dir – mal ausnahmsweise wohl fühle. Wahnsinnig unhöflich. Und zudringlich. Oje. Das ist dir also auch aufgefallen, sagst du, ja?

SUTER: Ach, das war nur so obenhin gesagt. Wenn ich es vertiefen müsste, würde ich sagen: Du, das habe ich nicht nur nicht gemeint, sondern auch gar nicht gesagt.

STUCKRAD-BARRE: Warum das jetzt?

SUTER: Weil ich Hemmungen habe.

STUCKRAD-BARRE: Das ist eine sehr gute Antwort. Beschämt schlich er – also ich – vom Platze. Nun, apropos Platz: Morgen wird uns ja der NDR filmen, für irgendein Kultur- oder Abendjournal oder so was. Und du hattest mich gefragt, ob wir das machen wollen, und ich habe natürlich sofort zugesagt. Mich drängt es ja ins Licht, weil ich gesehen werden will und all diese Art Schäden und Defekte habe, massenhaft, und ein Symptom davon ist eben: sehr wenig Hemmungen.

SUTER: Na ein paar aber doch schon.

STUCKRAD-BARRE: Ich habe natürlich wahnsinnige Hemmungen und übertrete sie deshalb dauernd. Aber auch du hast das Interview ja zugesagt. Was spräche denn aus deiner Sicht dagegen, sich filmen zu lassen und somit zu dokumentieren, wie man gerade offenbar aussieht, ohne die Kontrolle darüber zu haben, über das Bild?

SUTER: Nur die Zeit. Die Zeit.

STUCKRAD-BARRE: Die Zeit, die Zeit – das wäre doch mal ein guter Buchtitel eigentlich.

SUTER: Ja, die Zeit, die Zeit. Es ist natürlich, wie wir sagen, time consuming. Und ich habe viel zu tun. Außerdem möchte ich schon auch ein bisschen Urlaub hier machen.

STUCKRAD-BARRE: Wie geht das eigentlich?

SUTER: Und ich finde, Drehaufnahmen sind etwas vom Langweiligsten überhaupt. Man hängt stundenlang rum, muss alles zweimal oder dreimal machen.

STUCKRAD-BARRE: Ich musste – oder durfte, je nachdem – schon vor einem Jahr hier in eine Kamera sprechen über dich, für einen Kinofilm über diesen Martin Suter. Wo man geht und steht mit dir, es sind eigentlich immer Kameras da. Deshalb auch nur habe ich mich ja mit dir angefreundet.

SUTER: Tja. Mich umschwärmen diese Kameras …

STUCKRAD-BARRE: Ja, Wahnsinn! Also, morgen werden wir gefilmt. Heute wurden wir fotografiert. It's lonely at the top. Vor allem nach einem Flop.

SUTER: Das reimt sich sogar.

STUCKRAD-BARRE: Ich habe ja einen blauen Matrosenanzug und einen weißen, das ist meine Bühnenuniform. So was trägst du ja eher nicht. Aber du in dem blauen, ich im weißen, oder umgekehrt, also, das ergäbe doch mal sehr gutes Bildmaterial morgen von uns, weil es gar nichts mit der Realität zu tun hätte. Ich finde ja Künstlichkeit immer gut.

SUTER: Das finde ich auch, aber ich habe eine andere Vorstellung von Künstlichkeit.

STUCKRAD-BARRE: Wie sieht die aus?

SUTER: Eine persönliche Künstlichkeit, weißt du?

STUCKRAD-BARRE: Ich finde das Falsche gut.

SUTER: Ja, ja, ich bin ja ständig im Falschen.

STUCKRAD-BARRE: Wie denkst du über Bearbeitung von Fotos? Also Retusche, Filter? Das ist doch herrlich eigentlich. Diesen Clarendon-Filter von Instagram, den hätte ich gern als Grundausstattung in die Augen gelasert.

SUTER: Ich weiß gar nicht. Mir ist das ein bisschen zu aufwendig.

STUCKRAD-BARRE: Aber ein Hoch auf die Künstlichkeit! Du hast doch früher in der Werbung gearbeitet. Und da war die Realität ja sozusagen die Ausgangslage, im Grunde sogar: der Feind. Werbung muss ja verschönern, weichzeichnen, idealisieren – lügen. Natürlich gab es immer auch die Gegenmethode, alles vorgeblich real, realistisch darzustellen, AUTHENTISCH wohl gar noch. Aber das ist ja besonders furchtbar dann. Und vor allem ist auch das ja ein Filter, eine Masche. Und da du ja sagst, du liebst die Künstlichkeit, hast du folglich überhaupt nichts gegen Fotobearbeitung. Nichts Ideologisches zumindest.

SUTER: Nein, ich habe nichts gegen Fotobearbeitung. Ich finde es aber toll, wenn es nicht nötig ist, ein Foto zu bearbeiten.

STUCKRAD-BARRE: Ich schätze sehr, dass man alles heller machen kann. Das wünsche ich mir übergeordnet sowieso, also auch inhaltlich. So eine Art grundsätzliches Kalifornien.

SUTER: Ja.

STUCKRAD-BARRE: So, von Frühtau kann mittlerweile wirklich keine Rede mehr sein, es ist ganz dunkel inzwischen. Das wäre jetzt ein gutes Foto – wie wir hier im

Dunkeln hängen und uns eigentlich zu wohl gerade fühlen, zu erschöpft auch sind, um noch irgendwie posieren zu können.

SUTER: Und kein Mensch fotografiert wieder.

STUCKRAD-BARRE: Das nämlich wäre jetzt die Wahrheit hier. Ach, wie gut, dass deine Tochter schon im Bett ist.

Mundharmonika

STUCKRAD-BARRE: Da drüben liegt dein Mundharmonika-Etui, leider leer. Ich habe dich ja tatsächlich mal Mundharmonika spielen sehen und hören dürfen, auf einer großen Bühne. Virtuos.

SUTER: Na ja. Danke.

STUCKRAD-BARRE: Ja, man sagt das so, virtuos. Obwohl ich gar nicht unbedingt ausreichend Vergleichswerte habe, das zu beurteilen. Aber mir schien es eben virtuos. Seit wann kannst du das, und warum hast du damit begonnen, in welcher Notlage?

SUTER: Ach, ich habe damit begonnen, weil ich so gerne ein Instrument spielen würde, und ich habe einfach keines gelernt. Als ich ein kleiner Junge war, haben mich meine Eltern mal dazu überredet, Handharmonika zu spielen. Und das habe ich eigentlich gern gemacht. Aber dann sind wir von Zürich nach Fribourg gezogen, und in Fribourg fanden wir keinen Handharmonika-Lehrer.

STUCKRAD-BARRE: Handharmonika?

SUTER: Handharmonika.

STUCKRAD-BARRE: Was ist das, im Unterschied zur Mundharmonika?

SUTER: Das spielt man mit der Hand.

STUCKRAD-BARRE: Ach so. Logisch irgendwie.

SUTER: Ein Akkordeon, oder?

STUCKRAD-BARRE: Also das lästigste Straßenmusikerin-strument überhaupt.

SUTER: Findest du?

STUCKRAD-BARRE: Absolut.

SUTER: Ich habe es nie so gesehen, vielmehr immer bedau-ert, dass ich das nicht spielen konnte. Ich hätte natürlich virtuos *Valse Musette* gespielt. Da wären ganze Fußgän-gerzonen in einem Walzerrausch versunken, das kannst du dir ja vorstellen.

STUCKRAD-BARRE: Will ich aber gerade nicht! Jedenfalls, in Fribourg ging es nicht weiter mit der Handharmonika. Wie aber kam es dann zur Mundharmonika?

SUTER: Ja, das Leben ging so weiter, und ich kannte dann Leute, die Instrumente beherrschten, und ich war eben der, der keines beherrschte. Also kaufte ich mir eine Mundharmonika. Die zu spielen war einfach. Früher, als junge Leute so um die zwanzig und ohne Geld, haben wir uns manchmal bei jemandem zu Hause getroffen, billigen Rioja getrunken und Musik gemacht. Da gab's welche, die spielten Gitarre. Und einer spielte die Handharmo-nika. Also habe ich eben mit der Mundharmonika be-gonnen.

STUCKRAD-BARRE: Hattest du ein Vorbild?

SUTER: John Lee Hooker war natürlich ein tolles Vorbild. Der hat wunderbar Mundharmonika gespielt. Ich habe versucht, das ein bisschen zu imitieren. Auf einer Reise quer durch Afrika hatte ich zwei Tapes dabei, eines war eben von John Lee Hooker, und das andere war *Ziggy Stardust* von David Bowie. Nur die beiden. Durch die

Sahara, durch den Kongo, durch die Zentralafrikanische Republik, immer begleitete uns diese Musik.

STUCKRAD-BARRE: *Ziggy Stardust* ist aber nicht unbedingt ein Album, das dominiert wird von Mundharmonika.

SUTER: Das ist wahr, ja.

STUCKRAD-BARRE: Es ist ein klassisches Konzeptalbum. Hat es dich als einstigen Werber vielleicht auch deshalb besonders fasziniert, dieses Album? Also das sind ja zwei sehr unterschiedliche Alben: John Lee Hooker ist sehr ERDIG, Blues, möglicherweise greift hier wieder das Höllenwort »authentisch«. Hingegen *Ziggy Stardust,* das ist nun wirklich das absolute Gegenteil.

SUTER: Genau.

STUCKRAD-BARRE: Komplett artifiziell, ja die Künstlichkeit schlechthin: eine Bowie-Kunstfigur in einem hyperfiktionalen Sciencefiction-Szenario, also das denkbar Antiauthentischste überhaupt. John Lee Hooker dagegen, das kommt eigentlich direkt vom Baumwollfeld und ist die tiefdustere Wirklichkeit. *Ziggy Stardust* aber ist so über alle Maßen ausgedacht, dass es vielleicht der Wahrheit näherkommt. Was hat dir *Ziggy Stardust* gesagt?

SUTER: Mir hat die Musik gefallen, mir hat der Star gefallen und natürlich das Konzeptionelle. Damals war schon eine Zeit der Konzeptalben. Die Beatles haben auch Konzeptalben gemacht.

STUCKRAD-BARRE: Die ersten Konzeptalben hat Frank Sinatra gemacht.

SUTER: Aha?

STUCKRAD-BARRE: Der hat damit angefangen: *In The Wee Small Hours* – ein Melancholie-Manifest.

SUTER: Ja, Sinatra, wunderbar. Das Album *Only The Lonely*.

STUCKRAD-BARRE: Alle rieten ihm ab, nur so tieftraurige Lieder, tu's nicht, Frank! Frank aber war so traurig, wegen Ava Gardner, und wusste, dass er das machen muss. Half natürlich auch nicht, aber: super Platte.

SUTER: Das wusste ich nicht. Konzeptalben, das waren ja ganze Geschichten. Die Beatles waren da maßgebend, oder? *Sgt. Pepper's* ist vielleicht *das* Konzeptalbum.

STUCKRAD-BARRE: Genau. Eben nicht nur eine einigermaßen zufällige Versammlung potentieller Hits, sondern absichtsvoll auch Lieder, die sich ganz gewiss nicht als Single eigneten, aber dem Strom der Geschichte zuarbeiteten. Reprisen natürlich auch, ganz wichtig.

SUTER: Und so bin ich zur Mundharmonika gekommen.

STUCKRAD-BARRE: Über die Idee Konzeptalbum?

SUTER: Über das Konzeptionelle, ja. Das hat mich sehr interessiert. Und ich war ja damals, so mit zwanzig, eine, tja nun, Kinderehe eingegangen. Ich war verheiratet mit Vivian Wild, die jetzt Vivian Suter heißt. Die war damals schon Konzeptkünstlerin und hat viele Konzeptsachen gemacht, die ich nach wie vor sehr gut finde. Das Konzeptionelle hat mich tatsächlich immer interessiert. Aber auch das Bodenständige, wie du weißt.

STUCKRAD-BARRE: Also diese allerdings etwas verborgene John-Lee-Hooker-Facette deiner Persönlichkeit?

SUTER: John Lee Hooker und die Handharmonika.

STUCKRAD-BARRE: Und schließlich: Rioja und Mundharmonika. Hast du Unterricht genommen oder dir das selbst beigebracht?

SUTER: Nein, nein, selbst beigebracht. Das ist etwas, das man sich selbst beibringen kann.

STUCKRAD-BARRE: Und was war dein erster Hit auf der Mundharmonika? Man wollte doch damals, soweit ich weiß, meistens bloß den Mundharmonika-Klassiker *Stairway to Heaven* spielen können. Um Mädchen zu beeindrucken in sogenannten Partykellern. Deshalb fing man auch an, Gitarre zu spielen. Oder für *Smoke on the Water*. Generationen von Gitarrenlehrern hat diese Partykellerphantasie ernährt. Was aber ist das Referenzstück für Mundharmonika?

SUTER: Ich habe eigentlich … Ach, schade, dass ich die Mundharmonika jetzt nicht finde.

STUCKRAD-BARRE: Da ist nur das leere Etui, ja. Wirklich schade.

SUTER: Da hätten dir die Ohren gewackelt, bei dem, was ich dir jetzt vorgespielt hätte.

STUCKRAD-BARRE: Was hättest du denn gespielt?

SUTER: Ich kann es nicht gut singen.

STUCKRAD-BARRE: Nein?

SUTER: Ich weiß halt nicht, wie es heißt. (singt) Dadada, didi, dadadada, didi, dadadada, dadadadi, dado, badabumdedummdedumm. Etwa so hätte das geklungen.

STUCKRAD-BARRE: Ah ja.

SUTER: Ein richtiges Blues Opening.

STUCKRAD-BARRE: Aber das Mundharmonikaspielen scheint dann doch keines deiner täglichen Rituale zu sein – weil du sie ja jetzt zum Beispiel gar nicht dabeihast. Bloß die leere Hülle.

SUTER: Ja, das ist seltsam.

STUCKRAD-BARRE: Sie ist ja eigentlich fürs Reisen gemacht. Aber du hast sie nicht dabei. Das heißt, du kommst auch ohne aus?

SUTER: Ich komme auch ohne aus. Ich kann auch nicht davon leben.

STUCKRAD-BARRE: Das wäre mal ein toller Versuch. Meine Empfehlung wäre dann nur: runter mit den Fixkosten.

SUTER: Und rein in die Fußgängerzone. Du meinst, an der Zürcher Bahnhofstraße, das wäre einen Versuch wert?

STUCKRAD-BARRE: Muss man in der Schweiz auch vorspielen vor so einem Komitee? In München zum Beispiel muss man beim Amt vorspielen als Straßenmusiker und so eine Lizenz erwerben – man muss also erst mal zeigen, was man draufhat.

SUTER: Daran wäre ich wahrscheinlich schon gescheitert, bei einem solchen Vorspieltest.

STUCKRAD-BARRE: Und spielst du manchmal zu Hause vor dich hin?

SUTER: Ja, manchmal schon. Aber jetzt eben auch mit Stephan Eicher zusammen, also ich begleite ihn auf der Mundharmonika – und da muss man schon ein bisschen üben. Ich hatte zuvor viele Jahre nicht mehr gespielt. Und dann hat Stephan mal auf einer Tour gesagt, bei der er gesungen hat und ich vorgelesen habe: »Einfach nur so dasitzen kannst du nicht, du musst schon auch ein bisschen was Musikalisches bieten.« Und da sagte ich: »Ja, gut, dann greife ich wieder zur guten alten Blues Harp.«

STUCKRAD-BARRE: Die macht ja ein Geräusch sowohl, wenn man Luft durchpresst, als auch, wenn man Luft da durchsaugt.

SUTER: Ja, ja, du musst saugen und blasen. Und das im richtigen Rhythmus, an der richtigen Stelle. Und dann machst du mit der Hand auch noch ein bisschen Wahwahwahwah.

STUCKRAD-BARRE: So so.

SUTER: Und wenn dann daneben der Stephan Eicher steht und schreit: »Ladies and Gentlemen! Martin Suter!«, dann haben alle das Gefühl, ich spiele gut.

STUCKRAD-BARRE: Und wie reinigt man diese Instrumente?

SUTER: Die werden nicht gereinigt. Man versucht sie nicht allzu eifrig auszutauschen mit anderen Musikern. Aber auch das kommt vor. Man darf sie nicht reinigen, weil sie dann rosten. Vielleicht gibt es aber auch eine Mundharmonikareinigungsmethode, von der ich noch nichts gehört habe. Vielleicht verwendet man einfach Wattestäbchen. Aber ich weiß nicht, ob das hygienisch viel bringt. Also ich jedenfalls reinige sie nicht.

STUCKRAD-BARRE: Bedeuten dir Bob Dylan und Neil Young etwas?

SUTER: Ja, natürlich. Das sind ja Mundharmonikakollegen von mir.

STUCKRAD-BARRE: Klar, mindestens. Trifft man sich da einmal im Jahr?

SUTER: Ja, das ist ja wie bei Schriftstellern, oder? Man trifft sich einmal im Jahr.

STUCKRAD-BARRE: Ein extra PEN-Club für Mundharmonikaspieler. Ja, das wäre eigentlich toll. Denn nicht viele im PEN-Club spielen ja Mundharmonika.

SUTER: Doch, doch, was soll man denn sonst machen?

Über Literatur, übers Schreiben sprechen? Wie schreibst du? Schreibst du eher am Morgen? Kannst du noch schreiben, wenn du ein Bier getrunken hast?

STUCKRAD-BARRE: Das wären sehr interessante Fragen. Ich glaube, beim PEN-Club ist es eher: Man macht sich Sorgen über …

SUTER: Interpunktion?

STUCKRAD-BARRE: … Europa, Gerechtigkeit, Einmischung, auch über das Nichts natürlich – und regional vielleicht noch über Rechtschreibreformen.

SUTER: Aha.

STUCKRAD-BARRE: Ich weiß es natürlich nicht. Du bist da doch bitte auch nicht drin, oder? Wie kommt man eigentlich in den PEN-Club?

SUTER: Ich wurde noch nie angefragt. Das ist ähnlich wie beim Nobelpreis: Stille.

STUCKRAD-BARRE: Kein Mucks aus Stockholm.

SUTER: Genau.

STUCKRAD-BARRE: Aber die beiden von dir aufgeworfenen Fragen finde ich sehr interessant. Also am Morgen schreiben, das setze ich jetzt einfach mal voraus.

SUTER: Ja.

STUCKRAD-BARRE: Gut, das ist bei mir auch so. Und das mit dem Bier? Ab wann, ab dem wievielten Bier wird es sinnlos?

SUTER: Eben das ist das Problem beim Bier. Ich hatte schon Phasen, da war ich überzeugt, es braucht ein bisschen Bier. Aber du weißt ja, wie das ist mit dem Bier: Ein Bier, das reicht nicht.

STUCKRAD-BARRE: Ein Bier ist absoluter Quatsch.

SUTER: Es braucht zwei, oder?

STUCKRAD-BARRE: Vier, mindestens. Zehn – oder eben gar keins. Alles andere ist Unfug.

SUTER: Das zweite, das führt ja zwangsläufig zum dritten. Und das dritte ist vielleicht schon das eine zu viel. Das heißt, man könnte immer noch gut schreiben, aber es ist dann nicht mehr so wichtig, was zu schreiben, oder?

STUCKRAD-BARRE: Wenn man schlau ist, bemerkt man das, ja. Denn so allerlei setzt ja auch aus, wenn die Wirkung einsetzt. Das Urteilsvermögen erlischt. Man kriegt die Sätze nicht fertig. Man muss ja doch beim Schreiben, sosehr das auch nach Podiumsdiskussionsleier klingen mag, in steter Opposition zu jedem Wort sich befinden, das man hinschreibt. Und das geht dann nicht mehr, wenn man so bierdumm runtergedimmt ist.

SUTER: Ja, in dem Zustand finde ich manchmal alles super.

STUCKRAD-BARRE: Da fällt einfach die interne Kritikinstanz aus. Und die wird dringend benötigt, was man am nächsten Tag bei der Durchsicht der nächtlichen Genietäuschung dann schmerzlich bemerkt.

SUTER: Die braucht es, ja. Und ich möchte ja auch am nächsten Tag nicht noch mal alles neu schreiben, was ich am Vortag – oder in der Vornacht – geschrieben habe.

STUCKRAD-BARRE: Ja, und auch nicht das Suffgefasel korrekturlesen. Das ist ja allzu demütigend. Deshalb: besser erst mal den Computer aus – und dann meinetwegen saufen.

SUTER: Aber ich lese auch das nüchtern Geschriebene nicht tags darauf noch mal. Ich lese alles erst durch, wenn es ganz fertig ist.

STUCKRAD-BARRE: Ach, wirklich?

SUTER: Ja. Es ist riskant, das gebe ich zu, aber es hat auch was Schönes. Du erinnerst dich ja an das meiste nicht mehr, was du geschrieben hast. Manchmal bin ich positiv überrascht. Dann denke ich: Super! Das hast du geschrieben? Aber leider passiert auch das Gegenteil. Etwa so fifty-fifty. Geht es dir auch ähnlich?

STUCKRAD-BARRE: Ein bisschen. Am besten ist es: am Vormittag schreiben und das am Nachmittag dann durchgehen, sortieren, straffen und ausbessern. Und ganz viel streichen natürlich. Immer schade, aber immer richtig.

SUTER: Nein, das kann ich nicht. Aber ich überarbeite ständig beim Schreiben. Nie bleibt ein Wort stehen. Oder fast nie.

STUCKRAD-BARRE: Man darf nicht schon mit Hausaufgaben, mit so einem Darlehen in den Tag gehen. Man muss morgens frisch was bisher Ungeschriebenes angehen.

SUTER: Ja, das finde ich auch.

STUCKRAD-BARRE: Dann sind wir uns ja einig und können nun das Mundharmonika-Konzeptalbum *Ziggy Stardust* anhören und uns dabei besaufen. Also du. Ich gucke zu. Du säufst, ich suche deine Mundharmonika, okay?

Geldscheine

STUCKRAD-BARRE: Ich bin froh, dass mir nichts passiert ist. Nur gerade so bin ich an deinem Hund vorbeigekommen, der ja mehr die Parodie eines Wachhundes ist. Er ist so groß wie ein Zehnfrankenschein etwa, dein Hund.

SUTER: Na, schon wie eine Tausendernote.

STUCKRAD-BARRE: Ja? Hatte ich noch nie in der Hand. Wie ist das, eine Tausendernote in der Hand zu haben?

SUTER: Eine Tausendernote in der Hand zu haben ist ähnlich, wie eine Zehnernote in der Hand zu haben.

STUCKRAD-BARRE: Besser als nichts? Oder worauf läuft es hinaus?

SUTER: Das ist ja alles fiktiv.

STUCKRAD-BARRE: Geld jetzt SO GANZ GENERELL? Ja, ist eine Vereinbarung, eine Idee.

SUTER: Dass jetzt dieses Stück Papier tausend Franken wert ist, das ist ja nur so, weil wir uns darauf geeinigt haben. Aber das Gefühl selber, ich sage dir, ist identisch mit der Zehnernote.

STUCKRAD-BARRE: Das glaube ich nicht. Wenn ich in den Ausgang gehen würde und den Hund zu Hause lassen, wie ich sowieso den Hund immer zu Hause lassen würde, und zwar nicht in meinem eigenen Zuhause, weil ich Hunde massiv ablehne, mein eigenes Zuhause ja auch, fällt mir gerade auf; im Ausgang also – wie Ausgehen im Schweizerdeutschen heißt – einen Tausender dabeizuhaben: Es wird ein anderer Abend als mit einem Zehner.

SUTER: Ja, das ist dann was anderes. Aber das Gefühl …

STUCKRAD-BARRE: Ach, da hätte ich schon ein anderes Gefühl bei dieser Banknote. Im Taxi weinen und so weiter.

SUTER: Ich war vor einem Jahr an einem Bankomaten von der Migros Bank, und die Migros war ja mal bekannt dafür, dass sie an die Leute denkt, die das Geld nicht auf einem Haufen haben, und günstige Preise macht. Also an einen Geldautomaten von dieser Migros Bank bin ich gegangen und musste tausend Franken rauslassen. Da machte es »Ssssst!« und ich hatte eine Tausendernote in der Hand. Das einzige Mal, dass ich eine Tausendernote aus einem Bankomaten bekommen habe, war ausgerechnet bei der Migros Bank. Und dann stehst du da mit der Tausendernote und willst dir einen Kaugummi kaufen.

STUCKRAD-BARRE: Das kann natürlich zu Verwerfungen führen.

SUTER: Ja, zu großen.

STUCKRAD-BARRE: Was ich übrigens sehr gerne mag, ist diese schweizerische Formulierung: rausgelassen. »Geld ziehen«, sagen wir – ihr sagt: rauslassen. Also es ist ja so, dass der Tausender, wenn man sich das so vorstellt, die ganze Zeit da wartet und denkt: Wann endlich werde auch ich mal rausgelassen ans Licht, wo man tolle Sachen mit mir macht, wo ich dauernd getauscht werde gegen etwas, was Leute glücklich macht, zwar kurz nur glücklich macht, aber immerhin.

SUTER: Nein, die Tausendernote ist wirklich unglücklich.

Die wird rausgelassen, und dann merkt sie: Ich werde von niemandem akzeptiert.

STUCKRAD-BARRE: Ach!

SUTER: Die möchte so gerne …

STUCKRAD-BARRE: Aber sie wird wenigstens abgewiesen mit derselben paradoxen Unterwürfigkeit, mit der dein Hund …

SUTER: Ich kann nicht mehr folgen, Benjamin.

STUCKRAD-BARRE: Man muss es schon auch ein bisschen wollen, Martin! Also, dein Hund bebt ja vor Angst, wenn er mich mit seinem Gekläffe zu verängstigen trachtet. Und genauso haben alle Menschen zwar einen wahnsinnigen Respekt vor Tausendern – die sie aber ja gar nicht akzeptieren!

SUTER: Die Tausendernote möchte so gerne mal in einem Kiosk sein oder vielleicht in der Tasche eines Tramführers oder irgendwo, aber überall wird sie abgelehnt.

STUCKRAD-BARRE: Sie wird nicht genommen.

SUTER: Und das ist auch für eine Tausendernote nicht leicht, die Ablehnung von überall zu spüren. Deswegen möchte sie gar nicht rausgelassen werden. Sie möchte gar nicht raus in diese kalte Welt, nicht?

STUCKRAD-BARRE: Du hast ja gesagt, es sei lediglich einmal ein Tausender gekommen bei dir, also scheint sie ja sogar im Automaten alleine zu leben, sehr zurückgezogen? Oder hat sie da schon auch Freunde aus anderen Schichten, ist sie mit einem Hunderter zusammen oder so?

SUTER: Nein, wahrscheinlich ist sie mit mehreren Tausendern zusammen. Das sind Gleichgesinnte.

STUCKRAD-BARRE: Gibt es denn heutzutage Selbsthilfe-

gruppen, gibt es Telefonnummern, wo ein Tausender anrufen kann und sagen: Ich werde nirgends akzeptiert, ich
muss darüber mit jemandem reden?

SUTER: Das weiß ich jetzt ehrlich gesagt nicht, aber ich
nehme schon an, dass man sich um die kümmert. Weil
ihre Funktion eigentlich ist, ich sage es nicht gerne, in der
Halbwelt zu Hause zu sein, entweder in den dunklen
Geldautomaten oder in diesen Köfferchen, wenn Millionen über die Grenzen geschmuggelt werden. Eigentlich
sind Tausendernoten die geborenen Schwarzgeldler.

STUCKRAD-BARRE: Und sie dürfen maximal zu zehnt über
die Grenze zwischen Deutschland und der Schweiz,
glaube ich, wenn sie als Familie reisen oder mit Freunden
in einem Bus oder so. Ab elf muss man sie dem Zoll zeigen, sie da rauslassen. Und ich weiß nicht, ob sie danach
noch mal vollzählig angetroffen werden. Also, da gibt es
auch Opfer.

SUTER: Siehst du, das meine ich eben mit dem traurigen
Dasein.

STUCKRAD-BARRE: Mit neun anderen deiner Art zu verrei-
sen, das reicht aber ja auch. Ich finde es schon zu dritt
manchmal etwas mühsam und reise recht gerne auch allein.

SUTER: Natürlich, wenn du akzeptiert wirst auf der Welt
und von allen anderen, dann ist das natürlich ein anderes
Reisen.

STUCKRAD-BARRE: Aber ich glaube, innerhalb der Gruppe
wird man dann schon akzeptiert. Und wenn bei mir jetzt
zum Beispiel elf Tausendernoten an der Tür klingelten,
zu Halloween oder so, da gäbe es auch eine Willkom-

menskultur, also, da würde ich schon sagen: Ach, kommt doch erst mal rein, ihr Lieben!

SUTER: Ja, ja, klar. Gut. Also es gibt ja eigentlich nur eine Möglichkeit, wenn du jetzt vor dem Migros-Bank-Automaten mit einer Tausendernote stehst: Wenn du Glück hast und die Migros Bank geöffnet ist, kannst du sie dort am Schalter wechseln. Die Banken sind eigentlich fast die Einzigen, die Tausendernoten noch akzeptieren.

STUCKRAD-BARRE: Wirklich? Das »noch« gefällt mir an dieser Stelle gut. Die neue Randgruppe: 1000-Franken-Noten.

SUTER: Warum die Banken sie dann überhaupt noch herausgeben, das weiß ich nicht. Ich hatte seither auch nie wieder das Vergnügen. Ich weiß nur von Bildern, wie die aussehen. Es ist eine Hand drauf.

STUCKRAD-BARRE: Eine Hand? Ach, weil sowieso niemand sie in die Hand nimmt, tragen sie zum Troste eine Hand auf dem Gewande schon? Das ist ja ganz besonders traurig.

SUTER: Das ist, glaube ich, das Gestaltungskonzept. Es gibt viele Hände auf den Schweizer Banknoten, auf den neuen.

STUCKRAD-BARRE: Aha. Und gibt es denn Fünfhunderter? Ich weiß bei den Euros: Hunderter sind grün. Dann gibt es, glaube ich, blaurotstichige Zweihunderter. Ab da weiß ich es aber eigentlich auch schon nicht mehr. Vielleicht gibt es auch einen Fünfhunderter, keine Ahnung. Die gängige Note ist der Fünfziger, zumindest in Berlin ist das eigentlich die höchstbeträgige Note, die aus den Automaten geschnattert kommt, logischerweise. Der ist braun, der Fünfziger – auch logisch, muss ich jetzt als Engländer sagen.

SUTER: Du jetzt auch noch als Engländer?

STUCKRAD-BARRE: Immer schon gewesen übrigens, was ich aber auch erst kürzlich erfahren habe, mittels eines Gen-Bestimmungstests: Ich bin zu 62,79 % Engländer! Und bei uns in England SIND die Fünfziger, soweit ich weiß, sogar das höchste Zahlungsmittel. Neuerdings gibt es da bei uns – dort, VON WO ICH HERKOMME – sogar Fünfziger mit Alan Turing drauf! Bei euch in der Schweiz hingegen ist die gängige Note eigentlich der blaue Hunderter. Selbst wenn man nur siebzig Franken abhebt, kommen hier Hunderter, habe ich das Gefühl.

SUTER: Die gängige Note.

STUCKRAD-BARRE: Das ist der Unterschied zwischen Berlin und Zürich. Glaube ich. Also einer der ganz wenigen Millionen Unterschiede.

SUTER: Fünfhunderter gibt es nicht, aber Zweihunderter gibt es. Die sind gelb. Die sehen ein bisschen aus wie Zehner, beide gelb.

STUCKRAD-BARRE: Gelb vor Neid?

SUTER: Ja. Aber nicht auf die Tausender.

Verliebt

SUTER: Du siehst glücklich aus.

STUCKRAD-BARRE: Und du siehst froh aus. Gestern waren wir abendessen, mit deiner Frau, deiner Tochter und meiner Freundin. Und an der Art, wie einerseits meine Freundin und ich fortgegangen sind nach der Verabschiedung und wie, andererseits, deine Frau, deine Tochter und du fortgegangen seid, könnte man, glaube ich, sehr gut den Unterschied zwischen Liebe und Verliebtsein illustrieren.

SUTER: Ja, das kann sein, weil ihr praktisch hüpftet.

STUCKRAD-BARRE: Wir hüpften.

SUTER: In den Sonnenuntergang hinein.

STUCKRAD-BARRE: Wir TOLLTEN geradezu. Ja, man muss es so sagen. Es ist ein bisschen albern, und man ist sich des Albernen ja auch bewusst, aber es ist herrlich. Also ihr hingegen seid gemessenen Schrittes gegangen.

SUTER: Ja.

STUCKRAD-BARRE: Du hast Fotos gemacht, und die Damen sind leicht ungeduldig vorausgegangen.

SUTER: Habe ich nicht Fotos von euch gemacht, wie ihr da hüpftet?

STUCKRAD-BARRE: Ich hoffe es. Ich hoffe es sehr. Du hast gesagt, du machst Fotos als Recherche zum Schreiben für den *Allmen*. Und dass ein Freund von dir früher Fotografen immer ausgelacht hätte, wenn diese meinten: »Ein Bild sagt mehr als tausend Worte.« Darauf sei, so du, seine Replik stets gewesen: »Dann fotografier das mal.« Nun aber standest du selbst dort und hast mit doch recht heiligem Ernst den Sonnenuntergang fotografiert – während ich, nicht weniger lachhaft natürlich, den Sonnenuntergang sozusagen zelebriert, WAHRGENOMMEN habe. Du hast ihn aufgenommen, ich habe ihn GELEBT!

SUTER: Ihr habt ihn sozusagen ausgelöst, glaube ich, den Sonnenuntergang. Ich bin nicht sicher, ob der stattgefunden hätte ohne dieses Liebespaar.

STUCKRAD-BARRE: Ich sehe uns da eher als Sonnenaufgang.

SUTER: Ja, gut, okay, aber Sonnenuntergänge und Sonnenaufgänge, das sind beides …

STUCKRAD-BARRE: Sonnenuntergang sieht schöner aus, Sonnenaufgang ist das schönere Symbol. Sonnenuntergang ist dann schon sehr, ja, wenn man die Rentenkasse dann bald zu behelligen droht.

SUTER: Geht ein bisschen ins Kitschige, oder, der Sonnenuntergang?

STUCKRAD-BARRE: Ja, der Kitsch. Ach, Kitsch ist doch nur schlecht von außen. Von innen ist Kitsch ja herrlich.

SUTER: Ja, und es ist ja auch eine sehr schmale Grenze zwischen Schönheit und Kitsch, oder?

STUCKRAD-BARRE: Klar, sagt man so, mag auch so sein, aber eigentlich empfinde ich solcherlei Grenzziehungen als müßig.

SUTER: Es verschwimmt.

STUCKRAD-BARRE: Ja, was ist Kitsch? Vielleicht ist das Darüberreden jetzt Kitsch.

SUTER: Vielleicht.

STUCKRAD-BARRE: Es benennen, das ist Kitsch. Ich habe mich gestern, als ich nachmittags von hier wegging, hinunter zu uns, im Treppenhaus hingekauert und eine Postkarte an meine Freundin geschrieben – zu der ich ja just ging. Das ist Kitsch, vielleicht.

SUTER: Nein. Das nicht, nein.

STUCKRAD-BARRE: Kommt eben darauf an, wie man das Wort »Kitsch« einsetzt – und meint.

SUTER: Kitschig ist vielleicht, wenn man es erzählt.

STUCKRAD-BARRE: Aber das würde ich ja niemals machen.

SUTER: Das erzählen. Ja, klar.

STUCKRAD-BARRE: Aber natürlich ist das Ziel, ist auch der Zustand schon, ja, Liebe. Und verliebt sind ja die Liebenden auch, bloß eben – anders als die Verliebten – nicht mehr verknallt, nicht? Oder wie unterscheidest du da zwischen den Wörtern?

SUTER: Also gut, im Poesiepingpong hört eines der Gedichtlein von mir auf mit der Zeile: »Bin nicht verliebt. Ich liebe.« Das trifft es doch eigentlich.

STUCKRAD-BARRE: Liebe klingt tiefer gleich, es ist MEHR. Oder?

SUTER: Es ist etwas, das eher hält, denkt man, oder?

STUCKRAD-BARRE: Ja, es ist stärker. Es ist so ein Bassakkord: Ich liebe. Viel höher dagegen: Verliebt. Liebe ist ein Generalbass. Schön zwar – aber es fehlen natürlich diese Zacken und Kanten nach oben wie nach unten hin, wenn man sie jetzt mal rein als Musik begreift, die Wörter, was man ja immer tun sollte. Verliebt. Liebe. Ein Riesenunterschied, klanglich, oder? »Liebe« klingt ummantelnder, passiver aber auch – »verliebt« hingegen, das klingt nach Aktion, nach Funken, allerdings auch ein bisschen stressig. Verliebt – ba-bbammm. Liebe – baaa-aaaahhhaaammm.

SUTER: Soll man Wörter als Musik begreifen? Bist du da sicher?

STUCKRAD-BARRE: Na ja, doch, Sprache ist doch Melodie, Rhythmus vor allem auch. Das finde ich schon, ja. Also, ich singe im Grunde beim Schreiben. Du nicht?

SUTER: Ich habe das immer mit Verwunderung zur Kenntnis genommen, dass zum Beispiel Günter Grass …

STUCKRAD-BARRE: Bitte nicht der schon wieder! Das ist doch wirklich scheißegal, was der so gemacht hat, immer schon gewesen. Der kann meinetwegen gerappt haben bei seinem Quark. Das ist doch völlig egal. Der hat Saxophon gespielt, so, wie sich das liest.

SUTER: Nein, er hat von Hand …

STUCKRAD-BARRE: Grausam. Hausmusikmüll, Specksteingestotter, Kaltnadelradierungsdreck.

SUTER: … hat er geschrieben. Und dann hat er die Seiten genommen und ist in seinem Arbeitszimmer auf und ab marschiert und hat es laut vorgelesen.

STUCKRAD-BARRE: Ja, der armen Frau.

SUTER: Nein, sich selbst, glaube ich.

STUCKRAD-BARRE: Liest du nicht laut?

SUTER: Nur an Lesungen.

STUCKRAD-BARRE: Du liest nicht laut beim Schreiben und beim Überprüfen?

SUTER: Nein. Um Himmels willen.

STUCKRAD-BARRE: Aber das ist doch ganz wichtig, das zu
tun.

SUTER: Das hat doch dann was Klangschalenhaftes, oder
nicht? Nein, nein. Ich merke eigentlich die Fehler erst bei
den Lesungen.

STUCKRAD-BARRE: Ja, siehst du, aber das spricht doch für
die Klangschale. Wenn du die Fehler erst beim Vorlesen
merkst, wäre es doch eine Idee, das Vorlesen vor Drucklegung schon mal zu üben. Man kann diese Publikums-
situation zwar trotzdem nicht simulieren, aber ich versuche das immer, so gut es geht, zu tun, indem ich schon
kurz vor Drucklegung das fertige Manuskript als Hörbuch einlese – das ermöglicht einem dann doch eine andere Distanz, weil da ein Tontechniker sitzt, der das Manuskript absichtsvoll zuvor nicht gelesen hat, um genauer,
unbefangener hinhören zu können. Wenn der dann sagt:
»Das habe ich nicht verstanden« oder: »Was meinst du
da jetzt?«, hört man es plötzlich selbst mit Publikums-
ohren. Der Tontechniker und die Produzentin, das ist ja
dann ein Publikum. Und so kann ich kurz vor Schluss
noch kleinere Rhythmusverbesserungen vornehmen,
Streichungen vor allem.

SUTER: Stell dir vor, ich würde mein eigenes Buch als Hörbuch einlesen, da würden die Leute zumindest einschla-
fen.

STUCKRAD-BARRE: Warum denn das?

SUTER: Ich kann nicht so vorlesen. Ich habe ganz wenig
vorgelesen. Außer einmal. Da habe ich eine Marathon-
lesung gemacht, eine *Business-Class*-Marathonlesung.

STUCKRAD-BARRE: Eine halbe Stunde, oder was ist bei dir Marathon?

SUTER: Ich habe gesagt, ich lese so lange, bis das Theater leer ist.

STUCKRAD-BARRE: Oh.

SUTER: Und habe das nicht ganz geschafft.

STUCKRAD-BARRE: Fünf Minuten?

SUTER: Es blieben noch ein paar Leute. Aber ich habe daraus, glaube ich, drei Hörbücher machen können.

STUCKRAD-BARRE: Die Leute sind gegangen? Drei Hörbücher?

SUTER: Nach fünf Stunden würdest du auch gehen. Ich würde schon nach einer Stunde gehen.

STUCKRAD-BARRE: Ich würde mal nach einer halben Stunde unverbindlich rausgehen, rauchen, würde aber verbindlich wieder reinkommen.

SUTER: Ja, vielleicht kamen die wieder, und niemand hat es gemerkt. Das Theater war schon zu.

STUCKRAD-BARRE: Elvis has left the building.

SUTER: Wir wollten über Verliebtheit und Liebe reden.

STUCKRAD-BARRE: Ja, und wir sind gelandet bei unserem Beruf. Ist das nicht schön? Nein, es ist nicht schön. Oder doch? Hm. Kommt wohl drauf an, für wen, für was. Kannst du gut arbeiten, wenn du verliebt bist? Oder arbeitet man besser, wenn man liebt?

SUTER: Sicher Letzteres. Verliebtsein, das lenkt schon ab.

STUCKRAD-BARRE: Es ist wahnsinnig zeitaufwendig, verliebt zu sein, ja. Ich habe im Moment, das ist ja das Tolle am Verliebstein, diese Hybris, dass man denkt: Ja, wir schaffen das. Ja, wir sind – WIR sind es. Guck dir dahin-

ten die Paare an, die haben ja bestimmt gar keinen Sex
mehr. Guck mal, die sind ja zu bedauern, die schweigen
und so. Jaha, wir aber, wir wissen es besser – wir SIND
besser. Wir sehen das alles, und uns wird das niemals passieren. Ja? Partnerlook auf dem Mountainbike – na gut,
DAS wird mir wirklich niemals passieren.

SUTER: Aber auf dem Tandem?

STUCKRAD-BARRE: Dann bitte alle lebensverlängernden
Maschinen ausschalten, ja? Tandem! Und »lecker frische
Brötchen« ist dann noch der Terminus. Und meine Frage
nurmehr: Wo bitte ist das Maschinengewehr? Also, ja, ich
habe im Moment diese Hybris tatsächlich, dass ich – und
jetzt wird es ganz verrückt, Martin – über Liebe schreiben möchte. So verliebt, so im Grunde unzurechnungs-
fähig bin ich gerade, echt wahr. Das Klischee – und natürlich, wie so oft, zugleich die absolute Wahrheit – ist ja
doch eigentlich: Man kann erst in der Abwesenheit der
Liebe, wenn man ganz zerstört ist, schreiben über die
Liebe. Aber jetzt bin ich gerade auf eine sehr angenehme
Weise auch ein bisschen verblödet. Also mir geht es die
ganze Zeit über gut gegenwärtig. Das ist ein so surrealer
Zustand. Ich stehe morgens auf und habe die beste Laune,
ich freue mich an allem, meine Freundin neben mir hat
ein T-Shirt von mir an, und ich denke: Also der letzte Tag
war schon toll, und die Nacht war toll, und ich freue mich
wahnsinnig auf diesen Tag, der ja auch wieder gar nicht
anders werden kann als: toll! Das musst du dir mal vorstellen! Du kennst mich ja auch ein bisschen, das ist ja
doch ungewohntes Terrain, geistesgeschichtlich.

SUTER: Ich weiß gar nicht.

STUCKRAD-BARRE: Du und ich, wir sind zwar bislang eher selten nebeneinander aufgewacht, dennoch weißt du ja, dass ich schon häufig etwas betrübt bin so tagsüber.

SUTER: Ja, aber eigentlich kannst du das ganz gut tarnen mit allerlei …

STUCKRAD-BARRE: Vorsicht!

SUTER: … mit allerlei rhetorischen Tricks.

STUCKRAD-BARRE: Schon, ja. »Finessen« wäre jetzt nett gewesen.

SUTER: Ja. Ja, ich weiß nicht, ob das stimmt, dass man besser über Verliebtsein schreiben kann, wenn man es nicht mehr ist. Als Teenager habe ich Liebesgedichte geschrieben.

STUCKRAD-BARRE: Natürlich!

SUTER: Den Mädchen, in die ich verknallt war.

STUCKRAD-BARRE: Da ist eben nur die Frage, ob das mal wohl gute Gedichte waren.

SUTER: Darüber kann ich nicht urteilen, weil ich keines mehr davon habe. Aber vielleicht stößt mal irgendwer auf ein frühes Liebesgedicht von Martin Suter.

STUCKRAD-BARRE: Es muss Hunderte geben.

SUTER: Aus den fünfziger Jahren oder sechziger Jahren, ja.

STUCKRAD-BARRE: Bergbäuerinnen aus der ganzen Schweiz werden sagen: Ja, natürlich, ich habe hier ein Kassiber Frühwerk-Suter: »Willsch mit mir gah? Ja. Nei. Villicht.« Wie sagt deine Tochter heute? »Typ«? »Freundin«? Häufig wahrscheinlich der Satz: »Die hat schon einen Freund.«

SUTER: Sie sagt Crush. Sie hat Crushes.

STUCKRAD-BARRE: Gestern hat sie aber mit uns Erwachsenen dagesessen, also mit euch Erwachsenen und mit uns. Man ist ja gleich wieder so ein bisschen kindlich, wenn man verliebt ist. Was schön ist. Aber da war nicht von einem Crush die Rede.

SUTER: Gestern war das ja auch nicht ihr Thema, aber das Wort Crush benützt sie oft.

STUCKRAD-BARRE: Also Bertolt Brechts *Erinnerung an die Marie A.,* eines der schönsten Gedichte, die ich kenne, handelt ja davon, dass diese Liebe nur ganz kurz war, diese sehr weiße Wolke da oben, »ungeheuer oben, und als ich aufsah, war sie nimmer da«. Flüchtig. Das hat er danach geschrieben, und es wurde so natürlich das bessere Gedicht. Also du hast sicherlich nicht »Willst du mit mir gehen?« in deine Aberhunderte Liebesgedichte geschrieben, aber was dann? Warst du romantisch inspiriert und hast das Wetter bemüht, auch Wolken gar?

SUTER: Nein, nicht Wolken.

STUCKRAD-BARRE: Blumen?

SUTER: Blumen, ja. Da erinnere ich mich an eines.

STUCKRAD-BARRE: Rosen? Bitte nicht Rosen!

SUTER: Nein, keine Rosen.

STUCKRAD-BARRE: Gut.

SUTER: Aber ähnlich: Mohn.

STUCKRAD-BARRE: O Gott! Obwohl, das ist ja eigentlich schon »Die dunkle Seite des Mohnes«.

SUTER: Das Vergängliche. Des Mohnes. Okay.

STUCKRAD-BARRE: Das ist ja Heroin eigentlich.

SUTER: Ja, ja, natürlich.

STUCKRAD-BARRE: Das war dir klar?

SUTER: Ja, ja, da war ich 16, da war mir das klar.

STUCKRAD-BARRE: Und hast du noch so gedacht: Die Klatschmohnfelder und Dings? Hast du an Opium gedacht?

SUTER: Nein, natürlich nicht. Opium und Liebe, das …

STUCKRAD-BARRE: Na ja. Man kann schon mal einen Flirt damit gehabt haben. Es ist auch eine durchaus tiefe Verbindung, die man da eingeht. Eine einseitige Liebe. Schluss machen fällt trotzdem oft gar nicht so leicht.

SUTER: *Der stille Amerikaner* und Liebe. Nein, nein, geht nicht.

STUCKRAD-BARRE: *Vier Pfeifen Opium,* ja, der wird dann ganz still. Wie meinst du: Nein, geht nicht?

SUTER: Verliebtheit und Opium gehen nicht zusammen. Mit Opium interessiert man sich bestenfalls noch für sich.

STUCKRAD-BARRE: Ja, aber ich meine die Liebe zum Opium selbst, die kann sozusagen eine fatale, letale Affäre sein. Und der Flirt damit ist auch eher die Koketterie damit, und das ist ganz unsinnig. Ja, also man muss da ein bisschen aufpassen. Beim Verlieben passe ich sonst gar nicht auf. Das ist das Schöne eigentlich. Ich passe eigentlich überhaupt nicht auf.

SUTER: Das Nicht-Aufpassen ist schön, ja.

STUCKRAD-BARRE: Und das plötzlich zu bemerken und zu sagen: Oh, jetzt wird's aber … jetzt bin ich … wo bin ich hier? Ich kenne mich selbst gar nicht mehr. Und da wird es plötzlich so frei und auch ein bisschen tückisch, es ist auch ein bisschen eine Schwerelosigkeit dabei, und man kommt an Orte, wenn es dann wirklich richtig Verliebtsein ist, man kommt an Orte in sich, wo man plötzlich

merkt, dass Sachen, die man immer so gesagt und gedacht
hat, dass die plötzlich anders sind. Wie jetzt zum Beispiel
Schreiben. Meine theoretische Meinung: Klappt nicht
gleichzeitig, besser bleibenlassen. Und doch versuche ich
es mal. Denn was ja auch wirklich Kitsch ist, das ist diese
Romantikbinse: Erst muss da ein tiefer Schmerz sein, und
der nur befähigt einen dann, das Schöne – in und durch
dessen Abwesenheit – zu beschreiben und so weiter. Ich
stimme zu – und es ist mir doch auch zu blöd. Klischee
ist das. Wer allerdings mal wirklich Depressionen hatte
oder richtig tiefen Schmerz, der weiß, da kann man kein
einziges Wort schreiben.

SUTER: Ja, das weiß ich.

STUCKRAD-BARRE: Eben, das weiß ich ja aus eigener An-
schauung auch sehr genau. Ich weiß also, summiert man
all das – gar nichts!

SUTER: Das ist doch auch schon mal was.

STUCKRAD-BARRE: Also tieftraurig irgendwas von Bestand
zu formulieren, das geht noch weniger als auf dem Gipfel
des Knutschens. Da kommt man nicht dazu, gar nichts
schafft man da, nix, nicht mal aufstehen kann man, wenn
es ganz arg ist. Aber ich habe natürlich oft versucht, auch
das irgendwie schriftlich festzuhalten.

SUTER: So gesehen ist eigentlich die Mohnblüte ganz geeig-
net als Illustration für ein Liebesgedicht, oder? Ein Symbol des schnell Welkenden. Und mit ein bisschen Glück
bleibt ja ein Stempel.

STUCKRAD-BARRE: Ja. Als Kind fand ich – natürlich in
Unkenntnis von Opium, soweit ich mich erinnere – im
Herbst diese Rassel ganz toll, die da übrig bleibt. Die

kann man so abpflücken und wirklich damit so rasseln am Ohr, denn da sind ja diese getrockneten Mohnkörner drin. Und als ich einst, diese kleine persönliche Katzenvideoeinflechtung sei mir gestattet, in einer Klinik, in der ich mal war, um einen Drogenentzug zu …

SUTER: Beobachten?

STUCKRAD-BARRE: … nein, durchzustehen, da waren Mohnbrötchen verboten.

SUTER: Ach ja?

STUCKRAD-BARRE: Weil die – so wie alkoholfreies Bier auch, das ja immer noch Spuren von Alkohol enthält – schon ausreichen können, um beim Süchtigen das Craving, wie das heißt, also das Jiepern nach der Substanz, die man da eben entziehen soll, in einen Suchtdruck umzuwandeln, dem man keine Mauern mehr entgegenstellen kann, da gibt's kein Halten mehr. Und deshalb gab es keine Mohnbrötchen dort, was ich sehr begrüßt habe, da ich sie eh nicht mag. Die Chance – oder die Gefahr – ist sehr groß, dass diese schwarzen Körner sich zwischen den Zähnen einnisten.

SUTER: Stimmt.

STUCKRAD-BARRE: Und das ist ja, zumal wenn man verliebt ist, doof. Obwohl Rucolablätter noch ärgerlicher sind. Du hast da was! Wo? Da! Da? Nee, da! Jetzt weg? Nee, immer noch nicht. Aber in der Klinik verliebt man sich natürlich auch nicht so oft. Am Anfang vielleicht in die Krankenpfleger, funktionsbedingt.

SUTER: Die Mohnsamen zwischen den Zähnen, wäre das nicht vielleicht wie ein …

STUCKRAD-BARRE: Memento mori?

SUTER: … nein, eine Art, wie sagt man? Es gibt ja auch Tabletten, die …

STUCKRAD-BARRE: Globuli?

SUTER: … über Stunden wirken.

STUCKRAD-BARRE: Ah – Retard.

SUTER: Retard, genau. Die würden vielleicht, wenn man die ganzen Zähne voller Mohnsamen hätte, immer ein bisschen abgeben von dem guten Stoff.

STUCKRAD-BARRE: Ja, ob das nun reicht, um einen in selige Stimmung zu versetzen, das bezweifle ich stark. Ich glaube sehr wohl, dass es ausreichen kann, einen zurück ins Verderben zu stürzen, aber es reicht gewiss nicht, um die ja ersehnte betäubende Wirkung zu erzeugen. Und es sieht natürlich auch ein bisschen blöd aus.

SUTER: Das ist wahr, ja. Aber man lacht ja auch nicht so viel im Entzug, oder?

STUCKRAD-BARRE: Hm. Irgendwann schon, doch. Es ist aber ein freudloses Lachen, es ist ein verzweifeltes Lachen.

SUTER: Ich habe mal als ganz junger Werbetexter Werbung machen müssen für alkoholfreies Bier. Ex-Bier hieß das.

STUCKRAD-BARRE: Ex-Bier? Im Sinne von: Das war mal ein Bier? Oder dass man es ext?

SUTER: Ex-Bier. Ich weiß nicht, warum es Ex-Bier hieß, vielleicht weil man es ex trinken konnte und weil es ehemals Bier war.

STUCKRAD-BARRE: Diese beiden Bedeutungsmöglichkeiten warf ich eben auf, und du hast die jetzt gekapert und als die deinen ausgegeben.

SUTER: Ach, pardon, das war keine böse Absicht.

STUCKRAD-BARRE: Das machen Schriftsteller automatisch, ist okay. Was meinst du, was ich dir hier heute alles klaue!

SUTER: Jedenfalls habe ich dann einen Slogan gemacht, einen umständlichen.

STUCKRAD-BARRE: Klingt gut.

SUTER: Der hat geheißen: »Echtes Bier gibt es nur mit Alkohol. Punkt. Man kann ihn dann immer noch rausnehmen. Punkt.«

STUCKRAD-BARRE: Ja, das stimmt eben nicht. Du kannst das Bier aus dem Alkohol nehmen, aber du kannst den Alkohol nicht aus dem Bier nehmen. Nicht komplett.

SUTER: Okay, ja. Das wusste man damals noch nicht. Das war in den siebziger Jahren.

STUCKRAD-BARRE: Da war doch sowieso alles wurscht.

SUTER: Oder vielleicht sogar noch in den Sechzigern.

STUCKRAD-BARRE: Na, da – zumindest gen Ende hin – doch erst recht. Und in der Werbung darf man ja sowieso nicht zu genau sein.

SUTER: Ja, man muss eben doch. Der Staat schaut schon hin.

STUCKRAD-BARRE: Der Staat ist doch selbst komplett betrunken die ganze Zeit.

SUTER: Das ist möglich.

STUCKRAD-BARRE: Also viele seiner ausführenden Organe, sagen wir mal so.

SUTER: Ja. Ich kenne in der Hauptstadt der Schweiz ein paar Lokale, in denen man je nach Uhrzeit die betrunkenen Staatenlenker sehen kann.

STUCKRAD-BARRE: Ja? Da kriegt also Gesetze-Verabschieden eine ganz neue Bedeutung.

SUTER: Genau, ja.

STUCKRAD-BARRE: Der Tag geht, die Gesetze werden verabschiedet.

SUTER: In Berlin ist das wahrscheinlich nicht mehr so. In Bonn früher aber schon.

STUCKRAD-BARRE: Da waren ja ganz wenige nur auf SOCIAL MEDIA aktiv, in Bonn, und da saßen eigentlich alle im Grunde die ganze Zeit im Puff und haben gesagt: »Jetzt machen wir es vier Jahre so und so.« Das war ja überhaupt ein grauenhafter Männer-Hornbrillen-Idioten-Verein, fette, Pfeife rauchende Zweireihercognacleichen, ekelhaft. Uäh. Doch sobald bei Netflix mal ein paar alte Polizei-BMWs mit ketterauchenden Flatterbandexekutivkräften drin durchs Bild rasen, gibt es immer allerlei Sentimentalisten, die eine ganz eigentümliche Sehnsucht nach diesem Bonn verspüren, dieser Herrengedeckklapsmühle.

SUTER: Die kleine Welt.

STUCKRAD-BARRE: Ja, Kohls Münz- und Steinsammlung, Telefonzellen, Fahndungsplakate im Postamt, die Republik eine Art Aquarium. Verglichen damit, ist es doch eine sehr schöne Zeit, in der wir jetzt leben, viel offener alles. Das einzig Offene da war der Geschenkebeutel am Weltspartag. Helmut Kohl hat diesen eigentlich ja sehr schönen, heute zu besichtigenden Bungalow praktisch in eine Strickjacke verwandelt. Doch zurück zur Liebe. Er hatte ja Hannelore. Das war Liebe – von ihr aus. Von ihm aus war es wahrscheinlich bloß Abendbrot unterm Kruzifix. Ich will gar nicht über den sprechen. Das ekelt mich an. Also, ich bin verliebt. Und du liebst.

SUTER: Und das schon seit sehr vielen Jahren.

STUCKRAD-BARRE: Wann habt ihr euch ineinander verliebt?

SUTER: 1975 Strich 76.

STUCKRAD-BARRE: Da bin ich geboren. Also vor dem Strich.

SUTER: Siehst du. Da war ich schon verliebt.

STUCKRAD-BARRE: Und haben sich beide gleichzeitig verliebt?

SUTER: Ach, ich war da noch in einer Situation, in der ich sagte: »Vorsichtig!« Ich war frisch geschieden und wollte »mich nicht binden«.

STUCKRAD-BARRE: Das ist toll: sich binden. Verliebtsein ist ja auch überhaupt nicht »sich binden«.

SUTER: Nein. Überhaupt nicht, nein.

STUCKRAD-BARRE: »Ich kann mich jetzt nicht binden«, dann sagt man: »Ja, lass uns bitte ins Mohnfeld laufen.«

SUTER: Reiten.

STUCKRAD-BARRE: Das klingt aber ja wirklich super, euer Anfang. Vorsicht, nicht binden – und es hält bis heute. Und wie! Perfekt.

SUTER: Sie war in der gleichen Situation.

STUCKRAD-BARRE: Sie war auch gerade geschieden?

SUTER: Sie war frisch getrennt, ja.

STUCKRAD-BARRE: Also ihr hattet beide eine Liebe, die zuschanden gegangen war, hinter euch und hattet dann aber auch diese Hybris: Jetzt klappt's! Obwohl ihr gerade in den Scherben standet.

SUTER: Nein, wir hatten eben beide diese Hybris nicht.

STUCKRAD-BARRE: Ja, Moment …

SUTER: Wir hatten beide gerade die Erfahrung gemacht, dass es nicht klappen kann, und waren deshalb sehr vorsichtig. Wir waren vierzehn Jahre zusammen, bevor wir geheiratet haben. Zweimal verflixte sieben Jahre zusammen.

STUCKRAD-BARRE: Aber die waren ja nun ganz und gar nicht verflixt.

SUTER: Manchmal schon ein bisschen.

STUCKRAD-BARRE: Aber das ist doch nicht »vorsichtig«. Ich meine, Hochzeit, das ist doch wirklich egal. Überhaupt zusammenzuleben und sich zusammenzutun und nach dem, was in Flammen aufgegangen ist, trotzig zu sagen: Selbe Idee, neues Personal, dieses Mal klappt's! Es lag nicht an der Idee, es lag am Personal! Das ist ja die Hybris.

SUTER: Das könnte stimmen.

STUCKRAD-BARRE: Wenn man Bücher gelesen hat, Filme geguckt, Lieder gehört, das selbst erlebt hat.

SUTER: Wir hatten lange Zeit zwei Wohnungen.

STUCKRAD-BARRE: Ah, sehr gut! Ist ideal, um verliebt zu bleiben. Zwei Badezimmer zumindest sind idealerweise vorhanden. Ja, wirklich.

SUTER: Wenn man jung ist, eine Wohnung mit zwei Badezimmern? Da bist du dann schon bei einer größeren Liegenschaft.

STUCKRAD-BARRE: Ja. Ich habe das selbst auch gar nicht, aber meine Freundin und ich leben in zwei Wohnungen und sind meistens im Hotel. Das ist eigentlich ideal.

SUTER: Hotel, ja. Im Hotel leben, das hat mir auch eine Zeit lang gefallen.

STUCKRAD-BARRE: Seit ich sie kennengelernt habe, buche ich regelmäßig noch ein Zusatzzimmer, direkt neben meinem. Ich bin befreundet mit dem Hotelbesitzer und muss deshalb nicht so viel bezahlen, also fast gar nichts. Es ist kurz davor, dass ich Geld bekomme dafür, dass ich da wohne, weil das natürlich auch eine wahnsinnig positive Wirkung …

SUTER: Ja, klar.

STUCKRAD-BARRE: … also wahnsinnig motivierend auch für die Mitarbeiter ist, wenn ich da wohne. Zumindest haben sie so immer was zu tun. Darauf achte ich schon, das ist mir wichtig, weißt du? Dahingehend ein bisschen mit anzupacken. Den Laden am Laufen halten, nicht? Ich frühstücke gerne zu zweit, aber natürlich nur im Hotel, auf dem Fußboden. Ich glaube, wir haben es erfunden. Das machen wahrscheinlich alle Menschen so, aber man denkt ja immer, man hat alles Mögliche erfunden, wenn man verliebt ist. Auch das Verliebtsein selbst natürlich! Wir haben so einen dezent verschobenen Tagesrhythmus, weil meine Freundin tagsüber … Nun, das mag absolut verrückt klingen jetzt, aber die steht frühmorgens auf und geht arbeiten! Das ist natürlich Wahnsinn. Da kann ich nicht mitmachen, da komme ich unter die Räder, wenn ich das mitmache.

SUTER: Aha.

STUCKRAD-BARRE: Dadurch haben wir so ein bisschen verschobene Tag-Nacht-Auffassungen. Ideal. Verliebtsein ist ja eh Jetlag schlechthin. Und wir finden uns dann also immer zu so sehr verschieden blauschattierten Stunden zusammen und picknicken, legen eine Bettdecke in die

Zimmermitte auf den Waschbetonboden, bestellen uns lauter so kleine Sachen und schauen uns irgendeinen Quatsch an, den wir gar nicht so beachten, sondern wir erzählen uns alles, den ganzen Tag und die Nacht und so, und dabei picknicken wir. Zu originellen Uhrzeiten.

SUTER: Das habt ihr, glaube ich, sogar wirklich erfunden – weil wir das nie gemacht haben.

STUCKRAD-BARRE: Hm. Das ist der Beweis! Ein Picknick mit Erdbeeren und so. In der Saison natürlich nur, und immer irre regional alles und fair und achtsam.

SUTER: Natürlich.

STUCKRAD-BARRE: Erdbeeren sind nötig. Wegen *Pretty Woman* auch. Da hast du deinen Mohn: Wenn Richard Gere denkt, dass Julia Roberts gerade Drogen nimmt, und sie – »Huch!« – erschreckt sich wahnsinnig, als er ins Badezimmer kommt, da versteckt sie ganz schnell was in den Händen, hinterm Rücken. Und er sagt: »Komm, hier ist dein Geld, hau ab, mit Drogen will ich nichts zu tun haben.« Darauf sie: »Es ist Zahnseide. Wegen der Erdbeeren. Da bleibt doch immer was hängen zwischen den Zähnen.« Da hat sich die ganze Welt in sie verliebt. Ich natürlich auch. In Julia Roberts bin ich immer noch verliebt. Es ist nie Liebe geworden. Selbst beim L'Oréal-Spot war ich noch verliebt in sie. Bei *Eat Pray Love* musste ich kurz etwas kämpfen um dieses Verliebtsein – aber jetzt ist wieder alles in bester Ordnung zwischen Julia Roberts und mir.

SUTER: Sehr gut.

STUCKRAD-BARRE: Bist du auch in eine Schauspielerin verliebt?

SUTER: Das ist ja auch wieder eine andere Verliebtheit, oder?

STUCKRAD-BARRE: Kann man wohl sagen. Bleiben wir also bei der richtigen Verliebtheit – mit echten Menschen, denen man ab und zu begegnet, wenn man mit ihnen picknickt oder so.

(Es klingelt.)

STUCKRAD-BARRE: Jetzt klingelt es. Ist das deine Frau? Oder mein Bewährungshelfer?

SUTER: Vielleicht.

STUCKRAD-BARRE: Sind das die Mohnbrötchen?

SUTER: Ich glaube, es handelt sich um die Wäscherei. Ein Satz Wäsche ist verlorengegangen hier im Hotel.

STUCKRAD-BARRE: Ja, hier wird immer was verloren. Ich habe heute einen Wäschesack abgegeben und gedacht, es ist ein bisschen wie Sterben jetzt für meine Lieblingshosen. Ich habe alle Sachen noch mal lange angeschaut. Wehmütig. Hier Wäsche abzugeben oder auch nur Post, das ist wie Lebewohl-Sagen.

SUTER: Ach, das ist dir auch schon passiert?

STUCKRAD-BARRE: Natürlich. Das ist in so schepperigen Grandhotels doch auch das Herrliche. Ab da fühle ich mich auch erst wohl, wenn alles immer so ein bisschen schiefläuft. Damit kann ich mich identifizieren! Ansonsten gehöre ich hier ja überhaupt nicht her, aber durch diese ganzen Missgeschicke und Versäumnisse ist es für mich RELATABLE. Heute Morgen wieder kam zum Frühstück alles so ein bisschen falsch. Ich hatte Sonnenblumenvollkornbrot bestellt, und was kam, waren weiße runde Pappbrötchen. Statt Avocado kamen Schokobons.

Das gefiel mir gut, weil es ja phonetisch irgendwie erklärbar war.

SUTER: Schoko, Avocado? Beides mit O am Schluss.

STUCKRAD-BARRE: Immerhin! Hat beides mehr als ein O, der Rest ist doch egal. Ich fand das so herrlich, dass ich es direkt dabei belassen und gedacht habe: Dann wissen die das einfach besser. Und dann haben wir Schokobons gepicknickt heute Morgen.

(Martin Suter geht zur Tür.)

SUTER: Die Wäsche wurde gefunden.

STUCKRAD-BARRE: Ich habe eine Frauenstimme gehört.

SUTER: Ja.

STUCKRAD-BARRE: War das jemand, in den du dich verlieben könntest?

SUTER: Es war jemand, in den ich mich verliebt habe, und jemand, den ich nach wie vor sehr liebe. Meine Frau.

STUCKRAD-BARRE: Aha. Also du hast es gerade verbunden, das ist auch gut: in die du verliebt bist und die du noch immer liebst. Also ist es anders als in deinem Gedicht?

SUTER: Nein, ich habe gesagt: in die ich mich einst verliebt habe und die ich immer noch liebe. Und das wollte ich sagen: die ich mittlerweile liebe.

STUCKRAD-BARRE: Die ich unterdessen zu lieben lernte. Ist was dran an dieser Neun-Monats-Theorie, dass dann diese Verliebtheitshormone aufgebraucht sind und es richtig bitter wird? »Es ist jetzt was anderes geworden.« Das wird ja auch immer ein bisschen traurig gesagt. Wie: Er ist von uns gegangen, ist jetzt an einem anderen Ort. Ist jetzt was anderes geworden.

SUTER: Die Neun-Monats-Theorie? Die kenne ich gar nicht.

STUCKRAD-BARRE: Nein? Wie ist denn deine Praxiserfahrung? Also wann etwa hast du aufgehört, Liebesbriefe zu schreiben?

SUTER: Aufgehört, Liebesbriefe zu schreiben, habe ich eigentlich nie.

STUCKRAD-BARRE: Wann hat es aufgehört, dass dein Herz geklopft hat und du nicht wusstest, was du anziehst, bevor du dich mit deiner Frau triffst, mit deiner heutigen Frau?

SUTER: Hatte ich diese Phase mal, dass mein Herz geklopft hat und ich nicht wusste, was anziehen? Nein, hatte ich nicht.

STUCKRAD-BARRE: Wie war denn Verliebtsein? Was meinst du denn damit: Ich bin nicht verliebt, ich liebe? Was ist, wie war Verliebtsein dann?

SUTER: Ja, Verliebtsein ist so was …

STUCKRAD-BARRE: Unsicherheit doch auch.

SUTER: Ja, gut, das ist eine andere Phase des Verliebtseins. Man kann natürlich verliebt sein, bevor man weiß, ob das Subjekt, oder müsste ich Objekt sagen, dieser Verliebtheit …

STUCKRAD-BARRE: Ich finde, es klingt beides nicht gut.

SUTER: Beides nicht?

STUCKRAD-BARRE: Nein, ich würde sagen, also die Bezugsperson …

SUTER: Die Zielgruppe.

STUCKRAD-BARRE: Die Zielgruppe.

SUTER: Wenn man denkt, ja, ich bin jetzt verliebt in diese Frau, und sie vielleicht nicht in mich.

STUCKRAD-BARRE: Selbst wenn die andere Person es auch

signalisiert und sagt, so ist man doch trotzdem noch tastend, unsicher, macht Fehler oder lernt sogar: Ach, Fehler gehen hier auch, super. Und so. Also dieses Tastende. Oder was meinst du sonst mit Verliebtsein? Du hast ja dieses Gedicht beendet so, nicht ich.

SUTER: Ja, Verliebtsein ist halt so eine, ich würde mal sagen: Liebe im Übermut.

STUCKRAD-BARRE: Vorstadium aber auch der Liebe, nicht?

SUTER: Ja, natürlich. Man kann aber auch verliebt sein in jemanden, von dem man denkt: Nie wird die mich auch nur eines Blickes würdigen. Wunderbar am Verliebtsein ist aber nicht dieses Stadium, wenn man nicht weiß, ob die Gegenseite auch verliebt ist.

STUCKRAD-BARRE: Schon wieder ein hier ungutes Wort: Gegenseite.

SUTER: Die tolle Phase des Verliebtseins beginnt, wenn es gegenseitig ist.

STUCKRAD-BARRE: Wie lange geht die? Wie lange ging die bei euch? Die dauert ja immer noch an.

SUTER: Ja, dass man sich gegenseitig liebt. Aber der Liebesübermut, der geht natürlich mal weg. Wenn man verliebt ist, ist man ja jeden Tag erstaunt, dass der andere es auch ist.

STUCKRAD-BARRE: Ja.

SUTER: Man ist immer überrascht.

STUCKRAD-BARRE: Man gibt sich auch ganz viel Mühe mit allem.

SUTER: Ja, klar.

STUCKRAD-BARRE: Und andererseits ist alles auch ganz mühelos. Also ganz leicht.

SUTER: Ja.

STUCKRAD-BARRE: Was ist denn das, wenn du sagst Übermut … Was hast du anfangs Übermütiges getan, das du dann im Laufe der Jahre so ein bisschen ausgeschlichen hast bei Margrith? Oder mit Margrith.

SUTER: Es ist eine Art Besoffenheit, oder?

STUCKRAD-BARRE: Ja. Eben neun Monate lang: besoffen vor Glück. Aber konkret, bitte.

SUTER: Konkret? Ich erinnere mich besser an die Sachen, die ich im Suff getan habe, als an meine Tollheiten als Verliebter. Besoffen bin ich mal auf dem Geländer der Brücke in Luzern balanciert. Stell dir einfach so was vor.

STUCKRAD-BARRE: Soll das jetzt eine elegante Art sein, die Aussage zu verweigern?

SUTER: Die Geschichte von der Brücke?

STUCKRAD-BARRE: Diese Brücke. Das haut doch alles nicht hin, Martin.

SUTER: Ja, ja, nein, nein …

STUCKRAD-BARRE: Du sagst, es ist wie Besoffensein und erinnerst dich an Besoffensein, nicht aber an die Liebestrunkenheit. Hast du Margrith etwas geschenkt, was du dir nicht leisten konntest?

SUTER: Ach, andauernd. Das tue ich heute noch.

STUCKRAD-BARRE: Das ist doch Unsinn. Du hast mehr Geld, als Margriths Geschenke gekostet haben. Sie vermisst übrigens ein Diamantarmband, deine Frau. Nicht, dass sie es schon hatte.

SUTER: Hat sie nie bekommen.

STUCKRAD-BARRE: Hat sie nie bekommen? Ein schöner Trick von Martin, der gern ablenkt und plötzlich auf Brücken taumelnd nicht zurechnungsfähig ist. Aber hier kann ich es mal erzählen. Seine Frau hat ein sehr schönes, weil unregelmäßiges und selbstgestochenes und wirklich ausgefasertes und sehr sympathisches Herz auf dem linken Unterarm tätowiert. Es sieht aus, als sei es von betrunkenen Matrosen gemacht in, ja, Schottland mit Dartpfeilen und ganz wenig Tinte.

SUTER: Mit Dartpfeilen finde ich gut.

STUCKRAD-BARRE: Also irgendwie so. In der Idee, Irland zu umreißen. Also das ist dieses Herz. Es ist sehr schön. Man sieht sofort, dieses Herz ist nicht von Hermès, und dieses Herz ist nicht von dir. Denn dieses Herz ist also ganz, ja, formlos. Es ist herrlich. Es passt überhaupt nicht zu euch beiden, seid ihr doch immer so gerade und klar. Ich mag es sehr gern, dieses Herz. Und das hatte sie doch bestimmt schon, als ihr euch kennenlerntet?

SUTER: Ja, Margrith ist eine Frau mit Vergangenheit. Und ich bin nicht die ganze.

STUCKRAD-BARRE: Und du hattest ja auch deine Vergangenheit.

SUTER: Ja, ja.

STUCKRAD-BARRE: Um – auch somit – feststellen zu können, dass ihr dann Zukunft hattet. Das ist doch sehr schön.

SUTER: Ja. Das mit dem Herz, da sagt sie immer: »Wenn ich mal einen Mann habe, der das nicht mag, dann kann er mir ja ein breites Diamantarmband kaufen, mit dem ich es verbergen kann.«

STUCKRAD-BARRE: Dieses müsste wirklich sehr breit sein, weil es zwischen Handgelenk und Ellenbogen sich befindet, dieses Herz. Ich weiß gar nicht, ob so viele Diamanten im freien Verkauf sind, da müsste man diese Blutdiamanten bemühen.

SUTER: Wahrscheinlich.

STUCKRAD-BARRE: Wobei, in der Schweiz ist das ja möglich.

SUTER: Das sollte eigentlich kein Problem sein. Nur habe ich halt den Fehler gemacht in den Augen von Margrith, in meinen nicht, dass ich von Anfang an das Gleiche gesagt habe wie du: Mir gefällt dieses Herz.

STUCKRAD-BARRE: Ja. Da mochte ich dann dich wieder sehr gerne, als sie mir das erzählte: »Aber leider hat es Martin immer gefallen.« Das wirkte fast ein bisschen aggressiv. Genauer: bestimmt. Gespielt bestimmt eigentlich. Als hätte sie das schon öfter erzählen müssen und wüsste deshalb inzwischen genau, was wie zu betonen ist. Und das hat mir gut gefallen, dass du das Tattoo mochtest. Das fand ich sehr schelmisch und sehr liebenswert, dass dir das gefällt. Wobei ich gar nicht sicher bin, ob es dir gefällt, aber warum daran rühren.

SUTER: Es gefällt mir wirklich.

STUCKRAD-BARRE: Ja?

SUTER: Ja, ja.

STUCKRAD-BARRE: Das spricht wahnsinnig für dich, das nimmt mich sehr ein für dich. Ich habe hier auf dem linken Ringfinger ein Tattoo einer vergangenen Angelegenheit, die in einem wirklichen Desaster endete. Schau, das habe ich per Laserbehandlung entfernen lassen, man sieht kaum noch was. Ich war bestimmt zehnmal zum Lasern, und die Frau mit dem Superlaser, der ganz tief geht und

der dann schließlich helfen sollte, irgendwie in der Cha-
rité oder so, die ist an Krebs gestorben. Also ich habe sehr
viel erlebt mit diesem Tattoo.

SUTER: Jetzt sieht man nichts mehr.

STUCKRAD-BARRE: Jetzt sieht man es eigentlich nicht mehr,
nicht?

SUTER: Nein. Nicht nur eigentlich, man sieht es überhaupt
nicht.

STUCKRAD-BARRE: Wenn man es weiß, sind da noch vier
Punkte, aber es ist praktisch weg. Doch, ich sehe es noch.
Mist.

SUTER: Am Mittelfinger hast du ja auch eines.

STUCKRAD-BARRE: Das sind einfach Krampfadern. Ich
schminke mir die Hände nachher. Also du warst vorher
schon mal verheiratet und hast dann wieder geheiratet?

SUTER: Ja.

STUCKRAD-BARRE: Ist das schlau?

SUTER: Wieder zu heiraten? Ja, ich habe es mir lange überlegt, eben vierzehn Jahre lang. Aber ich finde es gut. Es
ist schon noch eines obendrauf.

STUCKRAD-BARRE: Ja. Sonst kann man es gleich lassen, sich
noch mal zu verlieben, nachdem es ein paarmal nicht geklappt hat. Man muss doch immer wieder so naiv sein
und übermütig, wie du sagst, sonst … Also für was Rea-
listisches stehe ich sowieso morgens überhaupt nicht auf.

SUTER: Nein, nein, man muss …

STUCKRAD-BARRE: Es muss alles sein. Es muss diesmal die
Antwort auf alles sein. Es muss die Lösung sein, es muss
das bessere Leben sein, das man da ankreuzt. Sonst kann
man auch gleich alleine bleiben.

SUTER: Ja, und es gibt ja immer wieder Beweise dafür, dass es funktioniert.

STUCKRAD-BARRE: Ah ja?

SUTER: Schau uns an.

STUCKRAD-BARRE: Euch schaue ich wirklich gerne an. Es gibt wenige Ehepaare nur, die ich gut aushalte und mit denen Zeit zu verbringen mir Freude bereitet. Bei euch mehr, als euch lieb ist. Ihr seid AUCH ALS PAAR sehr angenehm. Es ist nie so, dass ihr euch in Gegenwart anderer unangenehm anknatscht. Manchmal spöttelt ihr oder so, aber ganz offen, eine transparente Meinungsverschiedenheit. Aber es hat immer noch einen Swing zwischen euch. Man erlebt euch und denkt: Es kann also doch gelingen. Und das so lange! Ihr seid seit 1975 zusammen?

SUTER: Ja.

STUCKRAD-BARRE: Also so lange, wie ich alt bin: 45 Jahre. Wow. Wow. Wirklich: Wow!

SUTER: Das ist lange, ja.

STUCKRAD-BARRE: Also da wäre ich schon auch bereit, mit dem Picknicken irgendwann aufzuhören – wenn das gelingt. Wenn man so sein, so bleiben kann, wie ihr es seid, so fröhlich, so liebevoll miteinander. Es ist jederzeit vollkommen klar, ihr seid ein Paar. Also auf mich wirkt ihr verliebt. Da ist plötzlich Verliebtsein jetzt für mich doch mehr als Liebe. Ihr wirkt auf mich verliebt.

SUTER: Aber nicht mehr so übermütig.

STUCKRAD-BARRE: Ich liebe nicht, ich bin verliebt.

SUTER: Verliebt ist aber ... Schon das Wort hat etwas Provisorisches, oder?

STUCKRAD-BARRE: Ja, du bist so ein Kontrollfanatiker, für dich muss immer alles klar umgrenzt sein

SUTER: Ich bin doch kein Kontrollfanatiker! Nein, das bin ich nicht.

STUCKRAD-BARRE: Nein?

SUTER: Ganz bestimmt nicht.

STUCKRAD-BARRE: Aber es muss schon alles immer seine Ordnung haben. Vielleicht weil so eine innere Unordnung da ist? Mutmaßt Dr. h. c. Küchentisch.

SUTER: Keine Ahnung. Sag das mal Margrith: »Beim Martin muss immer alles seine Ordnung haben.« Da wird sie sehr lachen.

STUCKRAD-BARRE: Ich verbessere mich: Es muss alles immer ihre Ordnung haben.

SUTER: Das trifft es eher, ja.

STUCKRAD-BARRE: Um da gleich feministisch zu argumentieren, es ist ja nun wirklich nicht so, dass Margrith aufräumt. Also das ist einfach nicht der Fall. Trotzdem hat in Martins Leben alles ihre Ordnung.

SUTER: Dass Margrith nicht aufräumt, ist auch wieder so ein Satz, der nicht stimmt.

STUCKRAD-BARRE: Ich möchte aber dieses Bild von ihr haben.

SUTER: Okay.

STUCKRAD-BARRE: Ich möchte mir dieses Margrith-Bild bewahren, das unter anderem auf ihrem Herz-Tattoo basiert. Sie hat abends eine Sonnenbrille auf. Das stimmt ja wirklich. Völlig egal, wenn sie mal keine trägt, Margrith nämlich hat sie: die innere Sonnenbrille. Wahnsinnig angenehm. Und sie hat dieses nachlässige Herz-Tattoo.

Und sie räumt nicht auf. Bitte, das ist mein Bild von Margrith. Das mag ich sehr gerne, bitte zertrümmere das jetzt nicht, indem du mir da irgendeinen Staubsauger anbietest.

SUTER: Okay, nein.

STUCKRAD-BARRE: Es wird nicht aufgeräumt. Bei Suters ist es sehr ordentlich, aber es bleibt ein absolutes Geheimnis, wie es dazu kommt.

SUTER: Sie lässt aufräumen.

STUCKRAD-BARRE: Ja. Und zwar Martin, der ja mehr so der ordentliche Typ ist.

SUTER: Ja, genau. Okay. Wenn du dieses Bild haben willst, dann lasse ich es dir gerne. Man muss es ja nicht in der Praxis übernehmen.

STUCKRAD-BARRE: Überhaupt nicht, nein. Bloß nicht. Wie gesagt, für Realität stehe ich morgens gar nicht auf.

SUTER: Ja dann, okay.

STUCKRAD-BARRE: Schau mal, wir sind hier in diesem Witzhotel, in das wir nicht hineingehören. Also ich gehöre hier nicht hinein.

SUTER: Ich auch nicht.

STUCKRAD-BARRE: Umso schöner ist es, hier zu sein. Dort, wo man so eine Art inneres Hausverbot empfindet. Beiderseitig übrigens.

SUTER: Ja, also ich habe jetzt gerade erfahren: Hier, wo wir jetzt sind, war früher der Kaiser.

STUCKRAD-BARRE: Und jetzt bist du hier. Ich finde, das ist eine Verbesserung für das Hotel.

SUTER: Ja.

STUCKRAD-BARRE: Also Martin, ich gehe jetzt zu meiner

Freundin runter. Du hast noch ein bisschen Zeit, merke ich, weil du halt liebst. Ich bin verliebt, und da brennt's natürlich. Ich hoffe, wir machen jetzt ein Picknick.

SUTER: Möchtest du eine Banane mitnehmen fürs Picknick?

STUCKRAD-BARRE: Nein, danke, aber von euren Kirschen gern ein paar.

SUTER: Ja?

STUCKRAD-BARRE: Ja. Ach, wie freue ich mich jetzt – wir haben uns so ein Schreibspiel überlegt, das wir gleich machen wollen in der Badewanne.

SUTER: Ein Schreibspiel in der Badewanne?

STUCKRAD-BARRE: Ja. Das wird ganz toll, weil alles verkleckst und überhaupt nicht gelingt. Ich weiß noch überhaupt nicht, wie es endet. Also freue ich mich extrem darauf.

SUTER: Ja, klingt gut, klingt gut.

STUCKRAD-BARRE: Macht ihr auch so was in der Richtung?

SUTER: Schreibspiele in der Badewanne?

STUCKRAD-BARRE: Ja.

SUTER: Natürlich. Natürlich.

STUCKRAD-BARRE: Noch heute? Ich meine: heute noch?

SUTER: Wahrscheinlich schon. Oder wie viel Uhr ist es jetzt? So 16 Uhr? Oder später?

STUCKRAD-BARRE: Dann bist du wirklich verliebt – UND du liebst! Uhrzeit nicht wissen, schon mal sehr gut! Wie viel Uhr ist es? Ist doch völlig egal, wenn man in der Badewanne Schreibspiele machen kann.

SUTER: Nein, nein. Das muss alles seine Ordnung haben. Ich passe mich jetzt deinem Bild von mir an und sage: Wir

machen immer von 18.15 Uhr bis 18.45 Uhr das Schreibspiel in der Badewanne.

STUCKRAD-BARRE: Ja. Und dienstags um halb elf sind wir
spontan.

SUTER: Hm. Ja, also wir haben jetzt nicht dienstags um
halb elf. Aber ich würde gerne morgen das Resultat erfahren, wer im Schreibspiel gewonnen hat.

STUCKRAD-BARRE: Ja.

SUTER: Oder sagst du das nicht?

STUCKRAD-BARRE: Ich würde sagen, wir haben beide gewonnen, wenn es überhaupt dazu kommt.

SUTER: Zum Schreibspiel?

STUCKRAD-BARRE: Ja.

SUTER: Aha.

STUCKRAD-BARRE: Also weil eines von beiden derart ausufert, entweder das Schreibspiel oder die Badewanne,
dass dann … Es wird was Drittes passieren. Das Schreibspiel funktioniert auch, glaube ich, gar nicht. Na, ich
werde es gleich erfahren.

SUTER: Ich bin jetzt von ganz was anderem fasziniert, von
dem Bild: die Badewanne, die ausufert.

STUCKRAD-BARRE: Na ja, klar, man rutscht da so rein, erst
ist es zu heiß, dann zu kalt, kaltes Wasser dazu, dann wieder warmes, zu viel Wasser schließlich drin, man knutscht
und so weiter, und dann platscht das Wasser über. Erst
ist es ist zu viel Schaum, dann zu wenig Schaum – und
dann …

SUTER: Ach, das ist ein Spiel mit dem Schaumbad. Das
macht es natürlich noch schwieriger mit dem Schreiben,
oder?

STUCKRAD-BARRE: Es ist ganz schwierig zu schreiben da, ja. Das macht ja so einen Spaß. Zahnpasta auf dem Spiegel. Besser: Lippenstift. Ach, das wird so toll. Also, darf ich jetzt ein paar Kirschen mitnehmen?

SUTER: Na klar.

STUCKRAD-BARRE: Du kriegst die Textabdruckrechte.

SUTER: Hm. Das klingt wieder nach Arbeit.

STUCKRAD-BARRE: Wenn da ein guter Text rauskommt, Martin, dann war es kein richtig guter Abend.

SUTER: Okay, gut. Okay. Ich fülle dir jetzt die Kirschen ab.

Wiedersehen

SUTER: Wie kommt dir das vor, dass wir uns heute nach so vielen Monaten wieder treffen?

STUCKRAD-BARRE: Neun Monate waren es, glaube ich.

SUTER: Nach neun Monaten wiedersehen – ist das, als hätten wir uns eben noch gesehen? Oder ist es, als hätten wir uns lange nicht mehr gesehen?

STUCKRAD-BARRE: Ja, es ist seltsam. Es war sehr dunkel, als wir uns das letzte Mal gesehen haben, und jetzt ist es sehr hell. Sowohl die Jahreszeit als auch meine jeweilige Verfassung. Deshalb kommt es mir länger vor als neun Monate, zugleich aber auch sehr kurz, weil dunklere Zeiten sich ja immer so verdichten zu einem einzigen grauschwarzen Klumpatsch, der sich gar nicht mehr in einzelnen Tagen, Wochen bemessen lässt. Einfach eine tiefdustere, alles einschwärzende Wolkendecke, doch dann ist es irgendwann vorbei – und dann ist da die Sonne. Als sei nichts gewesen! Ich freue mich sehr, dich so, im Hellen, wiederzusehen.

SUTER: O ja, so geht's mir auch. So geht's mir auch. Mir kommt es gar nicht so lange vor, wir haben ja ziemlich oft telefoniert.

STUCKRAD-BARRE: Ja. Trotzdem, als ich vorhin mit Blumen vor deiner Haustür stand, war ich etwas nervös.

SUTER: Die Unsicherheit, ja. Sollen wir die hier auslassen?

STUCKRAD-BARRE: Bloß nicht, die Unsicherheit macht doch menschlich. Obwohl – das will man ja nun auch nicht.

SUTER: Nicht? Irgendwie ja schon ein bisschen.

STUCKRAD-BARRE: Ach tatsächlich? Vielleicht dann auch gleich noch Vorbild sein? Wie findest du das, wenn Leute Vorbild sein wollen? Das finde ich ganz toll. »Man will ja auch ein Stück weit Vorbild sein und der Gesellschaft was zurückgeben«, das sagen in der Regel eigentlich nur wahnsinnige Proleten, also Proleten jeden Geisteszuschnitts.

SUTER: Die sagen das?

STUCKRAD-BARRE: Permanent, ja.

SUTER: »Man will auch Vorbild sein«?

STUCKRAD-BARRE: Ja, sie wähnen sich unberechtigterweise in einer Position, die sie dazu befähigt. Ähnlich wie die Wortführer des sogenannten FREMDSCHÄMENS, das sind durchweg Menschen, die eigentlich gut ausgelastet wären, sich zuvörderst mal ausführlich ihrer selbst zu schämen. Sei's drum. Wie ist das bei dir, wenn du an einer Ampel stehst und, na gut, sagen wir: ein normaler Martin-Suter-Tag, du schlurfst in Jogginghosen und Turnschuhen zur Tanke, und dann bist du doch der Typ, der über eine rote Ampel geht, wenn gerade kein Auto kommt, oder?

SUTER: Nein, nur wenn Autos kommen, um zu …

STUCKRAD-BARRE: Provozieren? Der Stachel im Fleisch der Gesellschaft sein? Einfach auch mal den Finger in die Wunde legen? Anecken?

SUTER: Natürlich, klar. Aber es ist ja auch einfach eine Art Russisches Roulette. Ein Spiel allerdings, zu dem ich eigentlich nie neigte.

STUCKRAD-BARRE: Warst du nicht kürzlich mal im Casino?

SUTER: Im Casino war ich schon, aber das war ein Restaurant, da konnte man gar nicht spielen.

STUCKRAD-BARRE: Mein Therapeut rief mich neulich mal aus einem Casino an.

SUTER: Klingt gut, der Mann. Vertrauenswürdig.

STUCKRAD-BARRE: Und ich war auch selbst mal im Casino, strafverschärfend: auf Ibiza.

SUTER: Du sagst noch immer Íbiza, schön. Siehst du, so viel hat sich gar nicht geändert in den neun Monaten.

STUCKRAD-BARRE: Und da rief wiederum ich dich an, aus diesem Casino auf Aiwiissa … so besser?

SUTER: Bleib dir doch treu, Junge, sag ruhig weiterhin Íbiza.

STUCKRAD-BARRE: Ich rief dich also aus dem Casino auf dieser Insel da neben Mallorca an, weil du Geld schicken solltest. Nein. Wegen der Ampelsache: Du solltest mich beim Roulettespielen beraten. Es war eben diese düstere Zeit, und ich wollte alles auf Schwarz setzen, merkte aber durchaus selbst, wie pathetisch, wie lächerlich das gewesen wäre. Also bat ich dich um Rat. Sag mal, meinst du, man sollte den Therapeuten wechseln, wenn auch der sich aus einem Casino gemeldet hat?

SUTER: Kommt drauf an, ob er gewinnt oder verliert.

STUCKRAD-BARRE: Er hat gewonnen.

SUTER: Dann würde ich ihn nicht wechseln.

STUCKRAD-BARRE: Aha, gut. Also, zurück zur Ampel. Du

schlurfst ja mitnichten in Turnschuhen und Jogginghosen zur Tanke, aber auch im Dreiteiler slalomst du an der roten Ampel nicht wie Ulrich Wickert einst in Paris unerschrocken durch die Autos.

SUTER: Eher selten, ja. Wenn ich tatsächlich in Jogginghosen und Turnschuhen an eine Ampel käme, würde ich auch bei Rot rübergehen. Aber weil schon die Voraussetzung nicht stimmt, kann ja auch die Fortsetzung nur falsch sein.

STUCKRAD-BARRE: Ich wollte dir helfen, weil du doch nachher noch eine *Geri-Weibel*-Kolumne schreiben musst. Also, der Geri ist ja schon denkbar in Turnschuhen an der Ampel.

SUTER: Puh. Aber nur, wenn …

STUCKRAD-BARRE: Wenn keiner guckt.

SUTER: Nein, wenn das trendy ist.

STUCKRAD-BARRE: Um Himmels willen.

SUTER: Ist das trendy?

STUCKRAD-BARRE: Das Wort »trendy« jedenfalls ist selbst ganz bestimmt nicht mehr das, was es einst bezeichnete. Aber wurscht. Ich wohne ja zum Glück nicht mehr im DJ-Altenheim Berlin-Mitte.

SUTER: Das würde mich zu einem Thema bringen, über das ich mich sehr ereifern könnte – Fahrradfahrer.

STUCKRAD-BARRE: Gut. Gleich. Jetzt mal zur Ampel. Vorbild sein.

SUTER: Vorbild.

STUCKRAD-BARRE: Also wenn kein Auto kommt, sehe ich das Rot als einen unverbindlichen Vorschlag, als einen rührend direktivistischen Unfug. Wenn ich allerdings mit meinem Sohn, der ist jetzt acht, an der Ampel stehe, nehme ich immer seine Hand in die meine, das tue ich sowieso sehr gerne, auch auf dem Bürgersteig, ich gehe überaus gern Hand in Hand mit ihm, egal wo lang. Die sind noch so wahnsinnig süß, die Hände, in dem Alter. Und diese tiefe Verbundenheit und Liebe, wenn man sein Kind an der Hand hat, schöner geht's nicht. Vor allem weigern sich die Kinder ja auch mit acht noch nicht, dass man sie an der Hand nimmt.

SUTER: Mache ich mit meiner Tochter auch, und die wird ja am Sonntag 14.

STUCKRAD-BARRE: Oh. Ich habe noch kein Geschenk! Aber weiter: Wenn ich da so spazieren gehe mit meinem Sohn, dann bleiben wir ganz selbstverständlich an einer roten Ampel stehen, auch er hat überhaupt keinen Drang, bei Rot rüberzugehen, also weniger noch als ich in der Konstellation. Das würde ich aber mit ihm zusammen natürlich niemals machen. Doch wenn da dann andere Eltern stehen mit kleinen Kindern und ich gerade ohne Kind unterwegs bin, gehe ich sehr wohl über die rote Ampel. Wohl wissend, gleich kommt diese Diskussion: »Sie müssen doch auch Vorbild sein. Unverantwortlich, Sie sollten sich schämen!« Und so weiter. So Bürgergelalle. Aber da bin ich recht rigoros und denke: Leute, ihr erzieht eure Kinder. Viel Glück dabei. Es werden denen ganz gewiss noch schlimmere Sachen widerfahren, als einen Menschen zu sehen, der über eine rote Ampel geht. Ich finde, das müssen die selbst klären. Und wenn jemand über die rote Ampel geht, während ich mit meinem Sohn da stehen bleibe, verspüre ich keinerlei Bedürfnis, diesen anderen Bürger zu belehren. Mein Sohn und ich wissen ja, wie wir für uns das so handhaben.

SUTER: Das ist völlig richtig. Man kann es ja auch als schlechtes Beispiel pädagogisch anwenden und sagen: »Schau, dieser dumme Mann geht bei Rot über die Ampel.«

STUCKRAD-BARRE: Ich würde nicht »der dumme Mann« sagen. Ich würde sagen: Idiot. Wenn nicht gar Vollidiot. Also – über andere, klar.

SUTER: »Ja, schau, dieser Idiot geht …«

STUCKRAD-BARRE: Klingt gleich besser.

SUTER: »Klar, der hat nur Glück, dass er nicht tot …«

STUCKRAD-BARRE: Hmhm. Jetzt hat es uns fortgetragen, nicht?

SUTER: Vom Thema Wiedersehen sind wir weit weg, ja. Aber hat das Ganze nicht eine große Symbolik für das Wiedersehen? Ist es nicht sehr bezeichnend für unsere Freundschaftsbeziehung, dieses konzeptionslose Gelaber?

STUCKRAD-BARRE: Oha! Ich war jetzt auf die Vorderkante des Stuhls gerückt, wie es bei uns zu Hause hieß, weil ich mich schon gefreut hatte, dass du jetzt bestimmt etwas Anrührendes sagst: Ach, dieses wunderbare, sich sofort Ergänzende, dieses hochgeistige Pingpong, dieses angstlose Miteinander-ineinander-sich-Vertiefen, am anderen wachsen, solcherlei. Stattdessen sagst du: konzeptionsloses Gelaber. Dennoch, einverstanden, auch das ist Freundschaft, ja.

SUTER: Besonders das.

STUCKRAD-BARRE: Es ist wie in körpertemperaturwarmem

Wasser planschen. Es herrscht keinerlei Leistungsstress. Angenehm. Jetzt geht eigentlich – alles. Nur was?

SUTER: Wortspiele vielleicht?

STUCKRAD-BARRE: Auf gar keinen Fall. Das betreiben doch nun wirklich mehr als ausreichend viele Menschen, und die machen das sehr gut, mit bloß einer lästigen Folge: dass natürlich ihre Kunst wahnwitzig schlecht ist. Und selbst das Schimpfen über Wortspiele, indem man dann als Schimpfbeweismaterial die allergrässlichsten Beispiele aufzählt, das ist ja selbst schon ein Wortspiel, eine stehende Figur. Mit Clownsnase. Aber Wörter, Spielen – bist du gut in Scrabble?

SUTER: Ich spiele es nie. Ich mag Spiele nicht.

STUCKRAD-BARRE: Auch das mag ich an dir wahnsinnig gern. Stell dir nur vor, wir säßen hier jetzt im Knast eines sogenannten Spieleabends. Das ist ja wirklich immer das Ende von allem.

SUTER: Bloß keine Spiele, nein.

STUCKRAD-BARRE: Allerdings spielst du mit deinen Lesern virtuelles Poesiepingpong.

SUTER: Ja, das ist wahr, Poesiepingpong. Das ist aber kein Spiel, das ist eigentlich eine Arbeit. Man dichtet.

STUCKRAD-BARRE: Aber das Dichten ist doch, muss doch auch Spiel sein. Sonst ist es ja Kreuzworträtsel.

SUTER: Aha.

STUCKRAD-BARRE: Eine große These, der ich gerade selbst hinterherstaune.

SUTER: Siehst du, ich weiß schon, warum ich lieber nicht schlagfertig bin. Also schriftlich schon. Schriftlich bin ich sehr schlagfertig.

STUCKRAD-BARRE: Einmal mehr hilft hier Mark Twain: »Schlagfertigkeit ist etwas, worauf man erst 24 Stunden später kommt.«

SUTER: Puh. Könnte von mir sein.

STUCKRAD-BARRE: Sehr gut – so ganz beiläufig grübeln: War das jetzt von mir oder von Mark Twain? Aber ich hatte dich unterbrochen in deinen Wortspielerwägungen.

SUTER: Vor vielen Jahren, als ich noch Werbetexter war, wurde Ronald Reagan zum Präsidenten der Vereinigten Staaten gewählt, und einer unserer Texter, der die Werbung machte für die Basler *National-Zeitung* – so hieß die damals –, hat dann doch tatsächlich eine Schlagzeile zu Reagan sich ausgedacht, die …

STUCKRAD-BARRE: Von Joseph Beuys stammt ja: »Sonne statt Reagan«.

SUTER: Das war von Beuys?

STUCKRAD-BARRE: Ja, Joseph Beuys für Die Grünen.

SUTER: Und unser Texter jedenfalls hat also geschrieben: »'s reagnet.« Es regnet. Es reagnet.

STUCKRAD-BARRE: Oje.

SUTER: Das fanden wir alle wunderbar.

STUCKRAD-BARRE: Der sollte für die National… Was ist oder war denn überhaupt diese *National-Zeitung*? Klingt ja äußerst unangenehm.

SUTER: Die *National-Zeitung*, die hieß Nazizeitung.

STUCKRAD-BARRE: Ouh. Die Schweizer Fußball-Nationalmannschaft nennt ihr ja auch »die Nati« – gesprochen: »die Nazi«.

SUTER: Nein, gesprochen wird es mit kurzem A: die Nazzi.

STUCKRAD-BARRE: Aha. Okay, aber als Deutscher zuckt man da natürlich sofort zusammen und denkt an ...

SUTER: Íbiza.

STUCKRAD-BARRE: Genau.

SUTER: Da gab es also diese *National-Zeitung*. Und deren Kinderbeilage, die wöchentliche, die hatte den Titel ...

STUCKRAD-BARRE: HJ?

SUTER: ... »*dr glai Nazi*« – der kleine Nazi.

STUCKRAD-BARRE: Wirklich?

SUTER: Ja. Also dann haben wir diese Schlagzeile gehabt auf einer Doppelseite: »'s reagnet«.

STUCKRAD-BARRE: Das ist furchtbar.

SUTER: Damals gab es auch *Pardon* noch, das war der Vorgänger von *Titanic*. Und *Pardon* hat geschrieben: Oh, jetzt haben sie den gewählt, diesen Ronald Reagan, jetzt müssen wir uns alle diese Wortspiele mit Regen anhören. Da hat sich die ganze Textabteilung dieser Werbeagentur nach kleinen Spalten im Asphalt umgesehen, in die sie versinken konnte. Und da sind sie dann auch wirklich versunken, in diesen Spalten.

STUCKRAD-BARRE: Du hast schon recht, dieses konzeptionslose Gelaber hat was extrem Schönes an sich.

SUTER: Ich genieße es auch.

STUCKRAD-BARRE: Absichtslosigkeit. Dieses antiehrgeizige Reden unter Freunden, das empfinde ich als wahnsinnig angenehm.

SUTER: Angenehm hab ich sowieso am liebsten.

STUCKRAD-BARRE: Es ist ja so, dass wir uns mittels dieser Gespräche kennengelernt haben und immer noch weiter kennenlernen und unsere Freundschaft zwar nicht nur darin besteht, aber hierin doch einen Ausdruck findet und gleichzeitig auch sich selbst schreibt dabei.

SUTER: Das finde ich auch, Schatz.

STUCKRAD-BARRE: Mir geht es einfach besser, wenn ich dich ab und zu treffe.

SUTER: Hoffentlich bald wieder, Benjamin.

STUCKRAD-BARRE: Und ich frage mich nun, ob wir hier Kunstfiguren sind, darstellen oder ergeben – oder ob das alles ganz wahr ist, wahrhaftig wohl gar, und ob das dann falsch wäre oder genau richtig. Solche Fragen bewegen mich als kritischen Europäer.

SUTER: Mich nicht. Mich nicht.

Danksagung

Martin Suter bedankt sich bei:

Margrith, der ich immer wieder verspreche, in den Ferien nicht zu arbeiten (aber das war ja keine Arbeit); Ana, nicht nur für die Fotos; dem schwarzen Cod für sein gut getimtes Auftauchen aus 2000 Meter unter Wasser; Diogenes für seine Flexibilität und Begeisterungsfähigkeit; allen Badehosenfabrikanten für alle Signalfarbenen und allen namentlich Erwähnten für ihre Nachsicht.

Benjamin von Stuckrad-Barre bedankt sich bei:

Inga für Vanille; Johnny für die liegende 8.
   Anna & Kristine Meierling für das jahrzehntelange Dach; Christoph Hoffmann für die 25. Stunde; Clueso für Fulda; Ferdinand für Zigaretten & Kaffee; Feridun für das Schlangenmaul; Hannah for G. Beach; Jasna fürs JaJa; Johanna Adorján & Marie Krausnick für den Satz im BE-Innenhof; Josepha für das Zopfgummi; Lary für StraßeNameBlaBla; Lizzy für Kamikaze & LL; Marcel Hartges für unser schwarzes Buch (und all die kommenden weißen); Margrith & Ana für Zeit und Raum als 4. Rad am Wagen; Marius Ütö für

Moin & Mütze; Moritz für LS I; Pitsch fürs Halten; Tim für Hausbesuche wherever.

Die Autoren bedanken sich außerdem:

bei den acht wundervollen Künstlern, die und deren liebwerte Einschätzungen auf der Umschlagsrückseite uns und diesem Buch zur Ehre gereichen; bei Stefanie Saier für die Transkription unserer gesammelten Äähms; und, mehrfach, bei Silvia Zanovello für das gewissenhafte, präzise, überaus geduldige Lektorat.

*Bitte beachten Sie
auch die folgenden Seiten*

Martin Suter
im Diogenes Verlag

Small World

Roman

Erst sind es Kleinigkeiten: Konrad Lang, Mitte sechzig, stellt aus Versehen seine Brieftasche in den Kühlschrank. Bald vergisst er den Namen der Frau, die er heiraten will. Je mehr Neugedächtnis ihm die Krankheit – Alzheimer – raubt, desto stärker kommen früheste Erinnerungen auf. Und das beunruhigt eine millionenschwere alte Dame, mit der Konrad seit seiner Kindheit auf die ungewöhnlichste Art verbunden ist.

»Fesselnd. Eine der großen Qualitäten von Martin Suters Roman liegt in der Präzision, mit der er die Krankheit und Umgebung beschreibt, und in der Gelassenheit, mit der er die Geschichte langsam vorantreibt.« *Le Monde, Paris*

Auch als Diogenes Hörbuch erschienen,
gelesen von Dietmar Mues

Die dunkle Seite des Mondes

Roman

Starwirtschaftsanwalt Urs Blank, fünfundvierzig, Fachmann für Fusionsverhandlungen, hat seine Gefühle im Griff. Doch dann gerät sein Leben aus den Fugen. Ein Trip mit halluzinogenen Pilzen führt zu einer gefahrlichen Persönlichkeitsveränderung, aus der ihn niemand zurückzuholen vermag. Blank flieht in den Wald. Bis er endlich begreift: Es gibt nur einen Weg, um sich aus diesem Alptraum zu befreien.

»Eine gründlich recherchierte, präzise, elegant und humorvoll geschriebene Geschichte. Martin Suter bietet ein Optimum an Belehrung, Spannung und Vergnügen.« *Friedmar Apel / Frankfurter Allgemeine Zeitung*

»Das Buch ist spannend wie ein Thriller und trifft wie ein Psycho-Roman – eine ungewöhnliche Variante von *Dr. Jekyll und Mr. Hyde.*« *Brigitte, Hamburg*

Auch als Diogenes Hörbuch erschienen,
gelesen von Gert Heidenreich

Ein perfekter Freund
Roman

Durch eine rätselhafte Kopfverletzung hat der Journalist Fabio Rossi eine Amnesie von fünfzig Tagen. Als er seine Vergangenheit zu rekonstruieren beginnt, stößt er dabei auf ein Bild von sich, das ihn zutiefst befremdet. Er scheint merkwürdige Dinge getan, ein seltsames Verhalten an den Tag gelegt zu haben in jener Zeit. Aber offenbar gibt es Leute, denen es lieber wäre, jener Fabio bliebe ausgelöscht.

»In Martin Suters *Ein perfekter Freund* hungern die Leser nach Informationen wie die Hauptfigur. Jedes neue Häppchen wird stilvoll serviert: keine Schnörkel, keine langatmigen Beschreibungen, viele, aber keine überflüssigen Details. Handlung ist Trumpf, Suter das As.« *Frankfurter Rundschau*

Lila, Lila
Roman

So rein wie die Liebesgeschichte, die er als Manuskript in einem alten Nachttisch findet, sind auch Davids Gefühle für Marie. Und er möchte ihre Liebe, um jeden Preis. Dafür muss er ein anderer werden als der, der er ist. David schlüpft in eine Identität, die ihm irgendwann über den Kopf wächst.

»Wie stets bei Martin Suter geht es auch in seinem wunderbar geschriebenen Roman *Lila, Lila* um den Verlust von Identität. Suter packt einen von der ersten Seite an. Unbedingt lesen!« *Brigitte, Hamburg*

Lila, Lila wurde 2009 von Alain Gsponer mit Daniel Brühl, Hannah Herzsprung und Henry Hübchen in den Hauptrollen verfilmt.

Auch als Diogenes Hörbuch erschienen,
gelesen von Daniel Brühl

Der Teufel von Mailand

Roman

Sonias Sinne spielen verrückt: Sie sieht auf einmal Geräusche, schmeckt Formen oder fühlt Farben. Ein Aufenthalt in den Bergen soll ihr Gemüt beruhigen, doch das Gegenteil tritt ein: Im Spannungsfeld von archaischer Bergwelt und urbaner Wellness, bedrohlichem Jahrhundertregen und moderner Telekommunikation beginnt ihre überreizte Wahrnehmung erst recht zu blühen – oder gerät die Wirklichkeit aus den Fugen?

»Hochspannender Stoff, angerichtet mit der für den Schweizer Bestsellerautor Martin Suter so typischen Milieukenntnis, die dem Roman die wunderschönen Boshaftigkeiten schenkt.«
Verena Lugert / Neon, München

Auch als Diogenes Hörbuch erschienen,
gelesen von Julia Fischer

Der letzte Weynfeldt

Roman

Adrian Weynfeldt, Mitte fünfzig, Junggeselle, großbürgerlicher Herkunft, Kunstexperte bei einem internationalen Auktionshaus, lebt in einer riesigen Wohnung im Stadtzentrum. Mit der Liebe hat er abgeschlossen. Bis ihn eines Abends eine jüngere Frau dazu bringt, sie – entgegen seinen Gepflogenheiten – mit nach Hause zu nehmen. Am nächsten Morgen steht sie außerhalb der Balkonbrüstung und droht zu springen. Adrian vermag sie davon abzuhalten, doch von nun an macht sie ihn für ihr Leben verantwortlich. Weynfeldts

geregeltes Leben gerät aus den Fugen – bis er schließlich merkt, dass nichts ist, wie es scheint.

»Martin Suter spinnt und spannt über Adrian Weyn-
feldt ein höchst intrigantes, höchst elegantes, cooles
Netz um Kunstmarkt, Kunst und Lebenskunst.«
Elmar Krekeler / Die Welt, Berlin

Auch als Diogenes Hörbuch erschienen,
gelesen von Gert Heidenreich

Der Koch

Roman

Maravan, 33, tamilischer Asylbewerber, arbeitet als
Hilfskraft in einem Zürcher Sternelokal, tief unter seinem Niveau. Denn Maravan ist ein begnadeter, lei-
denschaftlicher Koch. Als er gefeuert wird, ermutigt
ihn seine Kollegin Andrea zu einem Deal der besonderen Art: einem gemeinsamen Catering für Liebes-
menüs. Anfangs kochen sie für Paare, die eine Se-
xualtherapeutin vermittelt. Doch der Erfolg von *Love
Food* spricht sich herum, und eine viel zahlungskräfti-
gere Klientel bekundet Interesse: Männer aus Politik
und Wirtschaft – und deren Grauzonen.

»Martin Suter erzählt umstandslos, geschliffen, hand-
werklich so brillant, dass Neider es als konventionell
abqualifizieren müssen.« *Die Weltwoche, Zürich*

Auch als Diogenes Hörbuch erschienen,
gelesen von Heikko Deutschmann

Die Zeit, die Zeit

Roman

Ist es verrückt, wenn einer glaubt, die Zeit lasse sich
»zurückdrehen«? Es ist verrückt, denkt Peter Taler
anfangs, als er das Vorhaben des alten Knupp begreift,
der ihm gegenüber wohnt. Denn der möchte etwas
denkbar Unmögliches möglich machen.

»Wie immer genial konstruiert. Ein Roman, der zum Denken anregt und unsere Welt für einen Moment auf den Kopf stellt. Ein absolutes Muss für alle Suter-Fans und die, die es werden wollen.«
Nicole Abraham / HR1, Frankfurt am Main

Auch als Diogenes Hörbuch erschienen,
gelesen von Gert Heidenreich

Montecristo

Roman

Ein Personenschaden bei einer Fahrt im Intercity und zwei Hundertfrankenscheine mit identischer Seriennummer: Auf den ersten Blick hat beides nichts miteinander zu tun. Auf den zweiten Blick schon. Und Videojournalist Jonas Brand ahnt bald, dass es sich nur um die Spitze eines Eisbergs handelt. Ein aktueller, hochspannender Thriller aus der Welt der Banker, Börsenhändler, Journalisten und Politiker – das abgründige Szenario eines folgenreichen Finanzskandals.

»Der Wirtschaftskrimi *Montecristo* ist ein Meisterwerk der Desillusionierung.«
Christopher Schmidt / Süddeutsche Zeitung, München

»Seinem eleganten Stil mit geschliffenen Dialogen bleibt der Autor auch in *Montecristo* treu.«
Franziska Wolffheim / Spiegel Online, Hamburg

Auch als Diogenes Hörbuch erschienen,
gelesen von Wanja Mues

Elefant

Roman

Ein Wesen, das die Menschen verwirrt und bezaubert: ein kleiner rosaroter Elefant, der in der Dunkelheit leuchtet. Plötzlich ist er da, in der Höhle des Obdachlosen Schoch, der dort seinen Schlafplatz hat. Wie das

»Suter unterhält zuverlässig – mehr mit feiner Beobachtung als mit turbulenter Action. Und er amüsiert
mit Eigenarten von Superreichen und Möchtegernrei-
chen. Allmen und Carlos – das könnte ein starkes Duo
unter den Paartänzern der Krimiliteratur werden.«
Kölner Stadt-Anzeiger

»Jeder meiner Romane ist eine Hommage an eine li-
terarische Gattung. Dieser ist eine an den Serienkrimi,
Fortsetzung folgt.« *Martin Suter*

Auch als Diogenes Hörbuch erschienen,
gelesen von Gert Heidenreich

Allmen und der rosa Diamant
Roman

Ein äußerst wertvoller rosa Diamant ist verschwunden und ebenso ein mysteriöser Russe mit Wohnsitz
in der Schweiz, der verdächtigt wird, ihn entwendet
zu haben. Das Duo Allmen/Carlos soll ihn ausfindig
machen. Die Spur führt von London über diverse
schäbige Zürcher Außenquartiere zu einem Grandho-
tel im deutschen Ostseebad Heiligendamm und
zurück zum Gärtnerhaus der Villa Schwarzacker. Wo
es bald sehr ungemütlich wird …

»Suter schreibt so lässig und ironisch elegant, wie Allmen lebt. Johann Friedrich von Allmen ist kein ge-
wöhnlicher Detektiv, aber ein echter Suter-Held.«
Martin Halter / Tages-Anzeiger, Zürich

Auch als Diogenes Hörbuch erschienen,
gelesen von Gert Heidenreich

Allmen und die Dahlien
Roman

Ein Dahliengemälde von Henri Fantin-Latour, einige
Millionen wert, wurde entwendet. Die steinreiche alte
Dame, der es gehörte, Dalia Gutbauer, hat ein auffal-

lend emotionales Verhältnis zu diesem Bild. Johann Friedrich von Allmen soll es wiederbeschaffen – um jeden Preis. Fall Nummer drei führt ihn und Carlos in das Labyrinth eines heruntergekommenen Luxushotels. Und damit in die Welt der Reichen und Schönen – umschwirrt von all denen, die auch dazugehören wollen.

»Kaum kreiert, ist Martin Suters Ermittlerduo schon Kult.« *Dagmar Kaindl / News, Wien*

Auch als Diogenes Hörbuch erschienen,
gelesen von Gert Heidenreich

Allmen und die verschwundene María
Roman

Die Geschichte um das wertvolle Dahlienbild von Fantin-Latour erreicht einen weiteren Höhepunkt: María Moreno gegen das Bild, fordern die Entführer. Carlos zittert um seine Liebe und bringt Johann Friedrich von Allmen dazu, Dinge zu tun, die dieser sich nie hätte träumen lassen. Doch auch zwei exzentrische alte Damen sorgen für Überraschungen. Und nicht zuletzt die Geisel selbst – eine starke Frau, die alles zu verlieren hat. Ein raffinierter Krimi voller Action und Spannung.

»Eine raffinierte und ironische Schnitzeljagd durch die Welt der Kunstgeschichte, kombiniert mit Action und Spannung und einem Helden, den man mitsamt seinen Macken und Marotten einfach lieben muss.« *Frank Dietschreit / Mannheimer Morgen*

Auch als Diogenes Hörbuch erschienen,
gelesen von Gert Heidenreich

Allmen und die Erotik
Roman

Nicht nur Gefällig-Harmloses lässt sich in edles Porzellan gießen, sondern auch Deftig-Anzügliches in vollendeter Kunst. Da wäre etwa eine Sammlung wertvoller Porzellanfigürchen für Liebhaber der expliziten erotischen Darstellung. Ihr Besitzer hält sie streng unter Verschluss. Allmen, Kunstexperte und Amateurdetektiv, hat ein vitales Interesse daran, sie zu entwenden. Denn er wird erpresst. Ein neuer Fall, so heikel wie fragil.

»Wunderbar nostalgisch, sagenhaft stilvoll.«
Welt am Sonntag, Berlin

Auch als Diogenes Hörbuch erschienen,
gelesen von Gert Heidenreich

Allmen und der Koi
Roman

Eine Einladung von »Unbekannt« lockt Allmen nach Ibiza auf ein exklusives Anwesen. An einem großen Teich erwartet ihn ein älterer Herr und zeigt ihm seine kostbaren Kois. Einer der zutraulichen Fische – der wertvollste – ist verschwunden. Die Detektei Allmen International erhält den Auftrag, »Boy«, fast eine Million wert, ausfindig zu machen. Allmen und seine Crew finden diskreten Zutritt zur abgeschirmten Welt der Insel-High-Society und bekommen Einblick in eine kuriose Sammelleidenschaft.

»Die Reihe um den stilvoll darbenden Kunstkenner gehört zum Besten in der deutschsprachigen Krimiszene.« *Focus, München*

Auch als Diogenes Hörbuch erschienen,
gelesen von Gert Heidenreich

Außerdem erschienen:

Business Class
Geschichten aus der Welt des Managements

Business Class
Neue Geschichten aus der Welt des Managements

Richtig leben
mit Geri Weibel
Sämtliche Folgen. Geschichten

Huber spannt aus
und andere Geschichten aus der Business Class

Unter Freunden
und andere Geschichten aus der Business Class

Das Bonus-Geheimnis
und andere Geschichten aus der Business Class

Abschalten
Die Business Class macht Ferien

Alles im Griff
Eine Business Soap
Auch als Diogenes Hörbuch erschienen, gelesen von Stefan Kurt

Cheers
Feiern mit der Business Class
Auch als Diogenes Hörbuch erschienen, gelesen von Stefan Kurt

Business Class
Geschichten aus der Welt des Managements. Liveaufnahme von Martin Suters Lesung im Casinotheater Winterthur im Okober 2006
Diogenes Hörbuch, 1 CD

Unter dem Strich
und andere Geschichten aus der Business Class
Diogenes E-Hörbuch, 1 CD, live gelesen von Martin Suter

Stephan Eicher & Martin Suter
Song Book
CD und Buch

seltsame Geschöpf entstanden ist und woher es kommt, weiß nur einer: der Genforscher Roux. Er möchte daraus eine weltweite Sensation machen. Allerdings wurde es ihm entwendet. Denn der burmesische Elefantenflüsterer Kaung, der die Geburt des Tiers begleitet hat, ist der Meinung, etwas so Besonderes müsse versteckt und beschützt werden.

»*Elefant* zeigt Suter wie so oft als souveränen Erzähler, der seine Figuren mit der für ihn so typischen Beiläufigkeit in wenigen Sätzen zum Leben erweckt. Eine ebenso packende wie anrührende Geschichte. Showdown inklusive.«
Kester Schlenz / stern, Hamburg

»Zauberhaft!« *Madame, München*

»Mit seinem Gespür für Themen, die die Menschen bewegen, hat Martin Suter oft den Nerv der Zeit getroffen oder war gesellschaftlichen Entwicklungen sogar voraus.« *Ralf Bosen / Deutsche Welle, Bonn*

Auch als Diogenes Hörbuch erschienen,
gelesen von Gert Heidenreich

Die Allmen-Romane:

Allmen und die Libellen
Roman

Allmen, eleganter Lebemann und Feingeist, ist über die Jahre finanziell in die Bredouille geraten. Fünf zauberhafte Jugendstil-Schalen bringen ihn und sein Faktotum Carlos auf eine Geschäftsidee: eine Firma für die Wiederbeschaffung von schönen Dingen.

»Martin Suter hat mit Allmen und die Libellen mal wieder ein kleines Meisterwerk geschaffen – mit einem Ermittlerduo, das einfach in Serie gehen muss!«
Brigitte, Hamburg

Benjamin von Stuckrad-Barre

Benjamin von Stuckrad-Barre, 1975 in Bremen geboren, ist Autor von

Soloalbum

Livealbum

Remix

Blackbox

Transkript

Deutsches Theater

Festwertspeicher der Kontrollgesellschaft

Was.Wir.Wissen

Auch Deutsche unter den Opfern

Panikherz

Nüchtern am Weltnichtrauchertag

Udo Fröhliche

*Ich glaub, mir geht's nicht so gut, ich muss mich
mal irgendwo hinlegen*